世界经典家教系列丛书

孩子也是父母最好的老师
——斯托夫人自然教子书

田学超　蓝秋庆　编

中国社会出版社

国家一级出版社·全国百佳图书出版单位

图书在版编目（CIP）数据

孩子也是父母最好的老师：斯托夫人自然教子书／田学超，蓝秋庆编．—北京：中国社会出版社，2016.9
（世界经典家教系列丛书）

ISBN 978 – 7 – 5087 – 5432 – 1

Ⅰ．①孩…　Ⅱ．①田…　②蓝…　Ⅲ．①儿童教育—家庭教育　Ⅳ．①G782

中国版本图书馆 CIP 数据核字（2016）第 229449 号

书　　名：孩子也是父母最好的老师——斯托夫人自然教子书
编　　者：田学超　蓝秋庆

出 版 人：浦善新
终 审 人：李　浩
责任编辑：牟　洁　　　　　　　　　　责任校对：陈　蔚

出版发行：中国社会出版社　　邮政编码：100032
通联方法：北京市西城区二龙路甲 33 号
电　　话：编辑室：（010）58124861
　　　　　销售部：（010）58124841
　　　　　　　　　（010）58124842
网　　址：www. shcbs. com. cn
　　　　　shcbs. mca. gov. cn
经　　销：各地新华书店

中国社会出版社天猫旗舰店

印刷装订：中国电影出版社印刷厂
开　　本：170mm×240mm　1/16
印　　张：16
字　　数：275 千字
版　　次：2016 年 11 月第 1 版
印　　次：2016 年 11 月第 1 次印刷
定　　价：45.00 元

中国社会出版社微信公众号

前　言

　　家庭教育、学校教育、社会教育是一个人成长和成才所需经历的三大教育。在这三大教育中，家庭教育首当其冲，尤为重要。如果，把一个人的成长和成才比作一棵树，那么，家庭教育就是树根，学校教育就是树干，社会教育就是树冠。家庭教育不光是学校教育和社会教育的根基，也是它们的支撑和保障。

　　家庭是孩子的第一所学校，也是他的终身学校；父母是孩子的第一任教师，也是他的终身教师。

　　如何教育好自己的孩子？这是当今父母所遇到的一个难题。

　　今天，不管是 70 后、80 后还是 90 后，作为父母，我们遇上了历史上从来没有过的一段特殊的时期：科学技术的迅猛发展、传统观念的断层裂变、贫富差异的日益分化、互联网的深入影响、快节奏的生活方式、多元化的社交网络、信息爆炸的碎片化、人口迁移的多样性、教育资源的差异化……从计划经济时代到市场经济时代，从独生子女一代到放开二胎……无不深深影响着我们每一个家长对孩子的教育，关系孩子未来一生的成长。

　　今天，家庭教育已面临着前所未有的挑战，比历史的任何时期，都更受家长的关注和重视。

　　没有教育不好的孩子，只有不懂教育孩子的父母。不同的父母，不同的家庭教育环境，不同的教育方法和理念，教育出来的孩子截然不同。

懂教育的父母，可以成就孩子的一生；而不懂教育的父母，则可能毁了孩子的一生。

家庭教育成败的关键不是孩子而是父母，所以教育孩子应从父母抓起。

基于此，为了让新生代父母能真正成为孩子的第一位老师，完全掌握好的教育方法和理念，我们特从浩如烟海的世界家庭教育经典名著的历史长河中精心编著了这套《世界经典家教系列丛书》。这套书精心遴选了经过岁月的洗礼和时间的考验，结合前人的经验和后人的印证，已被后世所公认的家教经典：《学会与孩子对话——查斯特菲尔德给儿子的忠告》《培养天才的传世秘籍——卡尔·威特的教育》《打开孩子的财富之门——洛克菲勒教子书》《和孩子一起找到学习的乐趣——斯宾塞的快乐教育》《孩子也是父母最好的老师——斯托夫人自然教子书》《扮演好你在孩子眼中的角色——罗斯福教子书》《家庭是孩子最好的学校——约翰·洛克的家庭教育》《发掘孩子身上的巨大潜能——哈佛名人教子书》《走进孩子心灵的捷径——蒙台梭利育儿全书》《富过三代的秘密——摩根家族教子书》。

这套享誉全球的世界家教经典读物，揭开了孩子成长发展的奥秘，堪称改变和影响了全世界孩子成长的教育圣经。

这是一套值得每位父母收藏的家教经典，涵盖了孩子在成长和成才过程中的各个方面：包含健康的体魄、健全的人格、高尚的品性、良好的学习方法、完美的人际交往、个性的独立、能力的提升、财富的获取、情感的经营，以及日后婚姻、家庭、生活、事业等方方面面。

一套十本，每本书分别着重从不同的角度和方面来阐述对孩子的教育。这里的每本书可以分别独立，十本书又互成一体，全方面、全方位来帮助家长更好地教育孩子。

这套经典家教读物，影响深远，涵盖古今，气势恢宏，弥补了当前国内全面系统、深入细致、权威有力介绍世界家庭教育名著的空白，且有着其独有的魅力与特色：其一，这是一套推动西方教育革新，影响全世界几代人成长，历经数百年而不衰的教育精华，所选的每一本都是经典中的经典，权威中的权威；其二，每一部作品，结合当前的教育，使影响世界教育进程的大家作品与时下父母的教子需求完美结合；其三，深入浅出，通俗易懂，让高高在上的教育论著走下神坛，成为最接地气的家教读物；其四，没有干瘪的说教，不是枯燥的论述，而是案例丰富，故事生动，可读性强，借鉴性大，实用性强，启发性大……

这是一个教育最好的时代，这也是一个教育最坏的时代。谁能抓住孩子教育的黄金时代，谁就能给孩子创造一个美好的未来。

希望每一个孩子都能健康成长、快乐成才；希望每一个父母都能教子有方、助子成才。

希望把这套家教读物送给每一位已为父母和即将为父母的人，还有每一位教育工作者和每一所图书馆。

给孩子最好的礼物，莫过于给孩子最好的教育。

给孩子最好的教育，从此书开始吧……

谨以为记。

田学超
2016 年 5 月 20 日于武汉

自序：女儿使我闻名世界

1907 年，纽约召开了全美世界语大会。会议上，我 5 岁的女儿维尼芙蕾特用世界语和著名的语言学家马库罗斯基教授一起进行谈话表演，引起了人们的一片赞扬。

马库罗斯基教授对维尼芙蕾特的语言能力大为惊讶，他问我是怎样教育女儿的。在我向他简要地介绍了我的教育理念之后，马库罗斯基教授当时就鼓励我把这一切记录下来，写成书，以便让更多的孩子可以受到良好的教育。当时虽然我也有这样的想法，但是因为女儿才只有 5 岁，还不能完全证明我的教育方法是成功的，因而我不打算急于进行。后来，维尼芙蕾特渐渐长大了，她在各方面取得的成就也越来越突出。这个时候我终于能够肯定自己的教育方法不仅是正确的，而且还很富有独特性。1914 年，我在威斯康辛大学教育学教授奥谢博士的劝说下，开始了这本书的写作。

在我向你们介绍我的教育方法和我的女儿维尼芙蕾特的成长之前，我必须先在这里提到老卡尔·维特博士，可以这么说，我的教育理念，是在根本上受到了他的教育思想的影响。

在我上大学的时候，很幸运地看了《卡尔·维特的教育》这本书，书中的教育理念和方法使我大为震惊，特别是他提到的关于早期教育的精辟见解，更是让我叹为观止。实际上他对儿子卡尔·维特的成功教育，也是绝大多数人可望而不可即的。在看这本书的时候，我就产生了一个愿望：如果将来有一天我有了孩子，我一定要用这样的方法去教育和培养我自己的孩子。现在，事实再一次证明了我这种教育思想的正确性。我敢十分肯定地说，我之所以能够对女儿进行如此成功的教育，在很多方面都是因为我受到了这本书的启发。有一点需要指出的是，因为卡尔·维特与我们生活的时代毕竟相隔了一个世纪，当时的社会情况和现在还是有很大的不同。所以在对女儿的教育上我采用了很多新的理念和教育方式，所以我们二人的教育还是有一些不同之处。

维尼芙蕾特从 3 岁开始，就尝试开始写诗歌和散文；4 岁时，她能够用世界语编写剧本；到了 5 岁的时候，她的诗歌和散文开始在各种报刊上刊登，其中有一部分已经结集成书出版，好评如潮。

事实上，在维尼芙蕾特 5 岁的时候，她已经能够熟练运用 8 个国家的语言，并且还能把世界各国的语言翻译成世界语。维尼芙蕾特当时还出版过一本歌谣集，斯坦福大学的罗曼斯语教授曾经给予这样的评价："能够把这本书编译得如此优美，只有语言学家和诗人才能够做到。但是我听说编译者是一个年仅 5 岁的小女孩儿，这真的让人惊奇咂舌，很难相信。"除此之外，维尼芙蕾特在其他方面，比如数学、物理、体育、人品都要比一般的孩子优秀很多。

很多人说，维尼芙蕾特的成就完全是因为她的天赋。在我看来，这种看法是完全错误的，因为它不仅仅否定了卡尔·维特博士和我的教育理论，也否定了人类教育事业的价值。

在这本书中，我会详尽地给大家讲述维尼芙蕾特的成长经历，并竭尽全力向大家阐明我的教育理念。我不会像很多专家和书籍那样去枯燥地论证，而是会采取活生生的事例来说明问题。因为我知道，能够最好地最有效地去证实某件事情的真实性和合理性的方式，就是陈述事实。

在此，我衷心地希望这本书能够对孩子们的成长有良好的帮助，也对那些对自己的孩子有着深切希望的父母产生有效的帮助。我希望看这本书的每一位朋友知道，我的成名，是因为我培养出来了一个杰出的人才——我的女儿。

M. S. Stowe

目录

第四章　让孩子的语言异于常人

第五章　万能的游戏

第六章　想象的无尽魅力

第七章　那不是天赋，只是好的习惯

第一章　完美的母亲聪慧而具有创造力

作为一位有过亲身经历的母亲，我认为，母亲对孩子所进行的教育，完全可以决定孩子能否取得杰出的成就。

然而，很多母亲对怎样教育孩子可以说是一窍不通。因此，我的想法尽管只是一种补救措施，社会还是应该采取各种方式来普及母亲对育儿的知识。要培养一位基本合格的母亲，从每一位女性少女时代开始就要对她们从身心、健康两方面进行细心呵护，这样才可以保证她们健康的体魄和纯洁的精神，其重要性远远超过拥有数学或天文知识。

理想的、出色的好母亲是什么样的呢？我认为理想的母亲，都具有爱心和责任心。有责任心的母亲会非常注重孩子的成长，她们会学习培养孩子的知识，一直去摸索各种经验，同时她们也会非常注重自身的成长，用自己的积极态度去影响孩子。我认为，理想的母亲应该永远镇定冷静，永远温柔地对待孩子，永远懂得用最好的方式去教育孩子，永远对孩子拥有乐观的态度，永远知道孩子问题的答案，永远愿意花最多的时间在孩子身上。

孩子是你的，没有人比你更了解你的孩子。要教好自己的孩子，你得先有自己的见解。

我希望世上所有的母亲都可以聪明而具有独创性，这样才能有效地培养孩子。我在培养女儿的过程中，总结出一个深刻的道理：如果一个母亲想培养出优秀的孩子，就必须先教育好自己。

1. 育儿，从怀孕那一刻开始

　　与其说人类的命运掌握在当权者手里，不如说它掌握在母亲手里。所以母亲应该不断地努力，因为你们是人类的教育者。然而，很多母亲对怎样教育孩子可以说是一窍不通。因此，我的想法尽管只是一种补救措施，社会还是应该采取各种方式来普及母亲对育儿的知识。

　　我每次阅读伟人回忆录和伟人传记时，都会非常感叹。几乎所有伟人的后代都有一个悲哀的事实：伟人的后代往往碌碌无为，他们的成就远在他们的父辈之下。根据遗传法则，伟人的后代应该拥有与父辈同样卓越的天赋，但是为什么伟人的孩子却都是平庸之辈？无非是因为伟人忽略了家庭，还有孩子，而把主要精力都用在了自己的事业上。

　　作为一位有过亲身经历的母亲，我认为，母亲对孩子所进行的教育，完全可以决定孩子能否取得杰出的成就。

　　然而，很多母亲对怎样教育孩子可以说是一窍不通。因此，我的想法尽管只是一种补救措施，社会还是应该采取各种方式来普及母亲对育儿的知识。要培养一位基本合格的母亲，从每一位女性少女时代开始就要对她们从身心、健康两方面进行细心呵护，这样才可以保证她们健康的体魄和纯洁的精神，其重要性远远超过拥有数学或天文知识。

　　当然，不要误会了我是在贬低研究天文学和物理学的意义，而是对每一位母亲来说，养育优秀后代的知识才是更重要的。

　　很多母亲认为，在孩子出生之前，一切都顺其自然是最好的。事实是，这种观点是完全错误的。

　　生理学家的观点：母亲所吃的食物对胎儿有着非常重要的影响。因此，母亲应该丰富自己在营养学方面的知识，才能有一个健康的婴儿。有许多母亲会在妊娠期间喝酒、抽烟、吃难以消化的食物，这无异也是让胎儿吃这些有害的东西，有哪一位母亲愿意让婴儿吃这些有害的东西呢？

我希望自己肚子里的孩子将来是一个爱美、爱正义、爱真理而且善良的人，所以在怀孕时我就很注重听舒缓的音乐，想美好的事情，读有益的书籍，和丈夫一起去欣赏优美的自然风景和绘画佳作，还有就是做善事。只有这样，我才能生出一个健康优秀的宝宝，因为我的身体和心灵总是处于一种良好的状态。

我的观点是：生下来的孩子只是健康是很不合格的，把孩子精心教育成才才是更重要的，这将是孩子一生受之不尽的财富。

我母亲曾经对我说过，如果女人没有生过孩子，那么生活的幸福和价值她是不能体会到的。同时，我也牢记母亲的叮嘱：每一位母亲，都会遇到很多难以想象的困难。如果你还没有做好准备去迎接和克服这些困难，那么我奉劝这样的女人还是先不要生宝宝了。因为，母亲的职责不仅仅在于要竭尽全力照顾好孩子，还要好好照顾丈夫。如果只是呵护好宝宝，那么丈夫受到冷落之后，可能会去寻找新欢，那么婚姻幸福就会被破坏。因此，做一个好的母亲并不是一件容易的事情。要成为一位优秀合格的母亲，必须具备下面这个先决条件，就是一定先要考虑到即将会出现的种种困难，而且拥有面对它和解决它的勇气。

在我们周围有很多母亲去雇人教育孩子。我的观点是，这样的女人甚至不能称其为母亲。原因是母亲的职责不仅仅在于把孩子带到这个世界上来，而在于努力培育他成才。母亲必须承担孩子的教育，而不能委托其他人去做。只有人类才会把自己的孩子委托给别人去教育，动物就不会。在罗马帝国时期，很多母亲委托他人来教育孩子，这种重任的推脱，很大程度上可以说是导致罗马帝国灭亡的根源。

谁都不愿意去用不称职的马夫，但为什么会有很多母亲愿意把孩子托付给毫无知识的保姆。她们每天从早到晚只会对孩子说：这个不行。因为这个是最简单的做法。

我曾经在女儿出生之前，去拜访过我的女友安娜。我原以为她一定会有丰富的育儿经验，因为她已经有了一个 3 岁的儿子。但结果大大出乎我的意料，看到她的儿子之后，我几乎失去了做一个母亲的信心。

她的孩子总是安安静静，一副不开心的样子。一个本来应该是活泼快乐的3岁孩子为什么会这样？我感到非常奇怪。后来我才知道，安娜一开始就把孩子交给了保姆，而那个保姆既没有文化，又没有教养。为了管住调皮好动的孩子，她直接给孩子讲一些恐怖吓人的故事，而且经常扮鬼脸去吓唬孩子。她吓唬孩子的口头禅是："假如你再吵闹，魔鬼就会来把你抓走。"上帝啊！这样的保姆能够带好孩子吗？作为一个母亲，安娜是极其没有责任感的。我非常严肃地责备了安娜，并努力劝她辞退保姆。

如果把孩子随便交给别人照顾，不但孩子的能力不能得到很好地发展，而且往往结果会更加令人失望。孩子的能力不仅会萎缩，而且保姆身上的很多不好的习惯还会被孩子学到。当然，这里并不是说家境宽裕的母亲一定要每时每刻去亲自照顾孩子，一些工作让保姆来做也是可以的，但谨慎是必须的。即使这样，像吃饭、洗澡、穿衣等，这些对孩子的养育，最好还是由母亲来履行要好。

母亲和保姆的性格，甚至表情，对孩子成长的影响都是非常大的。所以，选择保姆时应该尽量选择性格阳光开朗，爱笑乐观的女人，同时，作为母亲，尽量表现出对生活的热情也是必须的。

在我可爱的小天使降落到这个世界之前，我就细心地把自己的居住环境布置得温馨又美丽。这样不仅可以让我在清新欢快的氛围里迎接孩子，而且我的小天使第一眼就可以看到世界温暖美好的一面。我认为，如果孩子在美好的环境里成长，那么他就能经常受到美的熏陶。在怀孕期间我养成了一个很好的习惯，就是我常常会去想象世上一切美好的事物，我感觉想象所带来的美好感觉会使人心情愉悦，人会因此变得更为美丽。最重要的是，肚子里的宝贝会在不知不觉中受到这种感觉的影响。我倾尽全力来做的这一切，都是为了尽早开发孩子对美的感知能力。现在，很多将要做妈妈的女人都会向我请教养育孩子的经验，我都会把这些不错的诀窍告诉她们。

为了让女儿感到轻松和舒适，我把家里最好的房间预备给了女儿。空气清新，阳光明亮，还有让人眼睛感觉非常舒适的暗色墙壁，这种粉刷的颜色对孩子的眼睛非常有利。我为她铺上洁白的床单、被罩，轻柔温软的毛毯和被子。我在墙壁上挂了各种名画的临摹品，还在壁炉和桌子上放了著名雕刻的复制品，这些东西便宜精致，都是非常棒的艺术品。每一天，女儿一睁开眼，美的东西就会展现在她面前，她就会感受到世界的美好，不知不觉间她就会拥有对美的鉴赏力。

母亲对孩子的教育，除了体现在细微的生活中，还体现在文化知识的启蒙上。中国最早设立学校，如今文明落后的原因是什么？我想是他们没有考虑到父母所受教育的重要性。不只在过去，即使现在，中国人有很多潜意识中仍然认为女人不需要进行教育。所以中国的大多数妇女还是一字不识，有些甚至对孩子进行最基本的家庭教育也有困难。

我认为每个人都应该是教育者，最起码所有的母亲是这样。孩子们最早接受的教育，不是学校和老师所教的，而应当是他们的母亲。等到孩子上学后，母亲和老师也要一起来教育孩子，相互配合。

这几年，那些庸俗的、低级趣味的东西越来越流行，尤其是妇女的服饰，有的已经俗不可耐。美丽正在离这个世界越来越远，我常常感到心痛。而一些父母非常的愚蠢，特别是母亲，她们追求的趣味越来越低级庸俗，却没有想到自己的孩子正在耳濡目染中深受毒害。

要培养出高尚而且优秀的新一代人，我在这里要劝告年轻的母亲：为了孩子，请首先培养自己高尚的情操，立即从家庭开始。

与其说人类的命运掌握在有权者手里，不如说它掌握在母亲手里。所以母亲应该不断地努力，因为你们是人类的教育者。弗卢培尔曾经说过这句话，但很少有人能够真正理解这句话，确实令人遗憾。母亲的教育决定着人类的命运，而每天从电台的新闻中和报纸中我们发现：无数堕落的母亲正亲手把自己的孩子送进监狱和教养所。

2. 这样的母亲是不合格的

　　漫不经心，对孩子不管不问的母亲肯定不合格，但粗暴地采用错误教育方式的母亲，或者过分溺爱、迁就孩子，依旧是个失职的母亲，不管她内心多么地关心孩子。

　　有些父母对孩子总是提出各种各样的要求，他们总是命令孩子，却从不考虑自己的行为是否得当。这样的父母怎么会教育好孩子。从培养孩子的辛苦经验上，我深刻认识到一个真理：孩子的善恶行为品行往往是从父母身上学到的，所以孩子往往是父母的影子。特别是母亲，在孩子眼中，最慈祥、最可亲的人就是母亲。但我周围的许多父母却并不在意这些，尽管他们并不是刻意对孩子产生坏的影响，但事实不容狡辩，没有做到把孩子朝好的一面引导就是失败。

　　有的母亲热衷于奇装异服，沦为别人的笑话；有的则衣冠不整，懒于梳妆，也同样被人嘲笑。孩子看到其他的孩子耻笑自己的母亲时，自然会感到非常难堪。而且，在精神上孩子还会受到这种事情极坏的影响。

　　我有一位朋友，作为母亲，她自然非常疼爱自己的女儿。她对自己很节省，却总给女儿买华丽昂贵的衣服，把她打扮得花枝招展，有些服装非常不适合她的女儿。虽然她对女儿倾尽了自己的全部心血，但是她的女儿却一点都不喜欢她。

　　这个女孩子又一次到我家里，非常苦恼地和我倾诉："我妈妈总是爱穿得花里胡哨的跑到学校去接我，我感到非常难看。更要命的是，她老爱固执地把我也打扮成那个样子，同学们老是在背后嘲笑我。因为妈妈总是这个样子，我从4岁开始就为此感到难堪。"

　　我认为，一位合格的母亲不应该是这样子。也许会有人责备这个女孩子不识好歹，但我却很能理解她。即使她把女儿送到非常高级的贵族学校去念书，但我还是想她连最起码的责任都没有尽到。

我一直都认为，作为一位母亲，任何时候必须检点。在孩子眼中，既不要太注重打扮，也不应过于随便。不然母亲就会显得没有威信，而这种情况往往是教育孩子失败的开始。

无论是孩子还是大人，都不喜欢听别人发号施令。所以，我在教育女儿维尼芙蕾特时，从不会对她指手画脚，不许她这样那样，而总是想着用一种巧妙的方式，要她做什么或不做什么，总能做到不强迫就让她自觉地去做或是不做。我的观点是，强迫孩子做事往往不仅没有用，而且还会使结果相反。最后只能是事与愿违，即使这一切都是出自母亲的好意。所以比起命令孩子去学习做这做那，还不如引导他正确地看待学习。

我的女友劳拉常常会被一些不理智的情绪包围。她经常会和我倾诉烦恼，因为她对女儿的教育非常失败，不但没有好的效果，母女俩还会因此陷入互相对抗的痛苦之中。

因为想帮女儿规划好学习时间，劳拉辛辛苦苦了好几个月。女儿珍妮虽然已经上学了，但对自己的学习时间毫无规划。最让劳拉苦恼的是，珍妮总是会先把时间花在和小伙伴一起聚会、玩游戏方面，导致学习计划常常不能按时完成，然后就是不能按时睡觉，这样的直接后果就是，早晨拖拖拉拉起不了床。劳拉一有空就找女儿谈话，苦口婆心地教导女儿，强调贪玩的坏处和睡眠不足对身体和学习的危害，等等。这样的谈话逐渐多了起来，女儿都能倒背如流了。劳拉只要一开口，女儿就会装出一本正经的样子学着母亲的口吻接过她后面的话："没错，贪玩会浪费时间……""是啊，睡眠不足会影响身体发育，还会形成恶性循环……"她的母亲被气得哑口无言。劳拉要求女儿放学后先做作业，并规定了她玩游戏的时间。两人多次较量之后，女儿逐渐适应了有计划的生活，并且慢慢学会了控制自己。

劳拉终于松了口气，最近她有一些重要的事情要办，就请了一位女保姆，在珍妮放学后照顾她。渐渐地，珍妮的作息又不规律了，每天放学后总是要在外面玩很久才回家。劳拉警告一次，她才会稍稍收敛。有一天，劳拉提前回家，看到女儿没有先做完功课，而又在房间里玩儿她的玩具。

"珍妮！"劳拉瞪着女儿，责备地吼了一声。

女儿吓得立刻把玩具藏起来，很不好意思地笑了笑，然后假装镇定地说："我才坐下来休息一会儿的，我刚刚做了一个小时的作业。"

女保姆也忙着打圆场："是的，我们说好只玩儿20分钟的，她才刚刚坐下。"

劳拉被气得说不出话来，只感到胸口的怒气不断地冒出来，心想这么长时间的教育和监督都白费了，女儿贪玩的坏习惯还是没有改掉。她明明很懂这些道理，却还是如此没有自制力，长大了之后会变成什么样啊！她想到了女儿的伙伴罗伦娜，她是多么的可爱自觉，开朗活泼，成绩优秀，简直是人见人爱，而且她的母亲说自己几乎没有为女儿操过心。劳拉很苦恼：为什么自己的孩子这样没有出息？

这些念头像滚雪球一样纠缠在一起，越来越大，搞得她的脑袋越来越沉重，她真想大哭一场来发泄心中的郁闷和气愤。

"珍妮，你太让妈妈伤心了！你怎么能这样对待妈妈？你有没有想过现在这样做，将来你自己会变成什么样子？你不要辩解，听我说。"看见女儿张开嘴似乎要接话，劳拉急忙叫她闭嘴："我很失望，我不想听任何辩解，你到底明不明白我这样做都是为了你好？"

"那你就不要再管我了！"珍妮撇着嘴顶了一句。

"你刚刚说什么？"母亲的声音突然提高了八度，眼睛也瞪圆了。

珍妮的眼睛出现了恐惧和害怕，她在找退路。

"不管你！怎么可能？这是我的责任。回你的房间去闭门思过，还有……"劳拉突然想起珍妮这个周末要和几个朋友去同学家过夜。"这个周末不准去凯瑟琳家过夜。"

"为什么？"珍妮大声嚷道："我要去，我就要去，你是个坏妈妈。"愤怒和绝望让珍妮的五官都扭曲了。

女儿生气发狂的样子使劳拉有些不安，她明白珍妮是多么期望这个能与小伙伴们一起过夜的机会。但她的愤怒和自尊都不能让她收回成命。

"是你自己亲手毁掉了这次机会。"

"为什么？这和玩儿根本就没有关系！我就是要去，你能怎么办？"女儿生气地发了狂，她的表情好像困兽一样绝望，这是劳拉非常不情愿看到的。

"你立即给我闭嘴，否则我要生气了！"

"你已经生气了，我就是要这样，你能把我怎么样？"

"啪啪"，劳拉一下子发了火，狠狠地在女儿背上拍了两下。

"呜！"女儿大声哭了起来，跑回了自己的房间，大声地把门关上了。

劳拉的气在两巴掌之后也消失了大半儿，但紧接着就是强烈的内疚感，她感到自己非常的失败。这时，一直在旁边看着的女保姆向她辞职，并且对她说："劳拉，珍妮今天确实是先完成了一些作业，才求我让她玩儿一会儿的，她这几天都没有贪玩，我想她是很看重你的要求的。"

在这里我的目的并不要谈论女儿的对与错，我想谈的是劳拉在碰到女儿没有遵守她的规定时的反应。看到女儿在自己不在的时候玩玩具，劳拉首先的反应是自己辛辛苦苦工作了那么多，女儿却无视妈妈的要求，她一下子感到作为母亲的辛苦和委屈。又想到睡眠不足对女儿身体的伤害，她又想到了女儿过去不听话的事情。

我认为，劳拉这样子是极不明智的，她把这种不快和忧虑全部都带进目前境况中的思维方式，导致她把母女之间的对立完全扩大化，同时过度的愤怒也会影响劳拉对事情的判断力。在怒火的干扰下，劳拉基本上已经不再努力着重客观、冷静处理问题，甚至到后来忘记了管教女儿的根本目的，一味发泄心中的怒气，就想惩罚女儿让她尝尝失望的滋味，这里面起很大推动作用的是报复动机。被愤怒左右自己的人是愚蠢的，如果这种事情发生在家庭成员之间，很多人都会警告自己不要莽撞，因为考虑到很多利害得失，但还是有不少人在面对自己的家人时却控制不住自己发泄怒火。此时如果能够稍微想想自己慈爱的本意，还有给孩子带来的伤害，劳拉确实应当控制自己的情绪。

当然，漫不经心，对孩子不管不问的母亲肯定不合格，但粗暴地采用错误教育方式的母亲，或者过分溺爱、迁就孩子，对我而言，依旧是个失职的母亲，不管她内心多么地关心孩子。

3. 两代的隔阂

父母对待孩子时应该保持平和的心态。如果父母真的可以这样，就不会老是埋怨孩子不尊敬自己，而会先检点自己的所作所为到底值不值得孩子尊敬。

如果一定要得到孩子的尊重，父母就要真诚地对待生活、爱事业、爱家庭，还要有良好的习惯。

从我的女儿维尼芙蕾特来到这个世界开始，我就总是考虑如何才能把她培养成一个有用之才。不能尽到一个母亲的责任是我最担心的事。要孩子不是孩子们的选择，而是父母们的选择，父母是什么样子的是由命运决定的。但作为孩子们的父母，如何才能履行好自己的职责，让女儿一生都敬爱自己呢？

父母呕心沥血把孩子养大，但这就一定要孩子去尊重和感激父母吗？很多父母会这样想：我为你呕心沥血，你就应该报答我，你应该按照我的要求服从我。在人类的传统观念中，孩子们天生就应该尊敬和服从父母。但实际上是，许多传统的东西都在随着时代的变化在消失，很多事情都要经过时间洗礼。那么现在的父母应该如何定位孩子在家庭中的地位呢？

在女儿的成长中，我发现她在很小时会服从我的要求绝对服从我，但随着她渐渐长大，要求她接受我的服从不再是理所当然的，不仅费劲，有时还会带来很多的麻烦。很多父母既痛苦又伤心："我为孩子竭尽全力，费尽心思，结果怎么样呢？他嫌我烦，把我的话当耳边风，根本就不尊重我。"感谢上帝，我的女儿并没有这样对待我，实际上，我也没有那样要求我的女儿绝对地听从我。我认为，所有的事物都是相互作用的，你怎样对待别人，别人就会怎样对待你。造成父母和孩子之间矛盾的首要原因，往往就是父母期待孩子报恩的心理。作为父母是一件光荣而又辛苦的事，如果态度不真诚，要获得儿女的爱和尊重非常的困难。可以想象一下，一个家庭总是这样的氛围："我给了你那么多……""你必须要报答我"，那这样还像一个家吗？这堪比一个嘈杂的集市。这种氛围缺少家庭的温暖，孩子也不可能健康的成长。

如果一定要得到孩子的尊重，父母就要真诚地对待生活、爱事业、爱家庭，还要有良好的习惯。不然，当父母要求孩子行为规矩一点时，孩子可以用一句话轻而易举地顶回去："你自己不都是这样吗？"所以，我认为父母自身的言行是能否赢得子女尊敬的关键。有些父母比较有修养，为了劝孩子接受自己的教育，还会找一些理由为自己辩护。但一些父母没有修养，在被孩子揭了短之后反而会更加恼怒，就会说出失控不理智却看似有理的话："你怎么可以这样不尊重长辈，这样和你妈妈说话？我是大人你只是个孩子，大人当然可以这样做，但孩子当然不可以！你不服从我的要求，就要受到应当的惩罚。"这样的环境，孩子还有什么幸福可言，他显然成了低等公民。有人认为这样的教训是理所应当的，孩子的生命都是父母赐予的，当然有这种权利。可是我认为，这种观点真是滑稽可笑，为什么孩子们一定要尊敬大人？为什么年轻或地位低的人一定要敬爱年龄大或地位高的人呢？也许大人为了利益关系，必须得违心的对年长位高的人毕恭毕敬，但是绝不应该强迫天真无邪的孩子去接受这种观念。如果家长不值得尊敬，孩子就有权利表示自己的不满。我认为，仗着长辈的名义去强迫孩子服从，是一种侮辱自己的做法。就算大人表面上能够让孩子沉默，但在孩子心里深处，不满会变成仇恨和敌视。

我认为，父母对待孩子时应该保持平和的心态。如果父母真的可以做到这样，就不会老是埋怨孩子不尊敬自己，而会先检点自己的所作所为到底值不值得孩子尊敬。这种自我反省的态度其实就是对孩子最好的教育。

我从不以权威的身份教育女儿，去命令女儿做什么或是不做什么，也不会以高高在上的姿态向她提出各种要求，我坚信，只要我能够严格地以身作则，她一定会向我学习。行动远比说教有力量。

女儿两三岁时，简直是个调皮鬼。她常常会玩坏自己的玩具，还会跑过来打扰我的工作。在她那个年龄这种事是经常性的，她什么都想要去尝试，对什么都充满好奇心。

有一次，女儿看我不在悄悄溜进我的书房。可能是恶作剧，也可能是好奇，她把我没写完的论文稿弄得满地都是，稿子整理好的顺序都乱了套。回家看到这个情景，我什么都没有说，只是瞥了她一眼，然后将稿纸捡起来一页页整理好。那时，女儿就在我旁边静静地看着，完全没有要来帮我的意思。我快整理完稿子时，她回到了自己的房间。晚饭后，她叫我去房间，我走进她房间，看到散的满地都是的散乱玩具和拖到地上的床单，还有一些已经被弄得支离破碎，她要我帮她收拾散乱的玩具，我没有说话，转身准备走出她的房间。

"妈妈，你不帮我收拾房间吗？"女儿问。

"是的，我为什么要帮你收拾房间？"

"可是你平时总是帮我收拾房间的……"女儿脸上充满了疑惑。

"可是今天，你把我的论文稿撒得满房间都是，却没有帮我收拾。"

女儿满眼疑惑地看着我。

"维尼芙蕾特，你知道我的论文稿是怎么弄得满地都是的吗？"我问。

"是我弄乱的。"

"你为什么要那样做？"

"我觉得把它们撒下去会非常好玩儿。"

"这样？它们是玩具吗？"我问。

女儿看起来还没有理解我的意思。

"你想想，把玩具弄乱很简单，但要把它们再整理好却很麻烦，所以你玩玩具时不需要我，但是收拾玩具时却要我来帮你。你想想，妈妈好不容易才写出那些稿子，你怎么可以随便乱扔呢？"

"对不起，妈妈。"女儿低下头认错："我错了，妈妈，你的东西我以后不会再乱动了。"

过了一会儿，女儿叫我去她房间。原来她已经开始整理房间，把之前乱七八糟的玩具都收拾好了。虽然整理的并不是很整洁，但的确是她自己亲手整理的。女儿似乎已经明白了我想告诉她的道理，这个情景真使我有些感动。

从此，女儿学会了收拾自己的东西，并且再也没有乱动过我的东西。

4. 最完美的母亲

理想的、出色的好母亲是什么样呢？我认为理想的母亲，都具有爱心和责任心。有责任心的母亲会非常注重孩子的成长，她们会学习培养孩子的知识，一直去摸索各种经验，同时她们也会非常注重自身的成长，用自己的积极态度去影响孩子。

在女儿出生之前，我就在思考以后如何去教育她。每当感觉到她在我肚子里面踢我，每当感觉到她在我肚子中躁动，我就会忍不住想象她出生后的模样。这时，我的内心就会深深感到那种即将初为人母的喜悦，我下决心一定要成为一位好的母亲。

看着刚刚来到这个世界的女儿，我珍惜得不知道如何去爱她才好。我想，世上所有的母亲在看到孩子出生的那一刻都是这样吧！

这个世界上是不是存在一个理想的母亲模式呢？假如有，我真是恨不得一下子成为那样的母亲。

理想的、出色的好母亲是什么样呢？我认为理想的母亲，都具有爱心和责任心。有责任心的母亲会非常注重孩子的成长，她们会学习培养孩子的知识，一直去摸索各种经验，同时她们也会非常注重自身的成长，用自己的积极态度去影响孩子。我认为，理想的母亲应该永远镇定冷静，永远温柔地对待孩子，永远懂得用最好的方式去教育孩子，永远对孩子拥有乐观的态度，永远知道孩子问题的答案，永远愿意花最多的时间在孩子身上。在孩子即将来到这个世界上时，我就一次次在心中勾勒完美母亲的画像。

但事实是，在我生下女儿之后才深感想要成为完美的母亲实在太难了。我总是在想别的母亲也许比我更优秀，但我也清楚没有一位母亲能够总是做到你理想中的那样优秀。因为母亲也要面对生活中的种种困难，她们还是会有自己的缺点，仍需要在生活中成长，但我还是努力做得更好，努力朝一个完美的母亲靠近。

我的女友艾伦娜是个单身母亲，生活的重担、婚姻的挫折让她疲惫不堪又心灰意冷，总认为丈夫抛弃她的原因是因为自己不会为人处世，她唯一的安慰就是女儿的快乐。但随着女儿年龄的增长，女儿的欢笑声越来越少，每天回家都闷闷不乐，也不和朋友交往。艾伦娜问女儿，但女儿总不愿多说，总说没什么事。直到有一天，老师拿来女儿的一篇文章，她才大概了解到一点眉目。女儿文章里的主人公是一个自卑的女孩，脑子笨，也不讨人喜欢，所以生活得很不开心。

老师希望艾伦娜能够和她女儿谈一谈，因为这篇文章很可能是孩子此时的想法。艾伦娜看到这篇文章后，陷入了沉思。她似乎在作文中看到了自己的影子，自己平时很少会有振奋的时候，而且老爱埋怨、感叹，这一切都被身边的女儿潜移默化地学会了。

艾伦娜意识到自己的消极态度造成了女儿生活中的郁郁寡欢，只有先改变自己，才能帮助女儿。于是，她和女儿谈了自己的规划，要女儿做自己的监督人，她开始积极寻找能够提升自己信心的办法。艾伦娜每晚都会记下一件明天要做的具体事情，比如和同事一起共用午餐，增加了解，以改变自己的孤僻形象。她把纸条放在餐桌上，早晨起来读给女儿听，以便更好地提醒自己。她还会在晚上吃饭时和女儿一起检查自己完成的情况。女儿一开始还担心妈妈是不是不正常，但却被母亲坚持不懈的态度感动了。在晚餐时母女俩谈论每天行为的效果时，她还会给出建议。之后，母女俩开始相互监督，女儿的纸条也放在母亲旁边。偶尔她们也会有兴趣去做以前做过的事，她们感到自信和快乐。最终，当女儿从不快乐的心情中走出来时，艾伦娜也像换了一个人一样精神焕发。

我认为，所有的母亲都一定要知道，因为新的问题总是不断地出现，需要有新的解决办法，所以教育孩子的知识和技能永远都不足够。一个好的母亲应该不断地改进自己的教育方法而不断探索和自我完善，直到孩子长大成人，离开家门为止。

养育和培养女儿这一路走来，我常常扪心自问：我是一个优秀的母亲吗？当我因为恼怒稍微惩罚了女儿，当我充满怒气地斥责女儿，后来却发现自己连听完她解释的耐心都没有时，她正委屈地看着我；当我执意要女儿按照我所谓的正确方法去做事，结果发现自己的方式是错误的……每当这样的事情发生时，我都会不断自责，有时我甚至怀疑自己是不是一个合格的母亲，我的心感到疼痛和愧疚。

有一次，我终于忍不住冲女儿发了火。可能是女儿认为自己已经成大人了，竟然开始表现出不爽和不服从。

"米莉的妈妈总是很耐心地给米莉讲道理，她从不和你一样，这样没耐心地发火。"女儿学着我发火的样子冲我喊道。

女儿的话和愤怒伤害了我作为母亲的自尊，深深地刺痛了我。我的心里不禁生出一丝丝担忧，我开始怀疑自己到底有没有能力教育好孩子。一幅画面出现在我的脑海里：我满是疲倦地大声叫喊，试图把女儿拉回正道，却因为方法不对，引来女儿的大声抗议；而隔壁米莉的母亲却能在愉悦中把孩子安排得非常妥帖，非常轻松地掌控局面。我渐渐觉得自己既无能又缺乏爱心，我感到失望和愤怒，我甚至在忐忑女儿是否会因为我的无能而嘲笑我？

第二天，我看见了米莉的母亲。我故作轻松地和她聊天，把女儿的话转述给她听，忐忑地等她的意见，我作为母亲的信心已摇摇晃晃需要她的拯救。米莉的母亲哈哈大笑：

"别相信你女儿的话，孩子们都区别不大，母亲们也差不多。我只是从未当着你女儿的面发火。你想想，我要照顾我的两个孩子，怎么可能永远不发火？"

米莉母亲的话，我感到很欣慰，又重新恢复了信心。我用这样的例子，并不是要为我的"蛮不讲理"辩护，认为向孩子发火是理所应当的。我只是想对年轻的母亲们说：即使你因为忍无可忍而做了一些不理智的事情，也不必怀疑自己是否有能力做一个好母亲的资格和能力。我认为，只要尽力而为，并且不断地改进自己的态度和方法，就可以称得上是好母亲。

其实在以后的日子里，我不但没有向女儿再随便乱发脾气，还慢慢学会了一套非常可行有效的教育方式。在书后面的内容里，我会具体地介绍这种方法。在我的培育下，女儿取得了今天的成就，这让我十分骄傲。我相信，直到现在我还算得上一个好母亲。

5. 你的孩子你做主

我认为，每个孩子都是与众不同的，这就要求母亲要具有独创性，在实践中不断摸索和思考。如果母亲善于灵活运用知识，做起事来就可以事半功倍，摆脱很多无关紧要的烦恼。

女儿学有所成的时候，很多人都来向我请教培养孩子的方式。一位年轻的母亲曾向我倾诉："有时我为自己获得的成功开心，觉得前景一片光明；有时又陷入失败的失落当中，感到好像所有的努力都没有用。"我问她是如何管教孩子的，她告诉我，她看了很多教育的书，有的还挺有效，有的却完全没用。

我告诉她："孩子是你的，没有人比你更了解你的孩子。要教好自己的孩子，你得先有自己的见解。"

我的朋友心理学家伊斯宾娜·杰克斯曾对我谈到她的一段经历：

"我攻读完心理学课程后开始为问题少年进行心理和教育咨询。经过一段时间的实习之后，我开始工作，充满信心。通常来寻求帮助的孩子都是由父母带来的，他们最多的问题是：你有几个孩子？我的回答是：我一个孩子也没有，我还没结婚。听到这个回答后，他们总是特别失望，接下来的问题都开始草草了事，因为他们根本不相信我的判断，也怀疑我提出的意见。这让我很受挫，觉得自己辛苦学习了那么多课程，接受如此多的专业培训，却轻而易举地被别人否定，真是很不公平。

"后来我结婚生子，起初我很有自信做一个好母亲，认为自己有这么多年的专业知识，还有我对自己的爱，凭这我还不能当好一位母亲吗？我专门针对自己的孩子写了一整套的教育计划。但事实却让我十分尴尬。

"先别说我连实施那些计划的机会都没有，甚至我都招架不住孩子的日常生活，只要不出现什么意外，就已经万岁了。我发现我的专业知识完全用不上，只好去书店抱回一大堆育儿的书，找解决的办法。此时我才清楚：为什么那些父母从不重视我的建议，因为我从未做过母亲。"

不仅如此，伊斯宾娜还和我说，即使看了那些育儿方面的书，也经常觉得培养孩子十分辛苦。

事实确实是这样，在那些研究教育孩子问题的专家中，最权威的总是那些已为人父母的人。今天我写这本教育孩子的书，也是因为有了教育女儿的经验，并且获得了成功。否则我是不敢轻易动笔的，因为我深深地懂得这其中的艰难。我特别敬佩一些专家，他们不仅培养好自己的孩子，而且收养了许多孤儿，组成了一个个美好的大家庭。比起那些只有书本知识的学者，像这样的专家当然更有发言权。

我认为，养育孩子是一项艰巨的任务，也是一件必须认真对待的事。所有的父母都非常希望自己的努力能够帮助孩子的成长，不想看到孩子失去任何可能成长的机会。但是，在执行过程中却发现这项工作极其辛苦，而且后果难以预料。不仅要在道德、智力、能力上进行培养，做好受用一生的基础，即使对待日常生活中的一些小事时，有些父母也不知道怎样对待。包括那些有过良好教育的父母们，也常常会发现自己会失去理智对待孩子，变得无知和不理智起来，但之后又会感到愧疚、自责，因为自己的无能。因此，教育孩子并不是某些人想象的那样容易。

我在培养女儿的过程中，深深地感到只靠书本知识是远远不够的，必须有足够的意识开发母亲自身的潜力，培养孩子才能够理智而且细致。

前几天，我又碰见了上文中的伊斯宾娜，她现在已经是很有成就的儿童教育专家了。她向我询问了我女儿的情况之后，给我讲了她身上发生过的一件事：

"有一次，我和丈夫还有儿子一起去吃饭，一位年轻的太太走上来对我说：'打扰您了，但我还是忍不住对您说我非常羡慕您有这样一位有礼貌的好孩子。我听过您的教育讲座，认识您。你的确是一位优秀的母亲，今天见到您和孩子交流的态度，我就明白了为什么您的儿子那么懂礼貌。'

"在孩子的面前被人那样称赞实在感到脸红。孩子的表现确实很好，但他绝对不是一直这个样子的。多少次我恼羞成怒，低声向他狠狠地吼叫。我们经常吵架，却总不是因为原则的问题。

"最让我生气的是，他不管到哪里，都会把房间弄得乱七八糟，狼狈至极。每次看到这个情景，我就忍不住对他大声叫喊：'我和你说过多少次了……'我们老是出现各种各样的冲突，以致我很担心在儿子眼中，我已经成为他的敌人。

"直到有一次情况才有了好转，卡特尔到外地去参加夏令营，他一直没有给我写信，也许是生我的气了。我真的很牵挂儿子，就主动写信表示关心，除此之外，我还承认自己经常发脾气不对，专门向卡特尔道歉，还把自己平时不敢说出来的想法在信中全都说了出来。

"没过多久，儿子就给我回了信，他在信中说：'我在外地夏令营最想念的就是爸爸妈妈你们，我的妈妈，我真的很爱您，您根本不用和我道歉，本来就是我错了，本来就是应该我向妈妈您先道歉才对的。'

"你没有想到我看了这封信后多么开心，而且儿子回来后，我们再也没有吵过架。"

在伊斯宾娜的故事中，我想到了那封信，她在信中真心向儿子说出了平时说不出口的话，从而得到了孩子的理解；儿子在心中以不损害自己尊严的方式改正了自己的错误。这种沟通方式非常好。

我认为，随着孩子的不断成长，就会不断有新的问题产生，为人父母就是一个不断学习的过程。比如我的女儿，我刚刚把女儿吮吸手指的问题解决完，又要想着怎么阻止她破坏物品；好不容易鼓励起她有勇气与陌生人交往，又要提防她胆大过头，随便就跑出家门，独自行动。问题层出不穷。

我想，尽管问题老是源源不断地冒出来，但父母都愿意解决这些问题。其实，最后让父母后悔的并不是总是努力没有收到成效，而是该有的努力没有去做。有一位母亲曾经向我这样埋怨自己："我好蠢，简直就是个傻瓜，女儿才几个月大，我怎么可以让她每天醒那么多个小时。要不是你后来提醒我，我还会继续下去呢。现在我才开始为她建立睡眠规律。"

我对她说："还没有晚，没有那么严重，而且孩子少睡点觉，这种影响也许没有你想象的那么大。"

即使这样说，我还是能理解她的后悔，因为那是她唯一的孩子，而且她由于身体的原因，很可能以后再也不会有孩子了。

这位母亲把自己的全部心血都用在培养女儿身上。孩子刚刚出生，在前几个月，应该有尽可能多的睡眠时间，这对孩子的身体和大脑发育都有关键重要的影响。如果孩子不想睡觉，爱哭闹，也要让他养成良好的睡眠习惯，想办法让他多睡。但这位母亲见孩子一哭就抱他起来哄，不忍心看着孩子哭，搞得孩子的睡眠非常的少，当她发现这个问题时，开始着急为孩子建立睡眠与喂养规律时，关键的几个月已经错过了。这件事让她常常自责，她感到很痛心，责备自己做了那么多的准备，花了好多精力，却没有考虑到这么重要的问题。

其实许多母亲本来不需要太大的努力就可以让自己的孩子健康地成长，但由于没有想到而错过了时机。有时，有的母亲花了很多精力去纠正孩子的某个坏习惯，却因为方式不当或者认识有误而白费力气，甚至结果事与愿违，在我们周围有很多母亲都为自己的过失而后悔不已。所以，我认为作为一个合格的母亲，不仅要累积育儿的知识，还要多了解掌握心理、生理知识和实践经验。在与别人交流的过程中，我们常常可以学到很多东西，从这方面的书中也可以学到很多，但最重要的还是创造性地运用学来的知识和技巧。

我认为，每个孩子都是与众不同的，这就要求母亲要具有独创性，在实践中不断摸索和思考。如果母亲善于灵活运用知识，做起事来就可以事半功倍，摆脱很多无关紧要的烦恼。

我希望世上所有的母亲都可以聪明而具有独创性，这样才能有效地培养孩子。我在培养女儿的过程中，总结出一个深刻的道理：如果一个母亲想培养出优秀的孩子，就必须先教育好自己。

第二章 孩子的饮食

女儿刚出生时，我先想到的是她的健康，一开始我就非常注意打造孩子健康的身体。因为生活中如果缺少了健康，不管是对大人还是孩子而言，都是非常不幸的。如果身体不够健康，就很难看见人的创造之美，还有大自然的美。当然，女儿还是婴儿，对此而言，一切还是得从喂养开始。

我想母乳是最好的婴儿食品，我想所有的母亲都会认可我的这一观点。

我认为，对孩子而言，进食既不应是一种奖赏，也不应是一种义务，我从不会用食物来贿赂或惩罚女儿。我的观点是：根本没有必要把食物当成奖励、惩罚或威胁的工具，没有必要浪费那么多时间和精力，这样来管教孩子。对于女儿，我绝不把食物和管教联系起来。为了让女儿轻松地进食，我为她创造了轻松的进食氛围和环境。

我在养育自己的孩子时，一直坚持这样的原则：鼓励孩子自己吃东西，让她觉得饮食是重要的而且愉快的，也是一件她能够轻松完成的事情。

我认为，孩子们的饮食方式可以各种各样，父母也要依据孩子的年龄、体质和营养方面的因素，认真制定每一个孩子适合的方式，通过适度的控制，逐渐培养孩子健康的饮食观念。只有这样，父母才不会劳而无功，孩子也才能健康成长。

1. 母乳是婴儿最好的营养品

女儿还未出生，就有好心的母亲告诉我母乳的好处，特别是我的母亲，常常在我的耳边唠叨："母亲的乳汁是最宝贵的，胜过金汁银汁。"

在上文我已经讲了很多关于母亲的事，我想，现在应该到了谈论孩子的时候了。

为了让大家更好地理解我教育女儿的方式，我就从女儿出生开始讲吧！

女儿刚出生时，我先想到的是她的健康，一开始我就非常注意打造孩子健康的身体。因为生活中如果缺少了健康，不管是对大人还是孩子而言，都是非常不幸的。如果身体不够健康，就很难看见人的创造之美，还有大自然的美。当然，女儿还是婴儿，对此而言，一切还是得从喂养开始。

我想母乳是最好的婴儿食品，我想所有的母亲都会认可我的这一观点。这对母亲和小孩子都有益。每当小女儿安静地吮吸我的乳汁时，我总会感到非常的幸福。因为我创造了这个小生命，在我喂奶时看着她吮吸的可爱模样，我的内心顿时会洋溢着无比的幸福感。

女儿还未出生，就有好心的母亲告诉我母乳的好处，特别是我的母亲，常常在我的耳边唠叨："母亲的乳汁是最宝贵的，胜过金汁银汁。"母亲警告我："一定不要像那些没有责任的母亲，为了保持身材，她们排斥母乳，有的甚至放弃母乳，这是非常不明智的。我母亲总是一再向我强调对孩子而言一个母亲的重大责任，她告诉我绝对不能错过哺乳的最佳时机，不然将来一定会后悔莫及。

女儿一口渴或是饿了，就会因为不舒服开始哭闹。在她出生的前几天，她似乎还没有明白因为饥饿自己才不舒服，更不知道吮吸母乳会让她舒适和满足。刚开始，因为口渴和饥饿，女儿不停地哭闹，我把乳头放进女儿的嘴里，她吮吸到乳汁时，还是继续哭。我明白这时一定不能着急，我没有强迫女儿吃奶，而是用温情和耐心唤起女儿吮吸的欲望，不停地暗示她，诱导她学会吮吸。我明白婴儿有吮吸的本能，所以，我没有把乳头硬塞进女儿的嘴里，而是运用女儿的本能，一再地诱导女儿吮吸。我认为，只要她吸过几次，就会把乳汁与吮吸联系起来，一切就会变好。结果是，乳头只要一放进她嘴里，她就会安静地吮吸。我还发现，凡是能放进嘴里面的，无论是乳头、奶嘴，还是手指，她都爱吮吸。

在给女儿喂奶的那段时间，始终保持一个原则：一定要满足女儿的吃奶需求，只要她饿了就给她喂。刚开始时，给她喂一次奶大约需要间隔两小时，如果她哭累了，睡过吃奶的时间，我就随便她让她接着睡，等她醒后，自然会要奶吃，不管是在白天还是晚上，我总是时刻注意女儿的哭声，及时给女儿喂奶。在哺乳期间，女儿总是吃得非常香，十分满足。

另外，在给女儿喂奶的那段期间，我绝不会使用香水，也一定不会使用香味很浓的化妆品。因为刚出生的婴儿嗅觉非常敏感，香味太浓会使婴儿觉得这不是自己的妈妈。有一次，我只是用了一点护肤的化妆品，小女儿就开始哭闹，非常地不安，几乎要把我推开。在哺乳期间，我无微不至地照顾女儿。我想，正是由于在婴儿时期女儿受到了很好的照顾，现在才会有这么聪明的大脑和健康的身体。

2. 食物不是奖励或惩罚孩子的工具

我认为，对孩子而言，进食既不应是一种奖赏，也不应是一种义务，我从不会用食物来贿赂或惩罚女儿。我的观点是：根本没有必要把食物当成奖励、惩罚或威胁的工具，没有必要浪费那么多时间和精力，这样来管教孩子。对于女儿，我绝不把食物和管教联系起来。为了让女儿轻松地进食，我为她创造了轻松的进食氛围和环境。

在女儿 4 个月大时，我会在喂她母乳之前开始先给她喝点橘子汁。再过一段日子之后，我开始喂她汤、土豆和煮熟的鸡蛋等。很多孩子都爱吃谷类食物，这也是他们最好的食物。

我认为，对孩子而言，进食既不应是一种奖赏，也不应是一种义务，我从不会用食物来贿赂或惩罚女儿。我的观点是：根本没有必要把食物当成奖励、惩罚或威胁的工具，没有必要浪费那么多时间和精力，这样来管教孩子。对于女儿，我绝不把食物和管教联系起来。为了让女儿轻松地进食，我为她创造了轻松的进食氛围和环境。

有的父母总担心孩子吃的太多、太少或者不会吃，一到吃饭时就用尽办法来对付孩子，好像遇到了很大的困难。一会儿要这样，一会儿又规定不能那样，很容易就给孩子形成很大的压力，时间长了，就会给孩子很大的负担。这非常影响孩子的饮食，也会给父母带来非常多没有必要的麻烦。

我的表妹有个儿子叫约翰，6 岁时就患上了厌食症。我见他时非常惊讶，因为以前他一直很健康。两年前我见到他时，他还是面色红润，胖乎乎的，是个充满活力的小家伙。可是这一次完全改变了，他简直像换了个人，瘦得像只猴子。

我详细地询问表妹小约翰的情况，才了解到他生病的原因。原来，小约翰一直很顽皮，表妹为了让他听话，就经常用不许吃东西的办法来威胁他，加强管教。

有一次，小约翰在外面和小伙伴们玩了很久，回家时已经天黑，过了吃饭的时间。由于饿过了头，小约翰一回家就跑到厨房，找他爱吃的东西。这时，他母亲出现了。

"你在干什么？约翰。"母亲严厉地问。

"我在找吃的。"约翰回答。

"你还想找吃的，为什么这么晚才回来？"母亲非常愤怒："谁让你错过了吃饭的时间，你什么都不顾，一天到晚都在外面玩……我今天绝不会给你食物的，你太不听话了……这是对你应有的惩罚……"说着，表妹一边揪着小约翰的耳朵，一边把他拖回房间锁了起来。

后来小约翰和我抱怨，他那天真是饿得晕死了，恨不得把床单都吞下去。

第二天早上，表妹为儿子做了牛奶和美味的点心。可是，小约翰已经没有一点食欲了，用他自己的话就是"我现在一点儿都不感觉到饿，早就饿过头了"。

从这之后，小约翰再也没有以前那种好胃口了，每天吃的东西只有一点点，有时甚至什么也不想吃。我问他为什么没有食欲，他告诉我那晚他做梦看见了很多好吃的东西，正准备吃，母亲突然来到他跟前。母亲旁边还有一只很凶恶的大狼狗，恶狠狠地盯着那些食物，好像立即就要扑上来抢他的美味。后来，母亲很严肃地骂了他，还任由大狼狗咬他。小约翰告诉我，他每次想吃东西的时候，脑海里就会闪现出那只凶恶的大狼狗，所以根本就不敢吃，慢慢地就没什么食欲了。

我看着小约翰小脸蜡黄身体消瘦的模样，感到很悲伤。我责备表妹，因为即使孩子不听话，也不能用不许吃东西的方式来惩罚孩子，而应该采用科学的方式来管教孩子。

后来，我们带小约翰去心理医生那里治疗，费了好大劲儿才治好他的厌食症。

我认为，无论小孩子犯的错误有多大，教育他仍然有很多别的方法。有些父母竟然让小孩子不吃东西，这种方式真是太愚昧了。因为我们都清楚，即使是成年人，也应该就事论事，更别说孩子。如果管教孩子时采用愚蠢的方式，不但不能让孩子很快地改正错误，甚至对孩子其他方面的成长也会有影响。

在我们身边，孩子们有很多种缺点，有的忧郁，有的贪婪，有的自私，很多都是因为小时候没有受到良好的教育造成的。如果我惩罚女儿采用关于吃的方式，她会无形中认为将来生活的目的就是为了吃喝，这样非常容易形成自私、狭隘的性格。假如女儿因为犯错而挨饿，就会想父母不爱她，性格也会因此变得阴郁。如果她有了这种错误的认识，对她的未来就一定会产生很多坏的影响，我肯定是不希望自己最爱的女儿会被困扰在这种不良的影响中。

3. 鼓励孩子自己吃东西

对于人来说食欲是非常重要的。食欲的调节和控制，可以对父母巩固和加强孩子的生长发育成果大有帮助。孩子食欲旺盛当然是值得高兴的，但食欲太强就不能高兴了，孩子贪吃肯定存在问题，所以，在孩子的成长过程中，孩子饮食的合理调节是极为重要的。

我在养育自己的孩子时，一直坚持这样的原则：鼓励孩子自己吃东西，让她觉得饮食是重要的而且愉快的，也是一件她能够轻松完成的事情。尤其在她很小时，即使看见她灵活地用手抓着东西扔进嘴里吃，我也不会责备她。

我认为，如果给女儿充分的食物，她就不会挨饿。这是我在养育女儿的过程中总结出来的经验，并不是对孩子漠不关心，这种经验适用于所有的孩子。女儿想把哪些食物放在一起吃，喜欢先吃什么，我总是竭尽全力使整个饮食过程满是轻松的氛围。为了培养女儿良好的饮食习惯，我对她采用的方式是多提醒却很少训斥。

哈里斯·莱恩斯特在他的名著《大脑的营养》中说："任何一种营养不足都会降低某些神经信息传递的水平，并会负面影响到多种相应的行为。同样，身体或精神的失常也可以通过调节相关的传递因素而得到矫正，可以通过对饮食做简单的改变而做到。"在书中他详尽列举了损害大脑功能的各种营养不良的症状，特别讲解了一种人体自身不能产生的多不饱和脂肪酸缺乏时的情形："值得高兴的是，同样很简单地发现，一个成年人一天的全部需要一匙玉米油就可以满足。但对正常的大脑功能这一匙是至关重要的，缺少了这一匙玉米油，大脑就不能对髓质末梢进行修复，就会导致动作不协调、失忆、偏执、发抖、冷漠症状等后果。"

在实际生活中，大脑功能降低或损伤由类似营养不良的情况所引起的现象也很常见。如果想要孩子的大脑能够高效地运行，能够进行各种各样的脑力劳动的话，那么就一定要进行合理的饮食计划，这样才能更好地满足孩子的营养需求，才能维持孩子的生理平衡。

我认为，科学的饮食能够给大脑提供所需的营养，能够对提高孩子的智商有足够的帮助，是孩子智力寻求发展不能缺少的第一步。

女儿出生后，对她的一举一动我都非常仔细地观察。我发现像她这么大的婴儿发育得很快，尤其是前 3 个月，所以我想比起其他任何年龄段，这一阶段的营养摄取是最为重要的。除了像之前所说的要及时喂她母乳之外，我还会用牛奶、羊奶以及各种米、面、黄豆等做成的乳汁替代品来喂养女儿。在女儿 1 到 3 个月之间，我还会为女儿做各种果汁和菜汁，如橙子汁、西红柿汁、菠菜汁，还有胡萝卜汁等，来喂养女儿。4 到 6 个月大时，我又会喂女儿土豆泥、胡萝卜泥、苹果泥、蛋黄泥、香蕉泥、蔬菜糊、鱼肉糊，还有鸡肉粥，还经常喂女儿一些骨头汤和鸡汤等。令人开心的是，比起吃奶，我看见女儿在吃这些东西时似乎要更高兴。

女儿断奶时才一岁。起初，我把牛奶作为女儿的主食，并在每天的正餐之间，定时喂给女儿一些肉末、蛋羹、果菜等辅助性的食物。在这一阶段我更加注重食物的搭配，好保证女儿身体营养的供给，因为在这一阶段，孩子的主要营养已经不是从母乳中获得，而是从每天的饮食中获得的。女儿在两岁时，我给女儿的主食主要是菜、肉、鱼、蛋和豆制品，同时加上面包和薯类等食品。我发现女儿在这个阶段讨厌吃蔬菜，经过细细地观察，才知道原因是蔬菜的纤维长，味道口感都不好，导致了女儿不喜欢吃蔬菜。于是我就开始把蔬菜尽量做得细一些，想让女儿开心地接受。女儿 3 岁时，我认为各种类型的营养对女儿的发展都很重要，特别是那些基本的营养类型一种都不能少。特殊的营养在孩子的成长中担任着提供必需能量的重任，如果脂肪摄入不足，就会使热量不够，只能靠糖类来补充，但是一定要适量，因为甜食吃得很多不仅会使孩子的食欲降低，还会对孩子的牙齿有害。所以，我不会给女儿吃过多的糖，如果真的需要，我也会小心地加以控制。

女儿3岁时，我开始培养女儿的饮食规律，一般是每天三餐中间加一点辅助食品，但一定不会影响女儿的正餐，好让女儿身体的各种营养都平衡摄取。

女儿在5岁时乳牙已经全部长齐了，咀嚼也变得很容易。我想她的饮食要求基本上已经接近成人了，就让女儿开始吃各种成人的食物，除了刺激性的东西之外。在那段时间，我为女儿张罗了各种各样的食物，不仅注重荤素的搭配，还非常注重粗粮和细粮的摄取。

除非女儿做得太出格，不然一般女儿在吃饭时说话我是不会反对的。我认为，如果孩子吃饭时特别爱说话，还要加上手舞足蹈，吃饭变得很慢不用说，还会注意力不集中，长此以往，会严重影响到孩子的身心发育。女儿这样表现时，我会以适当的方式制止女儿，及时加以引导，但从不斥责女儿，如果责备过于严厉，会影响到女儿的食欲。我不会禁止女儿完全不说，而是尽量让女儿少说。如果完全不让女儿说话，那么整个进餐过程就会变得沉闷异常，还会对女儿的表达能力有影响。

对于人来说食欲是非常重要的。食欲的调节和控制，可以对父母巩固和加强孩子的生长发育成果大有帮助。孩子食欲旺盛当然是值得高兴的，但食欲太强就不能高兴了，孩子贪吃肯定存在问题，所以，在孩子的成长过程中，孩子饮食的合理调节是极为重要的。

女儿也难免会有贪吃的时候，如果女儿在不合适的时间想吃东西，我会想办法引导女儿忍住，等女儿贪吃的瘾退去，来降低食物对女儿的诱惑。食，性也，孩子也会偶尔馋嘴，这些都是必不可免的，所以，至关重要的还是在孩子馋劲儿上来的时候去引导孩子们。

我认为，孩子们的饮食方式可以各种各样，父母也要依据孩子的年龄、体质和营养方面的因素，认真制定每一个孩子适合的方式，通过适度的控制，逐渐培养孩子健康的饮食观念。只有这样，父母才不会劳而无功，孩子才能健康成长。

第三章　培养孩子的感觉

教育女儿的第一步就是要训练女儿的五官。我认为，如果不加以开发利用，不管是哪种能力，就绝不会有发展。所以，训练孩子五官的发展至关重要。从听力开始去发展孩子的五官，这样可以有很好的成效。

我总是抓住机会和女儿说话。因为，如果照顾孩子的人都不爱聊天，都不愿去理睬孩子，那么这个孩子说话的时间就变少了。而且孩子们也常常爱自言自语，他们并不只是和大人说话，我想，在这个关键时期，父母应该尽可能多地和孩子互动和谈话，让孩子的听力得到很好的发展。

孩子的听觉和视觉是自然形成的吗？很多人都这样认为，所以觉得也没有必要在这方面费心。我认为这种想法是不正确的。如果能够对婴儿的眼睛和耳朵进行有效的训练，那么对孩子的健康成长大有裨益。

不仅用色彩来培养女儿的观察力，我还有意地培养女儿对事物的专注力。我认为，只有让小孩子从小就形成专注的习惯，她在成为大人后，才会对自己的事业全身心地专注，才不会被其他事情所影响。而且，如果形成了专心的习惯，也会提高孩子的记忆力和自制力。对任何人来说，这种素质是非常重要和必要的。

1. 音乐：耳朵的启蒙老师

我认为，婴儿要听懂父母的话，确实需要很长的一段时间。但是自从他出生后，就会对父母的话作出各种反应。对此我有很深的体会：如果女儿听到我温柔的声音，她的神情十分愉悦；而在我大声斥责她时，听到的是她的哭闹声。所以，年轻的父母们，我奉劝你们要尽可能早地和孩子们多说话，有意地训练孩子们的听力。

教育女儿的第一步就是要训练女儿的五官。我认为，如果不加以开发利用，不管是哪种能力，就绝不会有发展。所以，训练孩子五官的发展至关重要。从听力开始去发展孩子的五官，这样可以有很好的成效。

还在母亲肚子里的时候，婴儿就能听到声音了，婴儿听力的发展比视力发展更早。我认为，在父母有效的胎教之下，孩子的听力就会发展得更早；如果没有进行有效的胎教，孩子听到的可能只是心跳的声音。

所以，女儿还没出生时，我就给女儿取了名字，经常和女儿聊天，还会为她唱好听的歌儿。我特别喜欢对着肚子里的胎儿喊叫："小维尼，小维尼，妈妈在喊你，听见了吗?"我想，女儿一定听得见妈妈温柔的声音。

不少父母都经历过这样一件事，父母对尖利的声音非常害怕，声音如果越是尖利，孩子就越会有强烈的反应。当我发现女儿出现这样的反应后，就明白了她已经有了足够的听力，于是赶紧抓住机会对女儿进行训练。

女儿很小时就特别不喜欢刺耳的声音，而对有节奏、有韵律的声音却非常喜欢，比如音乐、时钟的"滴答"声，还有有节奏的鼓声。所以，为了开发女儿的智力和潜力，我从女儿有了这种表现开始，就用音乐和读诗歌来培养女儿。

可以说，女儿完全是在音乐中度过她的幼年时期的。由于我自己一直热爱音乐，所以经常在家里弹钢琴，每次听到动听的钢琴声时，我总能看到女儿脸上激动沉醉的表情。

有一天，我走到隔壁的房间去看女儿，那时我刚刚弹完钢琴，还在门外就听到女儿轻声地哼着歌儿。我悄悄站在门外仔细地听女儿在哼唱什么。女儿竟然在轻唱《致爱丽丝》前面的几个乐句，我感到非常地开心，女儿唱得还不是很准确，但是已经能听出一个轮廓。

我激动地在那几天里把《致爱丽丝》反复弹了几遍，这当然不是因为我弹得不好要加强练习，而是我想加强女儿对曲子的印象。我的努力没有白费，女儿在不久之后就能把几个乐句完整地唱出来，音准很正确，旋律和节奏也都是正确的。那时的女儿只有 8 个月大，虽然到了 3 岁时女儿才开始学琴，但很快就把《致爱丽丝》学了个大概，她大部分内容都弹得格外流畅，除了一些特别难的乐句。我认为，这一定是她还在摇篮中时就开始学习的功劳。

尽管女儿那时还小，但她已经对许多乐曲有了印象。除了弹琴，我还会经常为女儿放一些经典的音乐。我发现，放不同的音乐女儿会有不同的表现。巴赫的音乐响起时，女儿平静愉快；莫扎特的《小夜曲》会使女儿很开心；听贝多芬的音乐时，女儿会表现得特别兴奋和激动；我给她听舒伯特的《摇篮曲》时，女儿又会安祥地睡觉。

除了让女儿享受各种不同的音乐外，我还让女儿去玩钢琴。当女儿把那些黑键和白键敲响时，会咯咯地笑起来。以后只要女儿哭闹或是伤心时，我就把女儿抱到钢琴旁边，让她自己去敲响琴键，有时我也会谈点音乐给女儿听。不管女儿哭得有多厉害，只要琴声一响，女儿就会立刻平静下来。偶尔我担心琴声会给女儿太多的刺激，就把女儿抱开，结果女儿反而会哭闹。

为了让女儿形成对音阶的概念，我专门在钢琴 C 大调的位置，在 7 个基本音的琴键上，贴了红、橙、黄、绿、青、蓝、紫 7 种颜色的纸条，并把它们分别取名叫红音、橙音、黄音等。我每天都会把女儿抱到钢琴旁边，弹这些琴键给女儿听。女儿还不到半岁，就能准确地区分开所有的琴键。

到了小女儿学说话时，我就教她什么音是什么颜色。我常常问女儿："什么音是黄色，什么音是红色?"女儿总能飞快地反应："do 是红色，mi 是黄色。"

女儿刚开始学琴时，我专门请了一位音乐教师。第一堂课刚上完，他非常奇怪地对我说："我真是难以相信！如果你女儿只有乐感，也不算奇怪，因为你爱好音乐，对她有影响是很正常的；但是，她对音准的敏感度太惊人了，还有她把标准音记得那么牢，你要明白，学音乐的人要想具有标准音的概念，就要用很多大量的时间来训练。"

这位老师听我讲完我的方法之后，感叹道："要是所有的孩子能在婴儿时期受到这样的训练，那么所有学音乐的孩子将来一定会觉得特别轻松。如果真是这样的话，我们真不知会出多少天才音乐家呢。"

在女儿还是宝宝时，我一边让女儿听音乐一边和女儿说话，正如上文所说，在女儿还没出生时我就开始了这个工作。我认为，宝宝一来到这个世界，父母越早和孩子说话越好。我的经验告诉我，女儿最喜欢我对她说话的声音了。

我常常会发现，每当女儿一哭时，只要我和她说话，她就会立刻不再哭闹。女儿躺在床上时，总是安安静静的，并不想我爱抚她。但是当我对她说话时，她就会动起来，渴望我爱抚她。有时我正在说话，看见她刚刚还在蹬的腿在我的说话声中会平静下来。

我认为，婴儿要听懂父母的话，确实需要很长的一段时间。但是自从她出生后，就会对父母的话作出各种反应。对此我有很深的体会：如果女儿听到我温柔的声音，她的神情十分愉悦；而在我大声斥责她时，听到的是她的哭闹声。所以，年轻的父母们，我奉劝你们要尽可能早地和孩子们多说话，有意地训练孩子们的听力。

除了会哭，刚刚出生的婴儿还老是会发出一些特别的声音。虽然那些声音并不是有意识的，但的确是婴儿们身体正常的应激反应。这些声音可以表达一些意思：可能是吃东西后开心的"咯咯"声，也可能是哭闹前的"呜呜"声。

6周时女儿听到我的说话声或是看到我的微笑，就会有反应。两个月大的女儿不仅会微笑，还会发出其他声音。这时，我总是抓住机会和女儿说话。因为，如果照顾孩子的人都不爱聊天，都不愿去理睬孩子，那么这个孩子说话的时间就变少了。而且孩子们也常常爱自言自语，他们并不只是和大人说话，我想，在这个关键时期，父母应该尽可能多地和孩子互动和说话，让孩子的听力得到很好的发展。

为了更好地培养女儿的听觉，在女儿两岁时，我就为她准备了小鼓、铃铛等可以发出声响的玩具。一听到这些玩具发出的声音，她就会扭头去寻找这些声音是从哪里传出来的。我不仅和女儿说话，还常常用轻柔的声音为女儿朗读诗歌。因为诗歌除了有很多和音乐相同的作用之外，除了声音，还有含有意义的作用。事实证明，女儿听诗歌朗诵真的很有效，才一岁，女儿就能背诵维吉尔的一些诗句。每天晚上，她都会去背诵那些诗句，像祷告一样，这种热爱，让她很快就把诗句倒背如流了。

2. 视觉在色彩中苏醒

女儿能够对周围色彩进行观察，不仅有了对美的享受，更重要的是培养了女儿敏锐的观察力，形成了一种独特的视觉感受力。而且，这种善于观察的能力，无论是对女儿智力的发展，还是对她潜力的开发，都是非常的有利。

孩子的听觉和视觉是自然形成的吗？很多人都这样认为，所以觉得也没有必要在这方面费心，我认为这种想法是不正确的。如果能够对婴儿的眼睛和耳朵进行有效的训练，那么对孩子的健康成长大有裨益。还有一些错误的观念，认为婴儿的眼睛根本看不见东西，只是摆在那里。事实上，婴儿只要睁开眼睛就能看见东西。很多父母都有见到过这一幕：婴儿醒时，眼睛总是盯着明亮的窗户或是看着窗帘，眼神有些发呆。这是因为婴儿没有东西可以看，而不是婴儿看不见东西。

有一次，女儿发呆地望着天花板，眼睛里面一片空洞，显得傻傻的，我走过去问道："怎么啦？亲爱的。"但女儿没有理我。我诧异起来，女儿今天是不是不舒服，怎么这么迟钝？那时我的手里有一本红色封面的书，不经意间在她眼前一晃而过。突然，我看见女儿的笑容露了出来，她的腿也开始蹬了起来，两只小手不断地挥舞。我这才知道，女儿对鲜艳的东西很感兴趣。

那天，我立马外出，带回许多色彩鲜艳的东西：精美的图画、色彩丰富的布娃娃，还专门把窗帘换成了绿黄变换的花色窗帘。为了加强女儿的观察力，我在她房间的每一面墙上都挂了各种漂亮的图画，有美丽的装饰画，甚至还有名画的临摹品。

我认为，要开发孩子的智力，图画所起到的作用非常重要。如果母亲善于绘画，那么在她培养下的孩子成长是非常幸福的。因为知道了画的重要作用，在女儿还不懂事时，我就准备了许多精美的图片给女儿看，像漂亮的花草和鸟兽的图画。还有漂亮插图的小人书，有时我还会读给她听。每当这个时候，小女儿总是非常有兴致地看着，静静地听着。我想，虽然孩子还什么都不懂，但她已经对图画的颜色还有母亲的声音产生兴趣了。

在女儿再长大一点时，我就给女儿看更多的图片，还买来颜料、画笔和纸，准备教女儿简单的绘画。有趣的是，虽然当时女儿的手还很小，根本握不紧画笔，虽然她还不会拿笔，但她对画画的那份强大的热情却仍然很明显。

有时，女儿面对着一大堆的色彩缤纷的颜料，但又不知道如何去运用它们，于是就急得在那里直叫，那样子真是可爱至极，咿咿呀呀的。

有一次，我干脆在调色板上挤上各种颜色的颜料，让女儿自己玩儿。女儿看到这个样子，非常开心。结果，女儿被弄得面目全非。

我帮女儿准备好后，就去了别的房间。当我再次来到女儿的房间时，情形已经大有改变。女儿满脸都是颜料，地板上到处也是颜料，连洁白的衣服也变成了花衣服。如果是其他父母，也许早就火冒三丈了，但我没有，因为脸和手脏了可以洗干净，床单弄脏了也可以换，但女儿如果因为我的呵斥，不再有玩耍的乐趣，不再有对色彩的感觉，那就是再也不能挽回的了。

"呀，维尼芙蕾特，你看你，把房间弄得多乱啊。"我语气温和地对女儿说。

不久，我发现角落的墙壁上有一个淡黄色的图案，我仔细地看，发现原来是一只小鸭子。女儿竟然在墙上画了她的第一幅画，不管她是有意还是无意的，我感到非常的激动。

当女儿在画画上取得了这样的成绩之后，我决定教女儿使用画笔。我让女儿握住笔，然后悉心地教女儿怎样握笔。一番努力之后，女儿开始能够握住画笔了。之后，女儿开始真正地用笔画画了，而不再用手去抹颜料了。

为了增强女儿对色彩的敏感度，我给女儿买来了颜料和色谱，耐心地教女儿区别不同的颜色。时间久了，女儿竟然自己记住了大多数颜色，除了红、黄、绿几种基本色之外，不同灰度的颜色名称她也能说出来。

直到现在，只要一谈到色彩，我那女儿还能抛出很多专业的名称。一般而言，只有一些经过专业训练的人才会这样。大家一般都会说"那是红色，那是橘黄色，那是灰色"，而我的女儿从小就会非常专业地说："嗯，那是紫红色，这是普鲁士蓝，像这种灰色就有点偏黄，是的，那片黄色有些偏绿……"虽然后来女儿没有成为画家，但她对色彩的见解比一般人要强得多。

女儿曾经对我感叹："妈妈，我好幸福，因为我能看到自然中最美丽的色彩。我看得见天空，还有鲜花，还能在其他人没有留意的地方，看到色彩的轻微变幻。你看那张旧旧的桌子，它的色彩变化是多么复杂啊！简直是紫灰色和蓝灰色谱写的色彩乐曲……"

维尼芙蕾特会走路时，我就爱带着她出去散步，并让她留心大自然中的各样颜色。这时的她其实俨然已成为一个小色彩专家了，她对色彩的认识甚至已经远远地超过了我。她欣赏天空的颜色、原野的颜色、森林的颜色、大海的颜色、建筑物的颜色，还有人们衣服的颜色，她有时会被自然界的美丽色彩给陶醉，有时又忍不住评论起身边的色彩。每一次散步，我耳边都能不断地听到小维尼芙蕾特不停地评论周围色彩的声音。

"妈妈，你看那片天空。上边是深蓝色，左边却又像是湖蓝，右边又渐变成了钻蓝。快看呀，快看呀，在地平线上面一点又在向紫灰和蓝灰渐变……""妈妈，你瞧那位小姐的衣服，一点都不漂亮，颜色搭配很不协调……给人的感觉花花的。""瞧，那座教堂，颜色真是太漂亮了！……"

每当此时，我都感到很宽慰，我会积极地参加女儿的评论和观察中，偶尔和女儿还会有一点小小的争执，但更多的是开心。因为我清楚，女儿正被身边事物的美丽所陶醉。我想女儿是幸福的，她没有和身边那些对美视而不见的人一样，而是尽情地欣赏它们。

我认为，女儿能够对周围色彩进行观察，不仅有了对美的享受，更重要的是培养了女儿敏锐的观察力，形成了一种独特的视觉感受力。而且，这种善于观察的能力，无论是对女儿智力的发展，还是对她潜力的开发，都是非常的有利。

3. 游戏的精彩效果

我认为，只有让小孩子从小就形成专注的习惯，她在成为大人后，才会对自己的事业全身心的专注，才不会被其他事情所影响。

我不仅用色彩来培养女儿的观察力，我还有意地培养女儿对事物的专注力。我认为，只有让小孩子从小就形成专注的习惯，在成为大人后，才会对自己的事业全身心的专注，才不会被其他事情所影响。而且，如果形成了专心的习惯，也会提高孩子的记忆力和自制力。对任何人来说，这种素质是非常重要和必要的。

在女儿小的时候，我和女儿常常玩的一种游戏叫注意看。女儿对这个游戏有很大的兴趣，而且游戏很明显地激起了女儿的好胜心和不愿意失败的决心。我常常在她面前抓起五六根彩色发带晃一下，接着就考她有几根。起初，我的手晃得很慢，让女儿有充分的时间去注意，后来，速度越变越快，最终，这个动作完成只需要一转眼的工夫。因为我对女儿进行了有规律的训练，一开始，女儿的判断还不大对，但是到了后面，女儿几乎全部回答正确。

这个游戏一般都是两个人玩儿的，如果女儿说对了，就由女儿来考我。一开始，我赢得比较多，可是越到后来，我输得越多。每当这时，我就会冒出小孩子般的念头：都怪我妈妈，在我小的时候，为什么她不这样来训练我呢？不然我也不会像现在这样，老是败给女儿。

有一次，我在手上握了八根发带。一开始，女儿因为数量太多老回答错误，女儿快要急哭了。

"维尼芙蕾特，我看今天就这样吧！"我对女儿说。

"不，妈妈，不要，请你再让我试试。"维尼芙蕾特还是坚持。

为了女儿的信心，我有意放慢了速度。

"不，好慢，我能够看到八根发带，这么慢大家都能看得出来。妈妈，你再换一个数目，还是要像一开始那么快。"女儿轻易看穿了我的用心，而且要求我不能放慢速度。

没办法，我只能按照女儿说的去做，我把发带变成了七根，仍旧保持最初的速度。第一次，女儿说错了；第二次，女儿说没有看清楚；第三次，还是说错了。

"算了，维尼芙蕾特，这太难了，你看数目太多了。"我劝女儿不要再猜了，"妈妈也许也说不对的。"

"不，妈妈，我还要再试试。"我们就这样一次又一次地玩下去，直到女儿终于说对了那已经是第 18 次了。我确定这不是女儿胡乱猜的，因为我从她的表情中发现了抑制不住的高兴。

接下来是女儿才考我了几次，我就被搞晕了头，只好认输。

这种"注意看"的游戏还有很多形式。例如，我会给女儿一个小花瓶，上面有各种图案，等女儿看足一分钟时，我会叫女儿说出上面的花朵或者小鱼的数目。再经过长期训练之后，女儿总能准确地说出来。

有时我还会让女儿在某个房间待一会儿，叫她仔细留心房间里的陈设，再叫她出去，我会在房间里添一样新东西，或是拿走某样东西，再叫女儿走进房间看看，找出房间的变化，女儿就会回答："多了一把扇子，少了一只杯子……"

有一次，我决定戏弄一下女儿。我和以前一样，和女儿走进厨房，并让女儿仔细地观察里面的摆设。然后我叫女儿出去了一会儿，等她回到厨房里后，而我依旧站在门外。我考女儿："现在里面有什么变化呢？"

"咦，好奇怪……"女儿东张西望了半天，考虑了半天，对我说："没有什么变化呀！"

"不对，一定有变化的，你再仔细瞧瞧。"我微笑着对女儿说。

没错，女儿离开厨房后，我是没有变动厨房里的东西，但确实又有变化，就看女儿能不能发现。我很肯定地告诉女儿一定有变化，女儿更加仔细地观察起来，我在门外笑了起来。

"笑什么啊，妈妈？你在捉弄我，的确没有什么变化。"女儿生气了。

"不，的确有变化。"我对女儿说，"你再好好观察观察……好吧，妈妈提醒你一下，厨房里少了一样。"我靠在厨房的门边冲女儿笑。

维尼芙蕾特好像发现了什么，她盯着我看了一下，发现我虽然在厨房门口，但是没有向厨房里走进一点点。

"哦，妈妈，你真坏。"女儿大声地嚷道："好呀，妈妈你竟然捉弄我，厨房里原来是少了个大坏蛋。"

女儿终于发现了，厨房里什么也没有发生变化，只是我不在了。第一次我是和女儿一起走进去的，但是第二次我就没有进去，一直靠在门外。

我平时常和女儿一起这样做游戏，来训练她的观察力和反应能力两方面。

随着注意力和观察力的加强，女儿的记忆力也很快地发展起来。后来，只要女儿所见的都会很清楚地记得。我和女儿每当经过某个地方时，就会叫女儿说出刚才所看见的东西。比如，刚走过说过的店铺，我就会问女儿水果摊上摆着什么样的水果。这时，女儿就会回答："苹果、西瓜、葡萄，还有雪梨……"一边说还一边掰着手指。

我发现，这样的游戏对提高女儿的记忆力极其有效果。维尼芙蕾特才5岁，对任何事情几乎能做到过目不忘。除了太难太长的，只要是女儿看过的书，她都能一字不错地背出来。身边的人对女儿感到很惊讶。

有一天，我以前的同学来我家做客，他现在已经是一位非常著名的儿童教育专家，我叫他大胡子比利，这是同学们给他的外号。在女儿两岁时，他曾经见过我的女儿，3年之后，大胡子一进门，看见非常可爱的女儿，忍不住一下抱起了女儿。

"哦，先生，您的胡子哪里去了?"维尼芙蕾特一张开嘴就问了这句话。

比利现在虽然还是被叫作"大胡子"，但一年前，这个家伙因为皮肤发炎，早就把胡子给剪了。他很疑惑地问女儿："你怎么知道叔叔有过胡子的?"

"我当然知道啦，我很小的时候就见过您，那时你还吓着我了呢!"小维尼芙蕾特调皮地眨眨眼。

"斯托夫人，你女儿真棒啊!"比利对我说："3年前我记得我只是很短暂地和她见了一面，没想到你女儿现在还记得我的样子!"

大胡子比利对我说，他见过很多孩子，但观察力和记忆力这么好的孩子，他从来没有见过。他接着问我，小维尼芙蕾特是不是天生就这么厉害，我就把我对女儿的训练告诉了他，他很惊讶，并说自己决定要在对儿童的教育上运用这种训练方法，还会向自己的同行们介绍推广这个教育方法。

4. 把形容词生活化

我可爱的小女儿不仅仅拥有非常优秀的感受能力，而且从很小的时候开始，就会很适宜地选用很多词语来表达她的感受。在这里，我想介绍的是，培养孩子的身体感觉能力，有哪些有效的办法，并且还能在这个过程中让孩子自己学会一些有意义的词汇。

我可爱的小女儿不仅仅拥有非常优秀的感受能力，而且从很小的时候开始，就会很适宜地选用很多词语来表达她的感受。在这里，我想介绍的是，培养孩子的身体感觉能力，有哪些有效的办法，并且还能在这个过程中让孩子自己学会一些有意义的词汇。

在女儿6个星期大时，我给女儿买了很多气球，轻轻地系在女儿的手腕上，那些气球五颜六色的，女儿的手一动，气球就会跟着女儿的手的动作左右摆动。看着女儿逗人喜爱的模样，我高兴极了。我温柔地对女儿说："它叫作气球，它是圆的，也很轻。这只的颜色是红色的，那只的颜色是绿色的。"我想女儿在亲身体验的过程中学习到红、绿、圆、轻这些概念，而且在不知不觉间掌握了这些形容词。其实这不仅仅是玩，还是最早的学习。我也发现，女儿对这种方式很感兴趣，她也很喜欢我这种教她的方式。

小维尼芙蕾特再长大一点后，我又给了女儿很多粗糙的或是光滑的小木片，我认为，这些木片肯定能够帮助女儿感觉物体的质感。

在那段期间，除了对女儿有害的东西之外，我会尽可能给女儿一切她感兴趣的东西。在我教育女儿时，我从不会强迫女儿去做她不愿意做的事，因为女儿是一个有生命的孩子，要开发她的潜能必须是在很自然的条件下。我努力地对女儿做各种各样的指导，只是希望女儿的精力不会被白白的浪费掉。我看见，在这样的教育之下，女儿一直有事情可以做，她从来没有无聊的咬手指，或是因为没有事情做而垂头丧气，或者哭闹。

我的邻居卡丽特斯夫人曾经向我诉苦，她的小儿子一天到晚哭闹，不是沮丧得不行，就是吮吸自己的手指头，她经常怀疑小儿子是不是身体不舒服，去看了很多次医生，都说很正常。她每次一看到我女儿朝气蓬勃的模样，就非常羡慕地向我询问培养孩子的经验。

有一次，我去卡丽特斯夫人家里拜访，顺便看望她的小儿子，当我来到孩子身边时，他正不停地吮吸着手指，两眼呆呆地望着天花板，一点反应都没有。于是我尝试着去抱他，他突然像受到了很大的惊吓号啕大哭。

"你平常让孩子玩玩具吗？"我问卡丽特斯。

"什么？孩子这么小能玩玩具吗？"卡丽特斯满脸的疑惑。

"当然，你看你儿子整天没精打采的，原因就是生活太无趣了。不要小看小孩子，认为小孩子还在摇篮里就不用玩玩具。你要多为儿子准备一些东西，最好是能够吸引他的注意力的。"我对卡丽特斯说，并向她讲解小维尼芙蕾特平时喜欢玩儿的玩具。我对卡丽特斯说："这些有趣的玩具，除了可以让孩子情绪愉悦之外，他们还有一个更重要的作用，那就是从孩子这么小的时候，就可以开发孩子的智力。"

"什么？真这么小就可以开发孩子的智力？"卡丽特斯更加的惊奇了。

"是的，从我女儿出生的那天起，我就开始培养她了。你瞧现在的她多么的精神和快活，都是这种培养的结果。"我非常详细地向卡丽特斯讲解了我的教育方式。

不多久，卡丽特斯就兴高采烈地来到我家，叫道："太不可思议了，现在我的儿子好像每天都很开心，也不像以前那样死气沉沉没精神了……他似乎总想和我说话，我感觉得出来他老想对我说些什么。"

"这就是了，那你就和他说吧！你要有意识地教他一些东西，你要陪他玩儿，从现在开始，已经到了培养他的能力的时候了。"听着卡丽特斯的话，我真为她感到开心。

为了培养维尼芙蕾特的感觉能力，作为母亲的我真可谓是花费了不少心血。我常常和女儿玩一种"遮眼睛"的游戏，目的是为了训练女儿在不能用眼睛的情况下去感受周围的事物。我会用一块布挡住女儿的双眼，把各种物品放在女儿面前，并让女儿用手去摸，并让女儿说出她的感觉和摸到物品的名称。比如，当女儿的手碰到一个玻璃杯时，我会考女儿："这是什么呢？"

"一个小的杯子。"女儿回答道。

"那杯子是用什么做的？"我又问。

"玻璃。"

"那么你给我说一下玻璃的样子。"

这时女儿就会说："玻璃的表面很光滑，有种冰冷的感觉，而且还很硬……"

我会接着问："还有什么东西是光滑的，冰冷的，而且还很硬的？"

女儿会回答说："还有吃饭的盘子，金属的勺子，叉子……"

"那么它们的不同主要在哪里呢？"

这时小维尼芙蕾特的手仔细地在杯子上摸了一遍又一遍，还是回答不上来。

"你想一下，如果你可以看得见的话……"我开始引导女儿。

她马上回答道："我知道了，玻璃是透明的，而勺子、叉子还有盘子都是不透明的。"

游戏结束之后，我会叫女儿记住刚才说出来的形容词："光滑的、冰冷的、透明的、不透明的。我就是采用这种方式，来塑造女儿的感受能力，而且还会教女儿学会许多形容词。女儿上学后，就能写出很有文采的文章，而且擅长使用各种修辞。我认为，这与女儿小时候受到的这种训练肯定是分不开的。

在这些游戏和训练之中，总是会发生很多让我们母女一辈子都难以忘记的事情，既特别又好玩。女儿在以后的日记中曾经有过这样的文字：

今天，我的作文又拿了冠军，我真是兴奋。我能取得今天这样的成绩，我想完全是我亲爱的妈妈的功劳。我还记得 3 岁时妈妈经常会和我一起玩"蒙眼睛"游戏。妈妈把我的眼睛遮住之后，就把我的手放进一盆水里面。

妈妈问我："维尼芙蕾特，你的手摸到了什么？"

我很清楚我摸到的是什么，马上回答："水。"

妈妈接着问道："你的感觉是什么？"

我接着回答："水很湿，冰凉冰凉的……"

妈妈又接着问："除了水之外，其他还有什么东西是很湿的，还是冰凉的？"

我想了下，答道："冰淇淋很湿，也很凉；铁也很冰凉，但是它不是湿的。"

"和冰凉相反的东西是什么呢？"妈妈又问。

"牛奶。"我回答。

"那么牛奶给你的是什么感觉？"

那时我还不知道牛奶也有冰凉和温热的区别，由于每次我喝的都是热牛奶，所以我以为所有的牛奶都是热乎乎的，但是我那时还不知道怎样去表达那种感觉，我想了好久，还是不知道怎样回答妈妈。后来，我感觉妈妈先用毛巾擦干了我的手，又把我的手放进了她的衣服下面，我顿时感觉到了妈妈身体的温暖。

"哦，我知道啦！是温暖的，热乎乎的！"我大喊起来，非常地激动。

那天，我不仅弄清楚了冷和热的概念，而且学会了温暖这个词语。我更加懂得了母亲的美好，她爱我，关心我，在我看来，妈妈是最理解我、体谅我的人，因为我在妈妈身上感受到了温暖。

今天，老师赞扬了我，说我在文章里写了一个很美丽的句子，那就是：孩子们像小鸡那样刚刚破壳，来到这个新奇的世界，而母亲，她们用自己的体温细心地培育我们。老师夸我拥有写作的天赋，我听到后虽然感到很开心，但是我明白，老师不知道我所谓的天赋，并不真的是先天的拥有，而是全部来自从小开始妈妈对我的悉心培养。妈妈，我打心底里感谢您！

第四章　让孩子的语言异于常人

　　很多父母只是看重孩子的身体发展，却忽视了孩子们大脑的发展，这种做法是极其不对的。很多父母只想让孩子们自己成长，却从不想鼓励孩子们说话。我认为，这些父母既愚昧，又对孩子没有责任心。我认为，如果不及早地对孩子进行语言教育，孩子的头脑就得不到很好的发展。事实证明，如果孩子能在 6 岁以前及时学习准确的语言，那么这个孩子的智力将会发展得非常迅速，而且速度是其他孩子可望而不可即的。但是，如果在这个阶段没有教孩子语言，那么孩子这方面的能力就会发展得不尽如人意，以后学习就会变得很吃力，甚至会变得迟钝。

　　我想，就算教的是很小的孩子说话，如果教的语言不是完整的，那么也没有意义。因为如果孩子一开始学到的是不完整的句子，之后就要学两套词汇，这是在浪费时间，而且孩子长大后，还要克服不能正确发音的不足。除此之外，如果想培养孩子更早掌握更多的语言，这种教育方式的效率往往事倍功半。

　　事实上，我教育女儿的方式很简单，就是让女儿任何时候都能从身边的实物中学习知识。

　　对于女儿的语言教育，我计划让女儿尽快地学会一门主要的外国语言。尽管一些语言学家认为，孩子们完全有能力学会两三门外语。但根据我的看法，这种做法可能会使孩子不开心。孩子如果一旦对语言失去了兴趣，那么一门语言可能也不会学好。所以，在维尼芙蕾特还没有完全地学好英语之前，我并没有让女儿去学习其他外语。因为我的看法是无论学什么都要一步步来，不能急功近利。

1. 语言，智力的第一步

如果孩子能在 6 岁以前及时学习准确的语言，那么这个孩子的智力将会发展得非常迅速，而且速度是其他孩子可望而不可即的。但是，如果在这个阶段没有教孩子语言，那么孩子这方面的能力就会发展得不尽如人意，以后学习就会变得很吃力，甚至会变得迟钝。

当女儿说出第一句话时，身为母亲的我心情无比欢喜。尽管这一句话非常的模糊不清，我立即发现自己去开发女儿的语言能力是多么的责任重大，因为我清楚这是开发女儿智力的最好方式。

很多父母只是看重孩子的身体发展，却忽视了孩子们大脑的发展，这种做法是极其不对的。很多父母只想让孩子们自己成长，却从不想鼓励孩子们说话。我认为，这些父母既愚昧，又对孩子没有责任心。我认为，如果不及早地对孩子进行语言教育，孩子的头脑就得不到很好的发展。事实证明，如果孩子能在 6 岁以前及时学习准确的语言，那么这个孩子的智力将会发展得非常迅速，而且速度是其他孩子可望而不可即的。但是，如果在这个阶段没有教孩子语言，那么孩子这方面的能力就会发展得不尽如人意，以后学习就会变得很吃力，甚至会变得迟钝。

我在对女儿维尼芙蕾特进行语言教育时，尽量让女儿的听和说一起发展。我认为，听和说，对女儿语言的学习同样重要，所以我努力地为女儿创造听的环境和说的机会。

我和先生是维尼芙蕾特小时候听的主要对象，我认为很多孩子应该都是这样。我和丈夫在女儿很小的时候就会与女儿聊天，让女儿听到我们的说话声。最初，我就对女儿使用准确的语言，我的说话声既清晰又缓慢，因为女儿的反应速度没有预期的那么快，我耐心地和女儿说话，一直地重复，非常有利于女儿更好地理解。

女儿每次听我说话时，都会有微笑或是挥手的反应，我看到后会马上鼓励女儿。到了女儿能开口说话的年龄，我就会绞尽脑汁保持女儿说话的兴趣，等到女儿能说出双音词和短语时，我就会把一些非常简短的句子对女儿说出来，让女儿慢慢地体会。

我认为，孩子在叫第一声"爸爸"、"妈妈"时，就是很大的突破了。从此，孩子就可以用语言和父母互动了。这时，父母就要多鼓励孩子说话，为孩子创造说话的环境和材料。我想，如果能把孩子听和说两个方面都掌握好，那么就把教孩子说话的诀窍也掌握好了，孩子会变得更加聪明，接着才会去制订更高更远的目标。

维尼芙蕾特小时候有一个朋友叫作克拉夫特，他比我女儿大一岁，但是两人的智力水平相差得让人惊奇。在克拉夫特连一个完整的句子都写不出的时候，维尼芙蕾特已能够用世界语言写作剧本。克拉夫特说起话来口齿不清，维尼芙蕾特的口齿却十分伶俐。不仅仅是这样，克拉夫特在其他很多方面也表现得很迟钝。

我还记得，克拉夫特是一个内向的而且自卑的孩子。有一次，3岁的维尼芙蕾特给小伙伴儿们朗诵她刚刚写好的诗歌，这些小家伙们虽然听不懂，但还是不停地鼓掌喝彩，只有克拉夫特一点反应都没有，维尼芙蕾特走上前去询问克拉夫特是不是讨厌自己的诗，我看见克拉夫特惭愧地低下头，因为一句诗都听不懂的他，哪里谈得上喜欢还是不喜欢呢？

克拉夫特的神情真让我感到很难过，我去拜访他的母亲打听孩子的情况。原来，在克拉夫特年幼时，他的父母都非常忙碌，没有时间陪伴孩子玩耍，他的幼年时期里几乎全部都是一个人。

我询问克拉夫特的妈妈不对他进行早期教育的原因，他妈妈回答说，不仅仅因为太忙根本没有时间，同时自己也不知道怎样去教育孩子。更让人惊讶的是，克拉夫特的父母完全没有意识到早期教育的关键性，还说出过早的学习会影响孩子的大脑发育这种让人唏嘘不已的话。我感到很伤心，因为正是他们的愚昧观念，才阻碍了一个孩子的健康成长。

我询问克拉夫特的母亲现在孩子已经掌握多少字，他母亲的回答更让我惊讶："现在他还不认识字呢，我想等他上了学再学习更好。"那时我的女儿刚刚 3 岁，诗歌散文都会写，而 4 岁的克拉夫特竟然连字都不认识，我觉得这样的事实我真没有办法接受。

后来，我问克拉夫特："克拉夫特，你想认识字吗？"

"是的……可是……我怕……"克拉夫特十分怯懦地回答我，花费了很长的时间还是没有把自己的意思说清楚。

我看着活泼可爱的维尼芙蕾特在一边玩耍，而在另一边，却站着呆呆的克拉夫特，我的心里像打翻了五味瓶，止不住地难过。差不多大的两个孩子，一个活泼聪明，一个内向愚蠢，这是为什么呢？这就是不同的教育所产生的不同后果。而克拉夫特可以说连最基本的教育都没有。别的暂且不论，像克拉夫特的父母完全没有认识到早期教育的重要性，也不知道培养孩子的语言能力是开发孩子智力的关键，所以才让孩子的天赋在无形之中流失掉了。

克拉夫特的母亲看到维尼芙蕾特后，曾经十分羡慕地对我说："你有这样的女儿多好啊！她比我的儿子还要小 1 岁，却如此聪明、可爱，知道得那么多……看来我儿子真的是什么希望都没有了……"

我说："那就请你抓紧时间对你儿子进行培养呀！"

她回答："恐怕来不及了，如果真像你说的那样，早期教育这么好，现在也为时已晚。我儿子比您的小女儿还要大一岁呢！"

我回答她："没有，你儿子现在才 4 岁大，现在正是进行早期教育的时候，不要再错失良机。只要你努力，肯定会有不错的成果的，而且，我还会帮您呢。"

我把培养女儿的方式全部告诉了克拉夫特的母亲，并建议她从培养儿子的语言能力开始。不久之后，克拉夫特的进步很快，才一年的时间，就学会了读和写，性格逐渐变得开朗，反应也敏捷得多，不再像以前那样迟钝。最后，克拉夫特变成了一个聪明的孩子，还和我的女儿成了最好的伙伴儿。六七岁时，我常常会看见两人在一起学习，看书，谈论诗歌，还有他们都很喜爱的音乐，等等。

2. 效率很重要

我想，就算教的是很小的孩子说话，如果教的语言不是完整的，那么也没有意义。因为如果孩子一开始学到的是不完整的句子，之后就要学两套词汇，这是在浪费时间，而且，孩子长大后，还要克服不能正确发音的不足。除此之外，如果想培养孩子更早掌握更多的语言，这种教育方式的效率往往事倍功半。

从女儿很小时，我对女儿说话的口吻，就像对大孩子说话一样。更加重要的是，从一开始，我就用完整的语言和她谈话。我想，虽然女儿还小，还不能完全听懂，但让女儿养成完整语言说话的习惯非常的重要。

我非常的爱女儿，我会经常仔细地看着摇篮中的小天使，我发现从小开始，女儿就对人的声音和一些其他声响非常的敏感。我想，其他的孩子也应该是这样。据我所知，一些父母也都意识到这一点的重要性，并且也是这样做的，但是他们当中很多人都不知道其中的一个关键的特别重要的一点，就是在孩子很小时，很少会有人会用完整的语言和孩子们谈话。

我想，就算教的是很小的孩子说话，如果教的语言不是完整的，那么也没有意义。因为如果孩子一开始学到的是不完整的句子，之后就要学两套词汇，这是在浪费时间，而且，孩子长大后，还要克服不能正确发音的不足。除此之外，如果想培养孩子更早掌握更多的语言，这种教育方式的效率往往事倍功半。

我在观察中发现，如今有许多人虽然有过良好的教育，但是发音不准，语法也不对，我想原因往往很可能是他们在幼年时的不良教育。我有位好友，他是一位心理学博士，也是我的大学同学，他经常为发音不准确带来的麻烦所苦恼。

因为他自己是学心理的，所以对自己问题的症结了解得很清楚。有一天我们偶遇，他把自己发音不准确的原因分析后解释给我听，然后反复地强调我要用正确方法教孩子学说话。

他告诉我："在我还很小时，母亲就开始教我说话，她应该以为我听不懂完整的语言，所以一开始就没有教我规范的英语。每次她要我看某件东西时，不是说：你看这个东西。而是模糊不清地指导我：'看，看看，球球……'其实她是叫我看那个玩具的皮球，但是她没有完整地教我这个词语。后来我长大一点后，总是把球叫作'球球'，导致在小朋友面前丢尽了脸面。小时候我不清楚我学会了多少这样的词语，比如'果果'、'圆圆'、'碗碗'，等等。之后，我又不得不花大量的时间和精力去纠正它们。你瞧，我现在学习语言多差劲，都这么大了，还不能完全学会两种以上的语言，大概就是把时间都浪费在纠正错误的英语上了。"

"后来，我认真考虑了这个问题，因为母亲的教育方式不恰当，我自己在无意中就学会了一种多余的、毫无价值的语言，就是那些半句半句的话，把苹果叫果果，把汽车叫车车。对小孩子来说，它们方便记忆又形象生动，可是长大后一点作用都没有，因为那些是错误的语言。你以前常常笑话我，因为我发音古怪，这些全要怪那些不完整的语言。"

这位老朋友说得很正确，那些残缺的语言霸占着孩子们大脑的空间，好像病毒一样，从表面上看，这种语言似乎对孩子理解身边的事物有帮助，实际上孩子的语言感觉完全被破坏掉了。我从女儿刚出生时，每次和女儿谈话，都是使用标准的英语，绝不会使用半句不正规的话，这样会破坏女儿的语言感觉。

其实，就我已有的经验而言，教一岁大的婴儿学习拼音时间是件很容易的事。我想教孩子说不完整的话是完全错误的，没有任何理由可以狡辩。孩子接受知识的能力非常强大，他们只要学会了，就会记得非常牢固。所以父母要从孩子们小的时候开始，就教给他们正确的有用的知识，那些错误的知识只会给孩子们带来无法挽回的损失。

很多父母和我朋友的妈妈一样，在和孩子们说话时，会用一些不完整的话。我有时会觉得不可思议，让孩子长大后把精力一直花在纠正错误的知识上很好吗？为什么要这样呢？一开始就教孩子正确的语言不是好得多吗？

在我身边，时常可以听到这样的声音，把猫叫作"喵喵"，把狗叫作"汪汪"，这些错误的话正是那些可爱的孩子们说出来的。很明显，在他们长大之后这些话肯定是用不上的。孩子们幼年时期的宝贵时间就在这种错误的语言中度过，如果不浪费这些错误的时间和精力，孩子们不是可以更好地学习标准的语言吗？他们不是能掌握到还要多的更好的东西吗？

我认为，教育孩子完整的语言就是一种高效率的方式。我从女儿很小时，就教女儿正规的完整的英语，所以女儿只用了很短的时间就掌握了英语，然后又轻而易举地掌握了世界语。我想，女儿没有什么异于常人的天赋，她和其他孩子不同的是，她把其他孩子用来纠正自己的错误语言方式的精力拿来学习，掌握了另一种完整的语言。

维尼芙蕾特还是一岁大时，有位朋友对她说："维尼芙蕾特，你瞧，天空上面有一群飞飞。"

她马上对那位朋友说："不对，那不叫飞飞，它们是一群漂亮的小鸟。"说完之后，小女儿又把这句话完完全全地说了一遍，不过这一次，她用的是法语。

3. 实物教育的神奇功效

事实上，我教育女儿的方式很简单，就是让女儿任何时候都能从身边的实物中学习知识。我的孩子从出生时就开始学习和探索了。学习是孩子的天性，不仅仅是人，动物也是这样。

孩子都拥有强烈的求知欲和好奇心，如果父母能够很好地引导和利用，那么对于孩子而言，无论学习什么知识都很轻松。

我知道，婴儿时期的语言教育对孩子一生的语言发展起着非常重要的作用。所以，我从开始对女儿说话时，就特别注意使用标准的发音，细心选择的语法和词句。有时候，虽然女儿不能完全理解某些词汇的意思，但我一直坚持，并尽力地引导女儿去理解所有的词汇和语句。

女儿再长大一些时，就表现出很强的超常的语言能力。有人询问我这是不是因为女儿维尼芙蕾特异于常人的天赋，我的回答一直都是，女儿在语言方面其实并没有什么天赋，只不过她接受了正确的培养而已。如此一说，很多人都会来请教我，问我怎么培养女儿的。

事实上，我教育女儿的方式很简单，就是让女儿任何时候都能从身边的实物中学习知识。我的孩子从出生时就开始学习和探索了，学习是孩子的天性。不仅仅是人，动物也是这样。

孩子都拥有强烈的求知欲和好奇心，如果父母能够很好地引导和利用，那么对于孩子而言，无论学习什么知识都很轻松。维尼芙蕾特还不会学说话时，我就开始抱着她，在房间里走来走去，让女儿看房间里的陈设，还慢慢地和女儿说出房间物品的名称。我常常指着某件物品对女儿说："椅子、桌子、床、窗户、苹果……"我想，那时女儿虽然什么都不能说出来，但是这些词汇已经在女儿的脑中留下了印象。

因为我说的全部都是标准的话语，到女儿张嘴说话时，大脑中的印象就被唤醒了，所以很自然地，女儿就能说出一口标准的语言。

孩子们都喜欢说话，从小时候开始，孩子们就常常把自己学到的单词反复地说着玩，当然也包括我的女儿。从她张嘴会说第一个字开始，我就常常发现，女儿喜欢一个人坐在地毯上自言自语，走近一听，都是她已经学会的词语，她正乐此不疲地反反复复地念叨。有时，她还边玩玩具边不停地说："桌子上的苹果，宝宝要吃苹果"，等等。

从那时开始，我就有意地运用孩子们常见的喜欢念单词的习惯，把我想女儿能够读懂又觉得有趣的故事，用精选的词语句子编成小文章，让女儿自己记住。小故事一般都充满趣味，维尼芙蕾特除了能够记住之外，总是能很有兴趣地复述。在女儿基本学会了英语后，我又把这些短文翻译成外国语言让女儿记。我发现，维尼芙蕾特非常喜欢这种做法，因为一个相同的故事竟然可以用不同的语言来表达，这让女儿觉得好奇，于是就尽力地去记住它们。因为女儿觉得好玩儿，又感兴趣，轻而易举地记住了外国语言。

根据我的经验，1—5 岁可能是人的一生中语言能力最强的阶段。因此我想对年轻的父母们大声说：不要错过了孩子学习语言的黄金阶段，教孩子学习语言一定要趁早开始。

我的观点是，在孩子学习语言的过程中，语法并不是最重要的。因为在实际生活中，很少有机会用到语法，特别对于孩子，更加没有必要。因此，在女儿 8 岁之前，我从没有教她语法。我认为比起只是教女儿单调乏味的语法，通过听和说来教女儿语言要有效得多。比如，我教女儿主语和宾语时，就不会用分析句子的结构来和女儿讲解，而是直接和女儿谈话，来教会女儿。

有一天，女儿说话出现了语法错误。

"Give I an apple（给我一个苹果）。"女儿想说自己的要求，却很明显，用错了词语。

我纠正女儿："应该是 give me，而不是 give I。"

女儿又说："I want you Give I an apple。"

我很清楚女儿还没有弄明白 I 和 me 的不同，但如果给女儿讲语法，只会让女儿更加模糊不清。

于是我为了不断地让女儿理解，就边说边做手势。经过很多次的举例说明，还有详细的讲解，女儿终于明白了"I"和"me"的区别以及用法。

当女儿脱口而出"Give me an apple"时，我就把一个大大的红苹果作为特别奖励给女儿。

4. 如何让外语一步登天

我培养女儿的最大秘诀就是激发女儿的兴趣，特别是学习语言，每一次我都是抓住女儿兴趣最浓的时候，激发女儿把学习计划高效地完成。我的观点是，如果要孩子感到学习不是件吃力的事情，甚至要反过来感到有趣，那么就一定要采取循序渐进的方式。

对于女儿的语言教育，我计划让女儿尽快地学会一门主要的外国语言。尽管一些语言学家认为，孩子们完全有能力学会两三门外语。但根据我的看法，这种做法可能会使孩子不开心。孩子如果一旦对语言失去了兴趣，那么一门语言可能也不会学好。所以，在维尼芙蕾特还没有完全地学好英语之前，我并没有让女儿去学习其他外语。因为我的看法是无论学什么都要一步步地来，不能急功近利。

当女儿把英语说得十分流利的时候，我就开始让女儿学习西班牙语。作为女儿学习的第一门外语，我选择西班牙语是经过反复思考的，西班牙语在所有的外语当中是最简单的一门语言，对于女儿来说掌握这门语言应该非常轻松。

我还是采取和英语学习时相同的方式，先从听力开始训练女儿来学习西班牙语。在女儿学会了西班牙语后，我又叫女儿学习法语、德语，还有拉丁语等。因为适当的教育方式，维尼芙蕾特才 5 岁就表现出了非常惊人的外语能力。那时，她已经能够用八个国家的语言来表达自己的话语了。我完全相信，如果我继续让她学习，女儿也许能够掌握 10 个，甚至 20 个国家的语言。

在维尼芙蕾特掌握了几门外国语言之后，我就把世界语当成了女儿学习语言的重点。在教女儿世界语时，我开始后悔起来，因为我发现世界语是一种极其简单的语言，据说托尔斯泰才学习了一个小时，就用它来写信了。如果我再一次教育孩子，我会先让女儿学习英语，接下来是世界语，然后不再教女儿学习其他语言。

我认为，不管是哪个孩子，在摇篮里都能够学会世界语。在我的培养下，维尼芙蕾特才4岁，就能熟练地运用世界语说话了，还会用世界语读写。于是，我开始让女儿用世界语尝试写一个剧本。没过多久，经过尤利娅·比阿巴娜女士的帮助，维尼芙蕾特写的第一个剧本在一个慈善会上上演，人们好评如潮。就我所了解这是美国历史上第一部世界语剧。

从5岁开始，维尼芙蕾特就非常热情地教其他孩子世界语。她的教法不仅引用了我教她时所创造的各种游戏，而且，她为了达到教学效果，自己还发明了各种新的语言游戏。

女儿5岁时我经常在纽约的肖特卡演讲，目的是为了宣传世界语言的优越性。维尼芙蕾特常常和我同行，并且积极配合我的工作。为了让听众明白世界语是多么地简单易学，我让女儿背诵用世界语言写的各种诗歌，还有讲故事。女儿的出色表现，使很多人都开始接受世界语。在美国，维尼芙蕾特所拥有的世界语支持者可以说是最多的。那时，美国还开了一个全美世界语大会。会上维尼芙蕾特朗读了普林斯顿大学马库罗斯基教授的诗。由于她还小，个子不高，所以女儿总是站在桌子上朗读。然后，5岁的女儿和已经七十多岁的、满头银发的马库罗斯基教授用世界语做会话表演。这一景象的生动性打动了很多人的心，在女儿和教授的影响下，那次会议上有很多人成为了世界语的支持者。之后，女儿又用普赖厄的作为世界语读本，再次为大家表演了世界语的朗读。

有一天，斯宾塞夫人家里来了一位加拿大的诺茨库斯大学的教授，维尼芙蕾特在走廊上为他介绍《世界语入门》。一位大学教授显得很保守，对我直接说："打扰了，夫人，你这样做是非常不正确的，这孩子还这么小，就对世界语这么的痴迷，我真担忧她的生命能有多久！"

"我女儿的身体看起来不健康吗?"

他说道："也不能这样说，外表是不能完全说明什么问题的。不过，对于一个小孩子而言，这样过度的用脑就是会影响寿命的。"

我回答说："真的吗?"

为了消除这位保守的却出于好心的教授的顾虑，我准备把女儿健康的秘诀展示给他看。正好我们还在聊天时，女儿已经跑出去运动了。女儿在外面非常活跃，又是蹦又是跳。我对那位善良的老教授大声地说道："您看，我女儿正在吃药呢。您对她这么关心，真是非常的感谢您。其实女儿最好的良药就是运动。"

接着我专门又找来一个男孩儿和女儿一起玩球，这男孩儿比女儿还要大两岁，我是有意向教授进一步证明女儿的健康才这么做的。我和教授站在树荫下，一边休息一边观看。小维尼芙蕾特无论是投球、跑还是跳都和那个男孩儿难分高下，这位好心的老教授看到这一个场景时，既感叹又心服口服。

我培养女儿的最大秘诀就是激发女儿的兴趣，特别是学习语言，每一次我都是抓住女儿兴趣最浓的时候，激发女儿把学习计划高效地完成。我的观点是，如果要孩子感到学习不是件吃力的事情，甚至要反过来感到有趣，那么就一定要采取循序渐进的方式。如果孩子在学习其他语言时还能一边快乐的玩耍，那你说孩子还会为什么问题发愁呢?

5. 勤写外语信

维尼芙蕾特在写信的过程中，不仅外语水平突飞猛进，还结识了很多来自五湖四海的异国好友。她的视野更开阔，见识也增长了不少，知识也特别丰富。书信让他们感觉距离是这么的近。是语言，构建了他们友谊的桥梁。

维尼芙蕾特一从肖特卡回到万兹维尔，就找到她在世界语年报上得到的世界各地懂得世界语孩子的名字和地址，开始一封一封地给他们写信。女儿从小开始总能冒出一些好的办法来，简直是个机灵的小家伙。如果是我的脑袋，三天三夜都不会冒出这样的好念头。

收到第一封寄回来的信时，女儿笑得嘴都合不拢了，她大声地朗读着信的内容。信中这位来自俄罗斯的孩子给女儿介绍了俄罗斯的地理、风景、民风，还有风俗习惯、美景，等等。其中还穿插了一些有趣的讲述俄罗斯历史的故事。女儿从那时起，即开始阅读许多关于俄罗斯的书，很显然，那封信强烈地激发了女儿对俄罗斯的兴趣。

之后，女儿又陆陆续续地和日本、印度的孩子开始书信来往。女儿开始很有兴致地了解这些国家的地貌风光还有民风，等等，她对这些遥远的国家充满了好奇。

接着，维尼芙蕾特开始用各种外国语言给其他孩子们写信了，她不再仅仅满足于世界语了。给日本的孩子写信时她会用日语，法国的就用法语，俄国的就用俄语……女儿和外国的孩子们有了一个很好的交流，同时她的外语水平也开始突飞猛进。

有一次，维尼芙蕾特收到了一封日本姑娘的书信，在信中日本姑娘说自己早就听闻了女儿所取得的惊人成就，她对维尼芙蕾特非常地敬佩，还请求维尼芙蕾特教她学习外语的方法。

维尼芙蕾特赶紧用日语给女孩子回了信，在信中，女儿非常详尽地讲解了自己学习外语的心得，还有作为母亲的我的教育方法。

日本女孩的再次回信中显出相当大的惊讶，她说自己从来没有料到维尼芙蕾特的日语竟然会达到这么高的水平，她在信中说：我曾经因为自己的世界语而骄傲，但是你的日语信让我非常惭愧。对你们而言，我非常清楚学习日语是一件极为困难的事情，但是你却达到这么好的水准，我非常佩服你。

一位法国孩子的书信中曾这样对女儿说道："你真是一个天才。我还一直琢磨着用英语给你写信，可是你的信让我觉得自己的念头非常的可笑，你是那么的聪明。你的法语棒得几乎能超过法国人了，而我的英语水平和你的比起来简直是弱爆了。所以我决定还是继续用法语给你写信，不然你就会看到我蹩脚的英语，非常感谢你给了我学好外国语的信心。我一定会努力地去学好英语，我相信会有那么一天，我能够用漂亮的英语和你一起聊天。"

"法国是一个很美的国家，这里有很美的艺术品，还有快乐的人们。我向往你能来法国，如果有一天你来到了法国，我一定要和你一起去欣赏卢浮宫和埃菲尔铁塔，我想，你一定会喜欢的。那时，我会用漂亮的英语和你高兴地聊天。"

维尼芙蕾特在写信的过程中，不仅外语水平突飞猛进，还结识了很多来自五湖四海的异国好友。她的视野更开阔，见识也增长了不少，知识也特别丰富。维尼芙蕾特有一次对我说："妈妈，我是多么地幸福啊！世界上那么多个国家，我有那么多的好朋友，虽然他们离美国很远，但是书信让我们感觉距离是这么的近。是语言，构建了我们友谊的桥梁。但是，妈妈，我亲爱的妈妈，我明白这一切都要归功于您。"

第五章　万能的游戏

　　孩子的智力应该从什么时候开始开发？以什么形式开始？我认为，孩子智力的开发应该越早越好，并且必须用游戏的方式进行这种训练。人和动物都会做游戏，我常常发现那些可爱的小动物们在尽情地玩耍。

　　小动物们都懂得用游戏的方式来培养自己的能力，我想，那么对于人呢？我该如何来教育我可爱的小女儿维尼芙蕾特呢？为了发展女儿的能力，我知道一定要采取游戏这种极佳的方式来培养她，而且越早越好。现在，我发现自己基本上用的都是游戏的方式，对女儿进行全部的早期教育。

　　我还常常喜欢用游戏的方式教女儿学习钢琴，在我们身边，许多孩子七八岁之后才开始学习音乐。因为不是小时候一开始就受到听力的训练，到这个时候往往为时已晚。很多孩子们学习起来既吃力，效果又差，无意中给孩子的成长徒增了很多烦恼。

　　多数音乐老师的教学模式都是先教练习技巧，而不是完整的曲子，孩子在学习的过程中自然感到单调和讨厌。我想，技巧练习当然重要，但为此以孩子对音乐的兴趣和感觉来交换就太不值得了。

　　我会经常和女儿一起玩一些"翻译家"的游戏，我会有目的地教女儿一些拉丁语的句子，并常常用游戏的方式训练女儿听和说的能力。

　　我会花费很大力气去学数学，不仅可以提高我自身的修养，另一方面也可以帮助女儿学习数学。为了激发女儿学习数学的兴趣，我想方设法地改变自己的教学方式。

1. 有趣的字母和词汇

孩子的智力应该从什么时候开始开发？以什么形式开始？我认为，孩子智力的开发应该越早越好，并且必须用游戏的方式进行这种训练。人和动物都会做游戏，我常常发现那些可爱的小动物们在尽情地玩耍。

孩子的智力应该从什么时候开始开发？以什么形式开始？我认为，孩子智力的开发应该越早越好，并且必须用游戏的方式进行这种训练。人和动物都会做游戏，我常常发现那些可爱的小动物们在尽情地玩耍。有一次，我看见自己邻居家的猫在院子里蹦来蹦去，刚打完滚又跑去转圈咬自己的尾巴，连一块小石头它都兴奋地踢了又踢，抱着玩了好半天。我一下子明白了：这只小猫其实并不是在贪玩，它是在锻炼自己的能力，将来捉老鼠的能力。

小动物们都懂得用游戏的方式来培养自己的能力，我想，那么对于人呢？我该如何来教育我可爱的小女儿维尼芙蕾特呢？为了发展女儿的能力，我知道一定要采取游戏这种极佳的方式来培养她，而且越早越好。现在，我发现自己基本上用的都是游戏的方式，对女儿进行全部的早期教育。

女儿在6个月大时，我就把红纸剪成文字和数字，然后在女儿房间的所有墙上贴上白纸，把红字贴上。这样，在任何时候，女儿都可以看到这些文字和数字，这么明显的颜色对比和视觉冲击，女儿的脑海里自然留下了很深的印象。

我会接着在白纸上贴上整齐的词语，比如猫、老鼠、蝙蝠、狗、猪、帽子、席子、圆木、沼泽，这些简单的词汇，女儿对它们最感兴趣，而且，它们也是女儿最容易理解的词语。

我把1到100这些数字贴在另一面墙上，排成10行。我还把乐谱图绘在了其他地方。因为婴儿的视觉远不如听觉发达，我准备从女儿的听觉入手开始，教女儿学习 ABC。我会和女儿的保姆互相配合，我指着墙上的英文字母，而女儿的保姆就会把字母像唱歌一样唱给女儿听。不过，对于才6 个月大的女儿而言，这些都像是听不懂的无用功。但是事实上，每天的坚持是非常有效的。才没过多久，我可爱的小女儿就把字母学会了。

接着，我开始把字母写在卡片上教女儿拼音。首先，我把画册和图片给女儿，选中其中猫的图片，让女儿看，同时我教女儿 cat（猫）这个词语。我一边用手指着墙上的 cat，一边不停地读 cat 的音让女儿听。然后，我又从所有的字母中选出 c、a、t，用它们拼凑成 cat。我和女儿用游戏的方式进行这种学习，不断地练习，当然不会过火。过了一段日子，很有成效。女儿不到 1 岁，就能够看书了。在这之后，我培养起女儿来就顺风顺水了。小维尼芙蕾特自己也特别喜欢看各种书了。

我很欣慰女儿这么小就这么热爱读书。当然，在女儿很小时，我就特别注意女儿有目的的看书的习惯。我知道，任何事情如果毫无目的，都会损害人的身体还有精神，包括学习和工作两方面。所以，即使是对孩子，有目的的读书是很重要的。

女儿写《和仙女的圣诞旅行》这本书时还很小，维尼芙蕾特在写作时，大约参考了 30 多种书，除此之外，她还认真研究了每个国家的圣诞节风俗。她创作《我在动物园的那些朋友》时，每天绞尽脑汁地去查找各种有关动物的资料，而且天天往动物园里跑。她在创作《和兔子一起去复活节旅行》时，为了弄清楚各国复活节的风俗习惯，她几乎跟着我把远近的匹兹堡图书馆都跑遍了。

看到维尼芙蕾特小小的年纪就能写书，人们既惊讶又困惑于我这小女儿的创作能力。不过我认为一点都不奇怪，因为这是我对小女儿进行早期教育的结果。我在游戏中培养女儿，女儿一点负担都没有地被开发了潜力，轻而易举地把知识学到了手。

维尼芙蕾特从小时候开始的学习就是充满无尽的乐趣的，所以她每次学习时都很快乐，一点儿负担都没有，所以她才会这么地热爱学习。看着女儿满是兴趣学习的快乐模样，我能想到女儿将来会有一个美好的未来。

2. 神奇的音乐

我用音乐来开发女儿的大脑功能。其实，女儿的幼年生活，钢琴扮演了一个不可或缺的重要角色。后来，我对女儿说，音乐能够表现痛苦，也能够表达快乐，这就是音乐的神奇之处。我希望我的女儿能够像钢琴上的高音区一样阳光、明亮，我希望自己的女儿是一个快乐的人。

在维尼芙蕾特还很小时，我就用钢琴声来训练女儿的听力，正如上文中所提到的，我以此来开发女儿的大脑功能。其实，女儿的幼年生活，钢琴扮演了一个不可或缺的重要角色。

维尼芙蕾特刚学会字母，我就开始教女儿认识乐谱。为了加深女儿对音乐的感觉，我会和女儿做各种各样的游戏。

有一天，我走进女儿的房间。她正沮丧地坐在那里，好像遇到了什么不开心的事情。

我温柔地关心地问女儿："维尼芙蕾特，发生什么事了？"

可是女儿没有理我。

我清楚这么小的女孩儿出现这种情况，不是无缘无故地烦心，就是又突然想到了什么伤心的事情。我猜想就这样去追问女儿可能也是做无用功，于是就准备想个好办法逗女儿开心。我没有再追问女儿，而是走到钢琴前，把音乐开始故意弹得低沉、伤心，然后我又开始弹高音区，于是响起了一些节奏轻快、激情四射的乐曲，房间里一下子满是愉快的氛围。

这时，女儿维尼芙蕾特走到了钢琴旁边，一脸的好奇心，我看着她惊讶的脸，摩拳擦掌的样子，猜到了她也想弹琴。我赶紧站起来，并指导女儿如何弹琴，很好地把握住了时机。

维尼芙蕾特在低音区的几个琴键上拨弄了几下，又去敲高音键，然后又把手指放在低音键上接着是高音区。

"好奇怪，它们怎么会有这么大的区别?"女儿自言自语。

听到女儿的问题，我耐心地给女儿作出解释，一边做还一边示范。

"看，刚刚在房间妈妈和你说话时，你就是这个样子的。"我一边说一边敲了一个最低的声音，声音非常沉重压抑。

"是的，我刚刚感觉就是这个样子，心里好沉重，黑黑的。"维尼芙蕾特对我说。

这时，我把高音键敲响了。

"我的女儿应该是这个样子的，多好!"

"是的，我自己想就是这个样子，就像蝴蝶在阳光下翩翩起舞，多好听呀!"女儿一边笑，一边轻轻地弹琴，她的情绪明显地好起来，就像高音区的琴键发出的清脆声音。

后来，我对女儿说，音乐能够表现痛苦，也能够表达快乐，这就是音乐的神奇之处。我希望我的女儿能够像钢琴上的高音区一样阳光、明亮，我希望自己的女儿是一个快乐的人。

以后，每当维尼芙蕾特心情不好时，她总会坐在钢琴旁边，弹奏那些明亮愉快的音乐，用女儿自己的话来说，就是："音乐那种美妙的感觉能让我陶醉，可以让我从不愉快中走出来。"

我还常常喜欢用游戏的方式教女儿学习钢琴，在我们身边，许多孩子七八岁之后才开始学习音乐。因为不是小时候一开始就受到听力的训练，到这个时候往往为时已晚。很多孩子们学习起来既吃力，效果又差，无意中给孩子的成长徒增了很多烦恼。

多数音乐老师的教学模式都是先教练习技巧，而不是完整的曲子，孩子在学习的过程中自然感到单调和讨厌。我想，技巧练习当然重要，但为此以孩子对音乐的兴趣和感觉来交换就太不值得了。

维尼芙蕾特从小就喜欢玩钢琴，我就利用女儿的兴趣让女儿去练习。在我的指导下，维尼芙蕾特很小时就能够创作出各种曲调，她把它们记在自己的笔记本上，和她幼年时代的照片放在一起珍藏。现在女儿已经长大成人，我常常把这些作品拿出来欣赏，既好玩又感动。

我自己创造了很多好玩儿的游戏，以此来开发女儿对音乐学习的兴趣。比如，我教女儿：高音线是 e. g. b. d. f 就是 Every good boy does finely（每个好男孩而都干得很棒）的缩写；中间是 face（脸）；低音线 g. b. d. f. a 是 Good boys do finely always（好男孩们总是可以做得很好）的缩写；中间的 a. c. e. g 就是 A cow eats grass（一只母牛在吃草）的缩写，我甚至连调的符号也采用这样的方式来教女儿。

我的一个朋友请了一位老师教孩子小提琴。在整整一年的时间里，只是教孩子枯燥的练习技巧，结果是这个孩子不仅没有学会音乐，而且非常讨厌音乐。庆幸的是，我没有这样做，不然我的女儿维尼芙蕾特也会厌恶音乐了。

3. 打字机的妙用

由于打字本身就是一种书写，只不过没有用笔而已。所以有了打字基础，女儿写字很少会出错，写字时显得特别轻松。我们都有这样的经历，孩子刚刚写字时都显得非常笨拙，歪歪扭扭的字迹，不时冒出来错别字，其实这些都很正常。原因是孩子脑袋里还没有形成字的标准概念，更何况还在孩子写字写得那么少的情况下。

在维尼芙蕾特通过卡片游戏学会了拼音之后，我又开始教女儿拼音了。一个偶然的机会，我发现打字机的妙用，就是教孩子们拼写。

那一天，我正在用打字机打字，女儿走过来要求我教她打字。忙碌的我答应第二天再教她。没想到第二天，女儿拿出一张纸给我看。刚刚从外面回来的我一看，非常高兴。在那张纸上，有一首既没有大写又没有间距的儿歌，整整占据了一页内容。这是女儿从一本儿歌书上打的一页内容，我一个劲地夸女儿不错，虽然不规范，但是女儿这是在完全无人知道的情况下，自己探索出来的，而且还是女儿第一次使用打字机。

从那时开始，我就教女儿打字。女儿很有兴致地打出各种故事还有诗歌。我认为，维尼芙蕾特完全把打字当成了一种很好玩的游戏，而不是一种乏味的工作。很快，女儿不知不觉间就学会了拼写，在女儿还不满 3 岁时，又开始写诗和故事。

有一次，我因为手术住在芝加哥医院里。这段期间，女儿每天都给我写信，从家里寄来，我读着这些信件，非常感动，我把它们保存起来，我觉得自己一辈子都会记得它们，这些寄来的信件，每一封都是女儿用打字机打出来的。

之后，维尼芙蕾特每天都会使用打字机，她会用它打出德国从古代到现在的诗歌和文章，非常有名的，动人的，并在无意中就记住了它们。虽然我不知道用打字机的方式来教女儿学习拼写到底有多大的作用，但我想比起直接用笔来写字，这种方法要有用得多。

在维尼芙蕾特学会了打字的同时，我又教她学用钢笔写字。那时的女儿什么都要跟着我学，非常地机灵但又太调皮了。我用钢笔写字时，每当维尼芙蕾特跑过来要学我的样子用钢笔写字时，我就赶紧把握机会，让她学写字。我想，如果父母愿意耐心地培养，没有什么孩子学不了，甚至可以学得很快。

由于打字本身就是一种书写，只不过没有用笔而已。所以有了打字基础，女儿写字很少会出错，写字时显得特别轻松。我们都有这样的经历，孩子刚刚写字时都显得非常笨拙，歪歪扭扭的字迹，不时冒出来错别字，其实这些都很正常。原因是孩子脑袋里还没有形成字的标准概念，更何况还在孩子写字写得那么少的情况下。

维尼芙蕾特相对一般孩子来说，情况就要好很多，虽然她的字迹还是歪歪扭扭的，但是她的字很少有错的，从一开始就这样。我想，应该是因为维尼芙蕾特在写字之前，她就通过打字机认识了大量的文字，在她的头脑中早就形成了标准文字的印象吧！

有一次，我发现维尼芙蕾特一个比较严重的错误，在她写字时，老是把 G 写成 C，我强调了多次，她也不能改正过来。于是，我把维尼芙蕾特带到打字机前，叫她打 G 和 C。维尼芙蕾特打得非常正确，完全对应，我念 C，她打 C；我念 G，她打 G。于是我又让她用笔来写，结果就又反转过来了。我念 C 时，她写对了；但是我念 G 时，女儿又写成了 C。于是我让她比较一下，自己的字母和打字机的字母的区别。

她把两张纸放在一起，恍然大悟。

"哦！妈妈，我明白了，G 还有一只小尾巴，C 没有！"

我感到很欣慰，和女儿玩了那么多打字机的游戏，看来没有白白浪费时间。

维尼芙蕾特两岁就开始写日记，那时，她刚刚学会写简短的文章，我就对她提出了这个要求。一到雨天，维尼芙蕾特就会被困在家里，她就会拿出自己的日记，一页页地翻看，回忆幼年的情景，觉得很好玩。女儿长大后，有一次和我聊天："妈妈，我长大后一定会写一部自传，用这些日记作为最好的材料，专门介绍你对我的教育方式，"我想这些日记会成为女儿以后生活的更好的调味品，而且也会极大地引起她的子女的兴趣。

女儿一直对书非常的感兴趣，所以女儿的写作水平突飞猛进。在女儿 5 岁时，就应征《圣·尼古拉斯报》写过文章，结果还得到了该报的金质奖章和银质奖章。

4. 用玩具学习语言

从那时开始，我会经常和女儿一起玩一些"翻译家"的游戏，我会有目的地教女儿一些拉丁语的句子，并常常用游戏的方式训练女儿听和说的能力。起初，我用的是一些简单的日常英语和维尼芙蕾特聊天，我会变成一个外交官，而女儿则充当成一个出色的翻译家，陪同我去接见其他国家的朋友。

我的很多大学同学都非常讨厌拉丁语，我想是因为他们在幼年时没有打好拉丁语基础的原因。所以，我想，一定要在女儿很小的时候就给她打下稳固的拉丁语基础，事实上，维尼芙蕾特还躺在摇篮里时，我就开始教女儿拉丁语了。

众所周知，拉丁语是罗曼斯语的源头，是研究学问不可或缺的语言。如果学会了拉丁语，那么再学习法语、西班牙语、意大利语就轻而易举了。因为我从小就对女儿进行拉丁语教育，维尼芙蕾特很小就学会了多国语言。

因为婴儿的听觉比视觉本来就要强很多，所以我一开始就运用听的办法教维尼芙蕾特拉丁语。现在学校里都是通过图表看规则的教育方式，比较死板、机械，又单调和枯燥，很难引起学生的兴趣，我想这肯定不是最好的教育方式。

维尼芙蕾特在4岁时就和一位拉丁语老师聊天，可是那位老师一点都没有听懂。其实，并不是小维尼芙蕾特的拉丁语说得很差，她说得非常标准和清晰。而那位老师，平时只知道语法和认字，只会用书面表达，却没有良好的听力，所以才会听不懂。

在我们身边，类似这位教师学习方法的人不计其数，包括一些拉丁语的大学者，但是他们都不会说拉丁语，只会看书。我想，不管是哪一门语言，学习它的最终目的是会在实际生活中运用它，会听而且能说，假如只懂得句子和语法，语言的根本作用也就没了。

我认为，孩子拥有很强的学习语言的能力。维尼芙蕾特刚刚把英语学会时，我教她说"早上好"这句话，用的是三个国家语言，她一会儿就学会了。每天早上，我让女儿向13个玩具问早安，它们代表13个不同的国家，女儿要用13个国家的语言对它们说"早上好"。

这些玩具有狮子、企鹅、大象、鲨鱼、老虎、鹰，等等。有时，维尼芙蕾特会告诉我哪个国家像大象，哪个国家像狮子，还有哪个国家像鲨鱼。这时，我就让女儿对鲨鱼、企鹅这些动物问"早上好"，每一种动物用它们像的那个国家的语言。比如：女儿会用俄语对鲨鱼说"早上好"，又会用法语对狮子说"早上好"。

从那时开始，我会经常和女儿一起玩一些"翻译家"的游戏，我会有目的地教女儿一些拉丁语的句子，并常常用游戏的方式训练女儿听和说的能力。起初，我用的是一些简单的日常英语和维尼芙蕾特聊天，比如"你好吗？""很高兴见到你！"这类很简单的句子。我会变成一个外交官，而女儿则充当成一个出色的翻译家，陪同我去接见其他国家的朋友。

这些外国朋友正是房间里的桌子、椅子还有门窗。作为一名外交官，我边友好地和他们握手，边对客人说："很高兴你们的到来。"每当这时，女儿就会在我身边做我的贴身翻译，还用不同的语言，对我远方的朋友一句句说着："很高兴你们的到来。"

不久，维尼芙蕾特既能说些简单的句子，又能用多种语言表达自己的意思了。实际效果是，女儿不仅能熟练运用这些语言，而且她在这些游戏的过程中也是非常快乐的。

维尼芙蕾特5岁时就能记住《爱丽库斯》第一卷和每位诗人500首以上的名诗。如今，女儿已经能背诵很多人著作的部分内容，比如凯撒、西塞罗、利维乌斯亚等。

我认为弄清楚词源对于有效地学好外语是非常有效的，我在维尼芙蕾特很小时，就努力地教女儿搞清楚词源。维尼芙蕾特现在已经有好几本关于词源的笔记，当女儿记住一个拉丁语单词后，有时会去查产生了哪些现代词，并把结果记在本子上。但是这种方式我用得比较少，它毕竟有点严肃还带一些学究气，我还是热衷于用游戏的方式，从一开始到现在，我始终认为还是做各种游戏是教女儿外语最有效的方式。

有一位上小学六年级的小女孩儿对我说："我法语这次拿了98分，我在班里法语最好。"

我表示祝贺女孩儿，然后问她："你父亲怎么看的？"

她回答说："Oh, nothing; he never say nothing about my school grads."（他总是从来都不说什么）

我就问她："你们老师教过你 nothing; he never say nothing 这样的说法吗？"

"I don't know."（我不知道），她回答我。

我认为，这位小姑娘说的英语基本上全部都是错的，考得再好，实际上等于什么都不会。

5. 游戏啊！游戏！

那晚，我把布鲁克女士的话又仔仔细细地考虑了个遍，得出一个最终的也是最好的结论："兴趣仍然是最好的老师，是学好一切的基础。"我又把对女儿的教学方式前前后后反反复复地想，发现确实存在很多问题。

为了教女儿学会数数和数字，我用在墙上白纸上写字的游戏和卡片游戏。现在，为了教女儿数钱，我又运用了做生意的游戏。但是，我发现，女儿对数字的游戏远远不如其他方面。我发现女儿学习算术时，一点都不感兴趣，还老是一幅闷闷不乐的样子。女儿干任何事情似乎都比和这个要觉得有趣，甚至在我教她加减乘除时，她的脸上露出了厌恶的神情。

我很清楚，女儿最不喜欢的就是要死记硬背的一些东西，太枯燥和单调。但事实是，数学的一些东西，比如加法表和乘法口诀等，就是需要死记硬背的。这时才刚满5岁的维尼芙蕾特，已经能够说多国语言，在音乐和绘画方面已经有了超越常人的表现和才能，在历史文学和神话方面，已经达到了初中毕业生的水准，她的许多诗歌和散文也登在了各种报刊上。

可是，女儿在数学方面的薄弱到了令人咂舌的程度，因为她始终提不起兴趣，甚至连乘法口诀都背不出来。

我开始担忧，因为我想让女儿全面发展，让女儿成为一个各个方面都尽可能优秀尽可能完美的人，使女儿成为一个理想的幸福女人。可是现在女儿这么讨厌数学，很容易就会变成一个片面的人。片面的人不可能成为真正幸福的人，我为此经常感到担忧，女儿的情况真让人烦心。

可事实是，我肯定不能强迫女儿学数学，这只会让女儿更加讨厌数学，显然行不通。这时，我正好带女儿到纽约州的肖特卡去演讲，来宣传世界语的优越性。我们在这里有幸遇到了著名的数学老师布鲁克女士，一位在数学方面的教学技巧非常高明的女士，她来自芝加哥的斯特雷特女子学校。

我和她谈到了自己的苦恼，并把女儿的情况，详细地告诉了她。布鲁克女士对我说："我想这绝对不是片面发展，很可能是因为你的教学方法不对。虽然你的女儿数学方面很有欠缺，但我想她很可能只是因为你没有把数学教得有趣，你女儿感觉不出来它的有趣。如果你可以在数学的教育上像教音乐和绘画时一样多动脑子，那么我想你的女儿也一定会感到非常有趣的。"

然后，布鲁克女士用大量的事实来给我讲解了她在数学方面的教学经验，并列举了每一种方法所取得的优秀成果。

那晚，我把布鲁克女士的话又仔仔细细地考虑了个遍，得出一个最终的也是最好的结论："兴趣仍然是最好的老师，是学好一切的基础。"我又把对女儿的教学方式前前后后反反复复地想，发现确实存在很多问题。因为我自己的兴趣也局限在文学、历史和艺术上，所以我在教女儿这些科目时，就能弄出很多好玩的东西来，所以女儿也能一如既往地保持学习的热情和兴趣。可是我本人对数学就没有兴趣，尽管我还记得要用游戏的方式来教女儿，但是对女儿讲的已经十分枯燥和乏味了。我开始强迫自己去喜欢数学了，因为我要让心爱的女儿爱上数学。我想为了女儿，这样做也是值得的，即使我从来都没有喜欢过数学。

从此，我花费很大力气去学数学，不仅可以提高我自身的修养，另一方面也可以帮助女儿学习数学。为了激发女儿学习数学的兴趣，我想方设法地改变自己的教学方式。

为了培养女儿学习数学的兴趣，我有意地运用日常生活中的任何一件事。比如，在吃苹果时，数一数它们有几个；帮女佣人剥豌豆时，一边剥还可以一边数不同的豆荚中有多少豌豆粒；有时，我还会和女儿比赛，将装进盒子里的豆子和纽扣抓一把来数，比比谁的多。

有一天，我在维尼芙蕾特的所有手指上都点上一个小红点，然后再问她："你手上的小红点共有几个？"维尼芙蕾特一开始回答不上来。

我继续和女儿玩这个小游戏："那么，你有多少个手指头呢？"

"10 个。"女儿立即反应过来。

我问女儿："你有 10 个手指头，每个手指头上又各有一个小红点，那么你有多少个小红点呢？"女儿立即就反应过来了："也是 10 个啊！"

我接着问："10 个再减去 5 个，那么还有几个红点啊？"

女儿立马又不知道怎么回答了。

于是我把女儿的一只手拿到她身后，然后问她："你看，你手上现在是几个红点？"

"5 个。"

我解释道："每只手有 5 根手指，就有 5 个小红点。两只手就是 10 个小红点，把一只手藏起来，就只剩下一只手了，那么还剩 5 个手指头，也就是 5 个小红点，这就是 10 减去 5 了。现在你再说，10 减去 5 是多少？"

女儿想了一会儿回答："等于 5。"是的，10 减去 5 就等于 5。

运用这种方式，女儿逐渐学会了 10 减去 5，10 减去 2，5 加 5，5 加 3 等基本的加减法。然后我又开始教女儿乘法和除法，也是采用这种游戏的方式。

有一次，女儿跑到我的房间，兴高采烈地对我说："妈妈，我会用乘法了，我知道 2 乘以 3 是多少，还有 5 乘以 6 的答案，其他的什么的，我现在也知道了呢。"

"是吗？怎么这样说？"我问女儿。

女儿回答："我刚刚想到，我有两只胳膊，你是，爸爸也是，我们三个人就是有 6 只胳膊，就是 2 乘以 3 等于 6。我和你，如果把爸爸也加进来，那么我们就有 6 只手，一只手 5 根手指，那么一共就是 30 个手指头，就是 5 乘以 6 等于 30。"

接下来不久，维尼芙蕾特开始不那么厌恶乘法口诀了，甚至慢慢表现出极大的兴趣。没过多久，她就把乘法口诀全都背了出来。

兴趣始终是最好的老师，维尼芙蕾特开始沉浸在学习数学的欢快之中。她开始迷上了数学，数学水平一直上升得非常迅速，很快她又学会了代数还有几何。

6. 从戏剧游戏中学习礼仪

现在女儿长大了，在很多人眼中，女儿的言行举止都被夸高贵大方。也有很多人会来向我请教如何把女儿培养成那样，其实关键就是那些戏剧游戏。

喜欢模仿别人是孩子的天性，尤其是模仿戏剧和电影里的人物形象。因为纽约没有专门的儿童剧场，所以我认为有必要多建设一些这种剧场。

我认为，虽然人们对电影的评价不一致，但是只要是挑选的好影片，就是具有价值的教育手段。我会经常带女儿去欣赏一些好的电影和儿童剧。一回到家里，母女两人就开始表演，我们还会用玩具娃娃和其他物品来代替其他角色，因为人手不够。

因为女儿要对电影和戏剧中的某些角色进行模仿，所以女儿渐渐学会了与人交往的礼仪和技巧。除此之外，女儿还在这种模仿电影和戏剧人物的游戏中学到了很多其他的东西，比如，勇敢、快乐，还有幽默，等等。

有一次，我和女儿看了一部儿童剧，叫作《国王和他的女儿》。在那部剧中，国王的女儿非常的聪明，总是会去戏弄那些老是只会阿谀奉承的大臣。看完剧回家，我和女儿开始模仿戏里面的一个情节，女儿扮演那位公主，而我就扮演戏里面的一位宰相，非常贪婪。

起初，我们还是按着剧本里面的情节来演的。但是越到后来，女儿就开始越尽兴地自由发挥。这时，我想这是女儿发展想象力的好时机，就没有去干涉女儿。

维尼芙蕾特抬头挺胸，神态和举止都像一位公主，神采奕奕，高贵优雅。她对我很不客气地说道："宰相大人，不要以为你的伎俩能够骗过我的父亲，你也休想骗过我。你，想争夺王位，我早就看出了你的野心……"

我立即做出惊恐万分的样子："不是的，公主殿下，我对国王忠心一片，这样坏的念头怎么会有……"

女儿一本正经的样子，我终于忍俊不禁。

"不得放肆，作为一位宰相，一位大臣，怎么可以这样藐视礼仪呢？一点教养都没有，就这一点，我想我就能够判你死刑了。"

"真对不起，我尊敬的公主殿下，我不是故意的。"我赶紧把笑忍住，装出一副正经的样子。

"像你这样，整天嘻嘻哈哈，鬼头鬼脑，怎么可以做好公众的表率？你应该明白，作为一位大臣，你应该自重，一言一行都要合乎礼仪。"女儿一边严厉地训斥我，一边教我行为举止应该如何，还开始"教"我怎样说话。

维尼芙蕾特的话已经和剧本半点关系也没有了，但她的举止神态依旧保持着公主的模样。现在她长大了，在很多人眼中，女儿的言行举止都被夸高贵大方。也有很多人会来向我请教如何把女儿培养成那样，其实关键就是那些戏剧游戏。

现在每当我看到那些没有受到过良好教育的孩子说脏话时，就会感到很难过。他们对人是这么的粗鲁没有礼貌，我想，虽然现在的父母没有像以前那样严厉地管教孩子，但教孩子们礼节是必要的。许多父母现在往往忽视了对孩子们的礼仪教育，却只重视孩子的智力发展，导致的直接后果是，孩子长大之后变得粗俗，孩子和其他人的交流和相处也变得比较困难。

第六章　想象的无尽魅力

我们身边有很多人不知道想象的无尽生活乐趣，他们反对想象，不懂风趣，做起事情来一板一眼。更糟糕的是，他们还会把这种不好的生活态度教给孩子，既严重影响了孩子想象力的发展，而且也影响了孩子潜力的发掘，还有就是，在这样枯燥的生活下，孩子怎么可能会变成一个快乐的人呢？

女儿刚懂事时，为了让女儿明白想象力的重要性，我会给女儿讲那些伟大人物的英雄事迹。我想让女儿明白，如果一个人，没有想象力或是想象力很匮乏，那么他将会与诗人、作家、艺术家无缘，还有数学家和大律师也是空想，更不用说成功的商人了。

很多人都会认为神话和传说是虚无缥缈没有实际根据的东西，所以认为不应该给孩子们讲这些故事。我却恰恰相反，我从来都不这样认为。在我看来，神话是有效开发孩子想象力的一种很好的方式。

女儿很小时，我就和女儿反复强调想象力的重要性。我对女儿说，一个人如果能在童年里充分发挥他的想象力，即使以后遇到不幸，也能从不幸中看到光亮。这样的人，即使处在不幸之中，也能感受到幸福。

我常常会和女儿一起表演各种神话和传说，来使女儿的想象力得到更好的发展。我给维尼芙蕾特的玩具从来都不齐全，只是适量而已。我想，如果孩子的玩具各色各样，就会严重影响到孩子主动运用想象力的能力，影响孩子自身能力的发挥。

1. 有想象，生活才会多姿多彩

我们身边有很多人不知道想象的无尽生活乐趣，他们反对想象，不懂风趣，做起事情来一板一眼。更糟糕的是，他们还会把这种不好的生活态度教给孩子，既严重影响了孩子想象力的发展，而且也影响了孩子潜力的发掘，还有就是，在这样枯燥的生活下，孩子怎么可能会变成一个快乐的人呢？

在我们学院有一位兢兢业业的学者，他对自己研究的科目简直是呕心沥血，他就是我们学院颇负盛名的莱斯顿教授，对我而言，他只是一位只会引经据典却丝毫没有半点想象力的人。尽管他很有威望，但他总是板着脸，用一条又一条的死板教条来要求学生。他只是一个劲儿地对学生说："不能够这样子，那样子是错误的。不要乱来，那不符合规定。"我们从没有听见他对学生说一句："按你自己的想法来做。"

虽然我对他治学的严谨感到钦佩，但是我非常厌恶他那套守旧又死板的教学方式。这种死板的教学方式不仅剥夺了学生们生活中的很多乐趣，而且，他对于培养人才来说，完全是一种既死气沉沉又压抑的、无效的教育方式。

和这位父亲一样，莱斯顿的儿子卡勒斯虽然拿到了学位，但是只是一个书呆子，在他四五岁时已经成了当地赫赫有名的"小老头"。人们总是说卡勒斯懂事听话，背地里却纷纷议论：他和父亲一个样子，总是一张严肃的脸，一点都不像个天真可爱的孩子。

我偶然了解到了卡勒斯小时候受到教育的情况。其实，卡勒斯这种性格是他父亲一手造成的，并不是天生的。卡勒斯在5岁时，有一次抱着一幅自己刚刚画好的画，兴高采烈地跑到父亲身边，满怀期待地问父亲："爸爸，爸爸，你看我的画，漂亮不漂亮？"卡勒斯非常渴望父亲的赞扬。

"你画的什么东西？一点都不像。"父亲的话像一盆凉水。

"哪里不像呢？"卡勒斯问道。

父亲毫不客气地开始批评："哪有天空会是这种蓝色的？还有这些花，大得不像话。"

"但是……"

"什么但是，你先不要说，听我先说完。"莱斯顿先生完全无视儿子的解释，继续大声地批评："乱七八糟的，这里怎么还会有一个小人？还飞到天上去了？简直是乱来！"

"可是，我觉得这样很好啊！这些都是我想象的。"卡勒斯想辩解。

"什么想象！为什么要凭空想象？做事情不应该凭想象，要讲事实。"

"但是，画画时是要想象的。"

"靠想象？胡说。想象不能带来任何实际的好处。"

"但是，想象可以让人快乐！而且，画画只有靠想象才能画好的。"卡勒斯忍不住把自己的想法说了出来。

"胡说八道，我就没有靠想象，我不是很快乐吗？"莱斯顿先生显然有些得意。

"但是别人都不愿意和你打交道，他们都说你太死板了！"

这句话一下子惹怒了父亲，他给了儿子一耳光。

"胡说八道！胡说八道！我告诉你，不许你胡思乱想，干什么都必须讲究事实。我在这里先警告你，你给我牢牢记住。"

这件事情以后，小卡勒斯就没有再说什么了，也不画画了。而且，他一开始活泼开朗的性格慢慢变得阴郁。后来，就慢慢变得毫无情趣，只会死读书，最终人们发现，他竟然和他的父亲简直如出一辙了。其实，即使莱斯顿父子一直很勤奋地研究学问，却始终没有什么成果。最悲哀的是，他们的生活，一直处在可怕的单调乏味和孤独无聊当中。

我们身边有很多人不知道想象的无尽生活乐趣，他们反对想象，不懂风趣，做起事情来一板一眼。更糟糕的是，他们还会把这种不好的生活态度教给孩子，既严重影响了孩子想象力的发展，而且也影响了孩子潜力的发掘，还有就是，在这样枯燥的生活下，孩子怎么可能会变成一个快乐的人呢？

维尼芙蕾特四五岁时也对画画充满了浓厚的兴趣，像卡勒斯那样，她常常会把她的画作和我一起分享，充满了孩子的想象力的一幅幅作品在我眼前时，我总会大大夸奖女儿的想象力，对我而言，女儿的画画得像不像一点都不重要。我鼓励女儿再大胆一些，充分发挥自己的想象力，结果，女儿的画技水平越来越高，心态也越来越好，性格更是越来越健康。

2. 想象出的独一无二

每个人都应该发挥自己的想象力，因为世界上一切美好的事物都是从想象开始的。想象可以让你独一无二，与众不同。我常常向女儿强调想象的重要性，让女儿明白和理解想象是开启人类创造力和原动力的根源，而不是胡思乱想。

女儿刚懂事，为了让女儿明白想象力的重要性，我会给女儿讲那些伟大的人物的英雄事迹。我想让女儿明白，如果一个人，没有想象力或是想象力很匮乏，那么他将会与诗人、作家、艺术家无缘，还有成为数学家和大律师也是空想，更不用说成功的商人了。

我常常向女儿强调想象的重要性，让女儿明白和理解想象是开启人类创造力和原动力的根源，而不是胡思乱想。

有一次，女儿对我说："别人都说想象只是艺术家的事情，如果你不当艺术家，就要什么都从实际出发，什么都要讲求事实。"

女儿的话让我一下子就明白了，她还没有弄清楚想象力和实际之间的关系。于是，我就耐心地开导女儿："从实际出发，凡事符合实际，这当然是正确的；但是，有想象力并不是说明就要不现实。没有想象力的人，做任何事情都会受到各种规则的制约，都会把实际奉行为准则。这样的人，不管干什么都缩手缩脚，没有能力和勇气去创造新事物。这样就只会一辈子平庸，不可能有什么成就。我想培养你的想象力，并不是叫你坐在那里空想，而是想让你在实际的基础上去创造更新的东西。"

维尼芙蕾特问我："如果说搞艺术需要想象，这我能理解，如果是搞科学研究呢？要知道，科学是必须完全以事实为依据的呀！"

"当然科学是以事实为基础的，但是，倘若没有想象力，科学同样也不会进步。"

"为什么？"

"如果没有想象，那么一开始，人们怎么会发现水会有浮力，接着去创造船呢？如果没有人们的想象力，我们又怎么会离开山洞来建造房子住呢？"

"我懂了，如果没有想象力，人们就不会过像现在这样的生活，因为人们不会造出汽车和火车这些工具来。"

"是的，女儿，你现在知道该怎么做了吗？"

"是的，每个人都应该发挥自己的想象力，因为世界上一切美好的事物都是从想象开始的。"

打那之后，维尼芙蕾特在任何时候都会记得尽力发挥自己的想象力，除了学习音乐和绘画，就连在日常的生活和游戏中也总能看出女儿的想象力。

有一天，维尼芙蕾特又和小孩子们一起玩儿捉迷藏。小朋友们又一如既往地选择有遮掩的地方，大多躲在门后面或是院子里的灌木丛中。因为老是这样子，所以一下子都被找到了。但是这一次，维尼芙蕾特充分发挥了自己的想象力，她抛弃了平日里自己习惯的藏身之处，找到一大块花布将自己裹起来，然后直接躺在了沙发上。孩子们一个个被发现，只有维尼芙蕾特一个人始终不见半点影子。游戏完了之后，小朋友们都着急起来，因为还没有发现她。他们跑到我这里，告诉我维尼芙蕾特不见了。

我当时也很奇怪，这么小的一个房间，维尼芙蕾特会跑到哪里去呢？她一定不会去外面的，因为当时我就在外面，没有看见女儿出去过。

"维尼芙蕾特，快出来吧，算你赢了！"我在房间里大声说道，但是始终不见女儿的踪影。

孩子们一边在屋里翻来覆去，一边大声地喊维尼芙蕾特，但是还是没有发现。大家都开始议论起来，说维尼芙蕾特一定消失了。

我和孩子们正在客厅里很焦虑地猜测女儿跑到哪里去了，这时候从客厅里的某个地方传来维尼芙蕾特的笑声。我一下子发现，客厅的沙发上有一堆乱七八糟的花布。维尼芙蕾特幼小的身体蜷缩在里面，如果不留意的话，怎么都发现不了她。这个调皮的家伙，竟然能想出这种鬼点子！

我非常开心女儿竟然能够想出这个办法，于是就向她"请教"。女儿咯咯地笑道："妈妈，你不是说想象能控制这个世界吗？我就想先用它来控制一下捉迷藏的游戏。我今天想到了这个点子，就是因为我拥有和别人不一样的想象力。你们谁都没有找到我，那是因为一般人都会想我会找一个不好找的地方躲进去，却没有想到我会出其不意，挑选整个房间最显眼的地方躲起来。事实证明，想象力，真的能够创造独一无二的效果。"

3. 美丽的神话和传说

很多人都会认为神话和传说是虚无缥缈没有实际根据的东西，所以认为不应该给孩子们讲这些故事。我却恰恰相反，我从来都不这样认为。

孩子的天性就喜欢美丽的神话和传说，它们不仅可以很有效地开发孩子的想象力，而且会让孩子不知不觉间对星空和天文学产生浓厚的兴趣。

很多人都会认为神话和传说是虚无缥缈没有实际根据的东西，所以认为不应该给孩子们讲这些故事。我却恰恰相反，我从来都不这样认为。在我看来，神话是有效开发孩子想象力的一种很好的方式，我很热衷于给维尼芙蕾特讲各种各样的美丽的神话和传说，让我高兴地是，女儿也非常喜欢听我讲这些故事。

很多孩子都喜欢去仰望那璀璨夺目的星空，我的女儿维尼芙蕾特也不例外。我会陪女儿一起坐在那里兴致盎然地观看，还会津津有味地给女儿讲一些星星的故事。

在一个美丽的夜晚，女儿一如既往地坐在院子里的椅子上仰望星空。她的样子全神贯注，好像在思考着什么。我走到女儿身边轻轻地问："维尼芙蕾特，你在想什么？"

"妈妈你说，星星上真的有仙女吗？"

"你认为呢？"

"我想一定有。"

"为什么？"

"如果不是仙女把星星打扫得干干净净，那些星星怎么会这么明亮呢？所以，一定有仙女在上面，而且她们都很勤快。"

"妈妈很高兴自己的女儿能这么想，其实妈妈也是这样认为的。而且妈妈希望自己的女儿能够和仙女一样，向她们学习，把自己的东西也收拾得干净明亮。"

"那么，天上星星究竟有多少呢？"

"天上的星星很多，多得谁也不知道，恐怕数不清呢。乖女儿，这个问题不是那么好回答呀！"

"哦！这么说，有非常非常多的仙女啦！"

"是的！"

"可是，为什么我们总是看不到她们呢？"

"维尼芙蕾特，你要明白，仙女并不是什么神奇的人物。妈妈想，只要一个人勤劳、善良，还有一颗美丽的心，那么她就是一位仙女。"

"这样说，我也是一个仙女喽！"

"是的，维尼芙蕾特，不是已经有很多人说过我的女儿可爱得像仙女一样吗？"

维尼芙蕾特的眼睛笑得像天上的月牙一样漂亮，接着兴致勃勃地问道："星星上到底有什么，也住着人吗？"

"这个问题太复杂了，妈妈也说不清楚。不过女儿终归会有答案的，因为现在有好多专业的天文学家正在研究这个问题呢！"

"天文学家？"

"是的，就是专门研究天上这些星星的科学家。太阳、星星、月亮，还有很多其他的秘密星球，它们一起构成了宇宙，这些科学家就是专门研究宇宙的，专门探索这些星球的，比如说，太阳上有什么，月亮上有什么，星星它们离我们有多远等这些秘密。"

"妈妈，那么天文学应该是一门很有趣的科学吧！要是我也能参与其中的研究，和天文学家一样，该是多美好啊！"

"这完全有可能啊！乖女儿，只要你现在努力学习知识，那么你长大了，完全有可能成为一名了不起的天文学家的。"

维尼芙蕾特从那一晚之后对天文学着了迷，总是要我给她讲关于天文学的故事。我会尽量去满足女儿强烈的求知欲，我给女儿买来一些有关宇宙的配图书籍帮助女儿来了解，还会给女儿讲很多有关宇宙的故事。

维尼芙蕾特才4岁的时候，已经学习了大量的天文学知识，她懂得的远远超过了同龄孩子。我常常看见维尼芙蕾特给孩子们讲一些宇宙的知识，孩子们围着女儿，静静地听着，可以看得出来，在他们探索宇宙的奥秘的时候，女儿无疑是主角，她讲的是最多的。

有一次，女儿给小伙伴们讲了太阳系的奥秘。其他的小孩子都感到惊讶和诧异，女儿懂得东西太多了，可以教给他们的东西也太多了。

"告诉你们一个秘密：我们其实是生活在宇宙中的一个小星星上。"维尼芙蕾特说道。

"什么？小星星？不可能。地球那么大，怎么可能会是小星星呢？"

"乱说！我们是生活在大地上的。"

"都错了，我们明明生活在城市里。"

孩子们交头接耳，众说纷纭，气氛非常的活跃。维尼芙蕾特翻出自己的书，找到其中一页指给孩子们观看，那一页上，画着太阳系。

维尼芙蕾特一边翻着书，一边向孩子们解释："你们看，这些都是围绕太阳在转的星球，这个是地球，这个是火星，这个是水星，这个是木星，这个是……"

"可是，你为什么说地球是小星星呢？"

"当然是个小星星。你们可以看，在太阳系里面，地球只是一个小点点的。太阳系有九颗星星和太阳。你们看这一张图，像太阳系这样的星系到处都是。那么，地球一放在里面，能有多大啊？"

"可是我爸爸到世界各地旅行，好多年都没有走完地球呢！你说地球不大吗？"一个小孩子很不同意地反驳道。

"这很正常呀！地球和人比起来，当然要很大，可是宇宙比人要大更多。只能说，人太渺小了。"

维尼芙蕾特从小就喜欢听神话和传说，迷上了星空，后来又开始对天文学产生了巨大的兴趣，发挥她巨大的想象力，开始了一系列的对自然科学知识的探索，掌握了大量的自然科学知识。

4. 想象，通往幸福的大门

有人说，通过想象来摆脱痛苦是一种自我逃避，我想说不是这样的。对人们而言，无论用什么办法，只要是合理的，那么通过它使自己从不幸中走出来，变得坚强了就是好事。因为对于人们来说，有什么比快乐和幸福更加重要的呢？而乐观和坚强就是当你自己还处在不幸之中时，你还可以通过想象走出不幸和困境，变得快乐和幸福。

女儿很小时，我就和女儿反复强调想象力的重要性。我对女儿说，一个人如果能在童年里充分发挥他的想象力，即使以后遇到不幸，也能从不幸中看到光亮。这样的人，即使处在不幸之中，也能感受到幸福。而如果一个人没有什么想象力，就会在生活中屡屡失败，永远都只会一事无成。

维尼芙蕾特有一个小伙伴托尼生了一场大病，整天躺在床上，什么都干不了。他非常想和其他孩子一起出去玩，却不能，所以心情沮丧得不得了。这些天老是垂头丧气，对什么都不感兴趣，也没什么信心。

有一天，维尼芙蕾特去看望他，并特意给他带去了有趣的书还有漂亮的图片，但是托尼说这些书没有用，一点兴趣似乎都没有。维尼芙蕾特没有气馁，又给托尼讲了一些有趣的故事，让他摆脱坏心情，但是托尼还是郁郁寡欢。

"托尼，你可以试着去想象一些美好的事情的。"维尼芙蕾特劝托尼。

"想象能有什么用呢？"托尼回答说。

"想象不仅可以让你忘掉生病的痛苦，而且还可以让你心情愉悦。"

"我可不这么认为，想象会有那么大的功效吗？我只想病快点好，我可以出去玩。"

"可是你在病没好之前是不可能出去玩的，你为什么不读读书，看看精美的图片来赶走那些不好的情绪呢？"维尼芙蕾特尽力劝他通过想象来摆脱不快。

"这样做可以吗？"托尼有些怀疑。

"是的，我生病都是用这样的方法让我自己高兴起来的。"维尼芙蕾特开始兴致勃勃地讲起自己的亲身体会："有一次我病得很重，可我没有闷闷不乐。我也必须躺在床上，不能出去玩。但我在床上总是闭着眼睛去想象各种美好的事物。我想象我像鸟儿一样穿过一朵朵白色柔软的云朵，在蓝天上飞翔；我还想象自己在到处开满鲜花的草原上奔跑。每次这样想，我都会忘记我生病了，而且会很开心。"

"你没有骗我吗？真的是这样的话，我可要试一下的。"托尼终于被维尼芙蕾特劝服，决定尝试一下想象的乐趣。可是只要他一闭上双眼，就想到自己正在生病，病恹恹地无聊地躺在床上，还不能出去玩儿。无论他怎么努力去想象美好的事物，依旧是这个样子。最后，他只好放弃。一边恼怒地说想象起不了作用，一边在那里继续痛苦。维尼芙蕾特给他讲故事、读书，都无济于事。

其实生活中像托尼这样的人有很多，他们没有想象力，也没有什么乐观向上的坚强，遇到困难时总是怨天尤人。他们不能从痛苦中走出来，也不能从内心的想象中找到快乐。

我在维尼芙蕾特很小时就注重培养她的想象力，所以她在这方面的能力也是非常惊人的。这不仅对开发维尼芙蕾特的智力有着至关重要的作用，而且也奠定了她以后的乐观性格。在维尼芙蕾特5岁时，她的舅妈就去世了。当她第一次接到这个噩耗时，号啕大哭，以后的很多日子里，也经常以泪洗面。我们大家都明白维尼芙蕾特和舅妈之间的深厚感情，一直以来，舅妈都很疼爱她。正当我们大家都很担心时，维尼芙蕾特却突然好了起来，不再随便就哭哭啼啼了。她甚至还跑去安慰舅舅，劝舅舅不要太难过。那时，她舅舅正住在我们家里，被女儿一下子搞得晕头转向。

维尼芙蕾特煞有介事地对舅舅说道："亲爱的舅舅，我知道你很爱舅妈，但是不要再那么伤心了。人死不能复生，我想舅妈现在一定在天堂里，她会拥有上帝的爱，她会生活得很幸福的。但是我想，她一定不希望看到你这个样子，看到我们大家这个样子，一直为她的事情伤心的。"

我很欣慰女儿能用这样的话来开导她的舅舅，赶紧抓住时机去继续开导我的弟弟，自从妻子走后，他显然是这里最伤心的人。我说这是没有办法的事情，但是你还是得快乐地生活下去呀！这也是你妻子希望看到的。

后来我问维尼芙蕾特怎么会想到去安慰舅舅。她回答我："我想，舅妈是一个好人，她虽然离开了我们，但是她那么善良，死后一定会得到上帝的眷顾，上帝会给她美好的爱。她一定会幸福地坐在天堂里那漂亮的云彩上，会静静地看着我们。如果她看到我们大家都是伤心的样子，那么她一定会感到非常难过的，尤其是舅舅，她那么爱舅舅。我想，痛苦是肯定没有什么好处的，我想让舅舅快点好起来，我想让舅舅知道我的想法，也知道舅妈的想法。"

维尼芙蕾特的话，既让我感到震惊，又让我感到宽慰。女儿还这么小，就能通过想象这么乐观地坚强地去看待问题，那么等她长大之后，在生活中遇到苦难和痛苦的时候，就不会被挫折给牵绊，就有能力去面对各种的人生考题，交出满意的答卷。

有人说，通过想象来摆脱痛苦是一种自我逃避，我想说不是这样的。对人们而言，无论用什么办法，只要是合理的，那么通过它使自己从不幸中走出来，变得坚强了就是好事。因为对于人们来说，有什么比快乐和幸福更加重要的呢？什么是坚强？什么是乐观？乐观和坚强就是当你自己还处在不幸之中时，你还可以通过想象走出不幸和困境，变得快乐和幸福。让我十分欣慰的是，5 岁的女儿已经明白了这个道理，她曾经对我说："如果一个人既坚强，又有想象力，那么他就是一个幸福的人。"

5. 没有限制的表演

为了更加充分发挥女儿的想象力，我常常会和女儿一起表演各种神话和传说，我和女儿的表演一般是没有背景的。我尽量让女儿自由发挥，而不是让她被一些死板的教条限制。

我常常会和女儿一起表演各种神话和传说，来使女儿的想象力得到更好的发展。我和女儿敢于打破常规，舍弃了一般传统表演都需要的那种规定——表演必须要有一个背景。为了更加充分发挥女儿的想象力，我和女儿的表演一般是没有背景的。

我记得这样一句话："如果儿童剧场的布景和服装太逼真，孩子们往往就丢了想象力的空间，这样反而不利于孩子们想象力空间的发展。这也是现在教育模式的一个很大弊病，过分限制了孩子的想象力发展。"这句话是出自著名的阿里斯·彭尼·赫兹女士之口，她创办了儿童剧场。我非常认可她的观点，所以，在我与维尼芙蕾特一起表演时，尽量让女儿自由发挥，而不是让她被一些死板的教条限制。

有一次，维尼芙蕾特和我一起表演一个故事，故事是经典的王子和公主的童话。故事原本是这样的：王子和公主深深地相爱，但是有一天，邪恶的魔鬼抓走了年轻漂亮的公主，把公主关在一个荒无人烟的山洞里。王子历尽千辛万苦，终于找到了关着公主的山洞。为了救出心爱的人儿，王子和魔鬼进行了惨烈的搏斗，最终王子打败了魔鬼，抱得美人归。在商定角色时，维尼芙蕾特非常钦佩王子的勇敢，而且这个故事主要也是为了表现王子的勇敢，所以她主动要求扮演王子，想做一次英雄。而我，就扮演公主。

表演中维尼芙蕾特手拿"宝剑"和想象中的魔鬼勇猛的搏斗，还不时地大骂邪恶的魔鬼。随着表演的进行，令人意想不到的一幕出现了。原本的故事中，王子是骑着马飞奔过去救公主的，但是女儿没有。女儿不停地用手臂挥动着，作出飞翔的动作，而且，她的动作根本没有骑马。女儿一边飞得像模像样，一边挥舞着宝剑。接着她对着我大声喊："妈妈，快跟着我，我们一起飞到天上去！"这台词吓了我一跳。我想女儿一定说错了台词，她把我这个公主又叫回了妈妈。按照原来的剧本，她应该抱着我这个公主一起飞走的，但是我并没有去纠正女儿。我想这个表演的初衷就是为了培养女儿的想象力，干吗一定要按照剧本来演呢。

表演刚结束，我就问维尼芙蕾特："故事里的王子是骑着马的，你干吗要飞呢？"

维尼芙蕾特一本正经地给我解释："骑马多慢啊！公主在山洞里受尽了魔鬼的折磨，我怎么还能在那里慢慢地骑马呢？飞起来多快啊！这样公主可以少受多少苦啊！"

"没错，女儿你发挥得很好，你的想象很合理，王子的焦虑都让你表现出来了。妈妈觉得你演得棒极了，比起骑马来，飞翔要好很多。"我夸奖女儿，对她大胆想象的勇气颇为赞赏。

"是啊，飞翔的感觉要好很多。太棒了！"维尼芙蕾特十分地兴奋。

"那你能给妈妈讲讲飞翔是什么感觉吗？妈妈也很好奇呢。"

"飞翔真的让人觉得非常的愉快。我仿佛听到耳边有风声在呼呼作响，还有，我看到大地上的高山、森林、河流、城堡，还有白云在我周围萦绕，好美的画面啊！"

"那么你想公主她会有什么样的感觉呢?"

"公主,公主她当然很高兴,因为她逃离了那邪恶魔鬼的魔爪。我猜啊,那可恶的魔鬼一定被我们气死了,哼,他罪有应得!谁让他来抢我们美丽的公主呢!看到我和公主飞得那么快那么远,我想他一定气死了,肯定只能在地上又气又急,却一点办法也没有。"

"后来怎么样了?"我问女儿。

"后来?我们还没演啊!"

"没有演,你也可以接着往下想象呀!你想一下,你把公主救出来后,你们会干什么?"

维尼芙蕾特想了想说道:"救出公主之后,我当然会先带公主去见她父王,这个一定是公主很想的。然后呢……"

"然后怎么样呢?"我接着问女儿。

"然后我肯定会请求国王把他的女儿嫁给我。"

女儿的回答让我忍俊不禁。

"妈妈,你笑什么?不行吗?"维尼芙蕾特满脸的疑惑。

"没有,没有什么不对,很好的结局。"我看着女儿天真的样子,她的表演既生动又有激情。我真是为她感到高兴。女儿的想象力也让我感到开心,表演都结束了,她还能接着故事的脉络一直往下作合理的想象。

我和女儿的表演游戏不仅仅是这么一点,除了这种形式的表演,我还和女儿各自交了一位想象中的朋友,以此来培养女儿的想象力。我们会经常请这两位朋友出来,四个人一起玩表演游戏。这两位朋友一位叫内里,一位叫鲁西。每一次去乡下时,我们周围没有什么朋友时,这两位想象中的朋友一定会被我们邀请出来。这种方式,很明显加强了女儿的想象力,使女儿的生活中充满了更多的乐趣,对女儿形成快乐的性格更加有帮助。而且自从有了这个方法之后,维尼芙蕾特即使一个人待着,也会玩儿得自得其乐,不会觉得孤独和无聊了。

6. 玩具会限制想象力吗

如果给孩子的玩具应有尽有，那么只会限制孩子的想象力发挥。所以只需要给孩子适量的玩具就足够了。我给维尼芙蕾特的玩具从来都不齐全，只是适量而已。玩具是要拿来给孩子有积极影响的，而不只是给孩子拿来玩耍的。

在我们身边，有很多的父母会满足孩子对玩具的大量需求，给他们买各种各样的玩具。他们认为这样可以让孩子痛痛快快地玩，以为这样是对孩子的关心。但他们不知道的事实是，这些玩具只是帮孩子消遣寂寞的方式，对于孩子的教育没有多大作用。

我给维尼芙蕾特的玩具从来都不齐全，只是适量而已。我想，如果孩子的玩具各色各样，天上飞的，地下跑的，水里游的，动画片里的，还有其他各种的形象，如果都有了的话，就会严重影响到孩子主动运用想象力的能力，影响孩子自身能力的发挥。玩具是要拿来给孩子有积极影响的，而不只是给孩子拿来玩耍的。

在维尼芙蕾特很小的时候开始，我就只给女儿布娃娃和塑胶娃娃。维尼芙蕾特会和这些玩具一起说话、睡觉，这样，通过这些玩具就充分发挥了她的想象力。除了限制女儿太多的玩具之外，我还会给女儿材料，让女儿自己来制作玩具。比如我会让女儿自己从小开始学习一些基本的生活技能。比如，我会给女儿剪刀和碎布，并且让女儿学习如何缝制布娃娃的衣服，锻炼她的动手能力。

在教女儿的过程中，我自己会先做一两个样品给女儿看，方便女儿学习。女儿做出来的结果往往让人颇为欣喜，她常常会搞一些惊人的创造发明，而且效果往往超过我给她的样品。

有一天，维尼芙蕾特很开心地跑到我眼前，双手高举着两个穿着"新衣服"的布娃娃，询问我哪个布娃娃更漂亮？我仔细地看了看，女儿左手拿的布娃娃身上的衣服是我做出来的，右手拿的则是她自己做的衣服。我做的衣服和真的没有什么区别，规规矩矩的，但是女儿的那套衣服就很有创意了，她把裙子做的特别长，像孔雀那美丽的羽毛一样散在娃娃的身后，颜色搭配也很独特，看起来华丽又别出心裁。

维尼芙蕾特等了半天见我没有回答，有些着急，又问我哪一件更漂亮。

"肯定是右边的漂亮呀！你看它们是多么的华丽呀！"

"那么妈妈我可以穿这么漂亮的衣服吗？"

"那是肯定的，你应该穿漂亮的衣服的。"

"你说的是真的吗？妈妈，那你明天给我按照这个样式做一套好吗？"

"妈妈很想为你做这套衣服，但是，这个样式如果穿出来走在街上就显得太奇怪了，可能不是太好。"

"妈妈，你是在说这件衣服不好看是吗？"

"不，不是的，我不是这个意思。妈妈是这样子打算的，在你下次参加演出或者晚会的时候，妈妈再给你做一套。妈妈是想告诉你，这样的服装如果在戏剧舞台上穿，是非常适合的，因为它很有艺术性。"

圣诞节那天，维尼芙蕾特穿着那件华丽的孔雀服装去参加节目，节目表演得很精彩，小朋友们对这件衣服都赞不绝口，女儿非常地开心。从那一天开始，女儿不仅为自己设计服装，还会为小朋友们设计各种各样的漂亮服饰。

我把这件华丽的裙子保存了起来，我为女儿从小就有丰富的想象力和创造力感到骄傲。我把它保存在我的衣柜里，每一次一看见它，我不禁就会回忆起女儿那可爱的开心的样子。这套衣服是如此的具有纪念意义，它见证了女儿的丰富想象力。

第七章　那不是天赋，只是好的习惯

　　我觉得，对于孩子而言，能够独立地去解决问题才是最重要的，而与能否正确地回答问题相比而言，就显得不是那么重要了。一个人的独立思考与判断的能力，一般就是决定一个人能否成功的决定性因素。

　　维尼芙蕾特从很小就养成了专心致志的好习惯，所以才能如此轻松地处理好学习与爱好之间的关系。

　　孩子都很贪玩，但是维尼芙蕾特却不是这样，她总是和大人一样来要求自己，而且还会尽力想办法把事情做得更好。"我一定要做得最好"。如果你的孩子总是能够拥有这样的勇气，你还会担心他不会成功吗？

　　我认为，只有对自己有很高要求的人才会有强烈的成功欲求。只有这样，才有可能获得成功。为了让维尼芙蕾特能够取得成功，在她很小时，我就要求她在做任何事情时都要为自己设下比较高的目标。

　　我认为，一个人各方面的能力大多都是通过训练得来的，并不是完全来自天赋。而培养孩子快速的思维能力和多角度的思维习惯，我最常用的方式就是让她用多种方式去解决同一个问题。

　　众所周知，人们在困难时，都会表现出不安和失望，连信心都会消失，这些基本是人的一种天然的缺点，这时，决定一个人成败的关键因素往往是这个人的恒心和毅力。

1. 独立的思考与判断

我很少随便帮女儿解决各种问题，也很少会去提示。因为我觉得，对于孩子而言，能够独立地去解决问题才是最重要的，而与能否正确地回答问题相比而言，就显得不是那么重要了。

为了让女儿从小就培养独立思考的习惯，我总是尽量让女儿自己的事情自己去做，并且会听女儿的想法。我很少随便帮女儿解决各种问题，也很少会去提示。因为我觉得，对于孩子而言，能够独立地去解决问题才是最重要的，而与能否正确地回答问题相比而言，就显得不是那么重要了。我想这样既有助于培养女儿主动学习和解决问题的好习惯，而且也有利于女儿智力的充分开发。我之所以会这样教育女儿，是因为我认为，一个人的独立思考与判断的能力，一般就是决定一个人能否成功的决定性因素。

有一次，我正在房间里写论文。丈夫走进来，叫我一起去看看维尼芙蕾特怎么了。我和丈夫一起去敲女儿的门，那时她已经在房间里待了很长的时间。

"维尼芙蕾特，早就过了学习的时间，你怎么还没有出来？你在房间里干什么？"

"我还在做功课。"

"现在都很晚了，你应该休息了！"

"可是我有道题还想不出答案呢！"

我和丈夫面面相觑，我们彼此心里都明白，女儿一定又遇到难题了，否则不会花费那么多时间。一般这个时候，维尼芙蕾特已经在练钢琴了，早就把功课做完了。

"维尼芙蕾特，让爸爸来帮你看看这道难题好吗？你能把门打开吗？"

丈夫在门外对女儿说道。维尼芙蕾特开了门，我和丈夫看了那道题，的确很难。

"维尼芙蕾特，我来帮你吧！你看看这里，应该……"

"等一等，爸爸，我想自己把这道题做出来，虽然很难，但是我不想要别人帮忙，我想靠自己来做。"丈夫还没有说完，女儿就打断了他。

"我不是想帮你做题，我只是想提示你一下。"丈夫解释道。

"提示也不要，这种题就是难在那一点上，如果你给我了那一点提示，就是告诉了我答案。"维尼芙蕾特显然反对爸爸的好心建议。

女儿坚持的样子，让我们明白劝说是徒劳的。我和丈夫都了解女儿，一旦是她坚持的，她一定就会自己去解决这个问题，别人的劝说只是白白浪费力气。于是，我和丈夫彼此会心地望了一眼，就走了出去。吃晚饭时，女儿从房间里慢吞吞地走了出来，闷闷不乐地坐在餐桌前，我和丈夫不安地看着女儿，她正低头烦恼地玩着勺子和叉子，一言不发。果然不出我们所料，女儿还在为那道没有解出来的题目烦恼。

"维尼芙蕾特怎么了，还在为那道题目烦恼?"我关切地问道。

"是的，那道题好像一道解不开的魔咒，我费了好大劲儿都解不出来，这是我遇到的最难的一道题目。"

"要不这样吧！一会儿让你的爸爸来教你，他可是这方面的专家。"我说。

"好了，好了，我亲爱的小女儿，一会儿爸爸来帮你，没有关系的。"丈夫为了让女儿开心一点，急忙附和道。

"不，我要自己来做这道题。我不要你们的帮忙，我自己一定能做出来。"

吃完晚饭，维尼芙蕾特马上又回到了房间。我和丈夫对女儿没什么辙了，只好任由她去。不久，女儿手里拿着一张写满答案的纸，非常开心地从房间里冲了出来。

"爸爸，妈妈，我做出来了，我做出来了……"听到女儿的欢叫声，我和丈夫的心情一下子由阴霾转为天晴，丈夫很开心地一把抱起了女儿。

维尼芙蕾特很开心地对我们说，语气中充满自豪："今天我比过圣诞节还要高兴，因为我完全靠自己的努力解决了困难。我以后再也不会害怕这些难题了。"那一晚，女儿的心情特别的兴奋，她一直给我们讲她的解题过程，她遇到的困难，她怎么绞尽脑汁发现问题的关键所在，到后来如何解开难点。

我们的小女儿经过这次锻炼，变成了一个不怕困难、意志坚强的人。维尼芙蕾特为自己这次的突破非常自豪，我和丈夫也为她的突破和成长感到骄傲和开心。那次锻炼之后，维尼芙蕾特的毅力和独立思考的能力都有了飞跃。以后的日子里，维尼芙蕾特总能够自己去解决问题，从来不像其他孩子那样爱去依赖别人和求助别人。我认为，女儿这种独立的解决问题和判断的习惯，是她一生奋斗的重要筹码，凭着这个坚实的基础，女儿以后的人生道路一定会走得更加的顺畅；有了这个优越的条件，她今后一定会更加容易取得卓越的成就。

2. 专心致志才能高效率

只要时间安排得当，孩子拥有良好的学习习惯和高效率的行为习惯，那么，即使孩子的业余爱好很多，也不会干扰到孩子的学习。无论是好习惯还是坏习惯，都是在生活中慢慢养成的，而不是天生的。我劝所有的父母们，请给孩子以正确的指导，使孩子养成良好的习惯。

很多认识我女儿的人都会问我，小维尼芙蕾特的确有那么多的兴趣爱好，怎么可以把功课学好呢？她哪里会有这么多足够的时间来学习？他们有这样的疑惑是很正常的，因为小维尼芙蕾特有很多学习之外的爱好，兴趣十分的广泛。一般来说，孩子的业余爱好太多很可能就会影响孩子的正常学习，但我的观点是，只要时间安排得当，孩子拥有良好的学习习惯和高效率的行为习惯，那么，即使孩子的业余爱好很多，也不会干扰到孩子的学习。

维尼芙蕾特会弹琴、绘画，从小就读了大量的书，还掌握了多国的语言，除此之外，她的数学、地理还有体育方面都很拔尖儿。她非常明白不专心就不能做好任何事情这个道理，从小开始就深深体会到专心致志的好处。她从很小开始就养成了专心致志的好习惯，所以才能如此轻松地处理好学习与爱好之间的关系。

无论是好习惯还是坏习惯，都是在生活中能够慢慢养成的，而不是天生的。我劝所有的父母们，请给孩子以正确的指导，使孩子养成良好的习惯。

维尼芙蕾特还是两三岁的时候，和别的孩子都一样，喜欢大而乱地来做事情，却不能集中精力去只干一件事情。她什么都想干，结果是什么都干得不够熟练和精湛。

一天，我看见女儿在房里非常不安分地走过来走过去。她一会儿拿起画笔在画布上涂几下，一会儿去弹弹琴，一会儿又拿着书翻来翻去，一副忙得团团转的样子，但是我很清楚，女儿什么都没有做好。过了一会儿，女儿跑到了我的房间，我抬起头来，看见她满脸的不高兴。

小维尼芙蕾特冲我发起牢骚："妈妈，我不想学了！"

"不想学什么呢？"

"什么也不想学了。那么多的东西，我都不知道应该干什么了。"女儿有些抓狂。

"为什么会这样子呢？学习不会让人发疯吧？"

"事情太多了，我都不知道干什么了。我刚拿起笔准备画画，才发现书还没有看呢，跑过去看书，又想练琴了。"

"其实你可以一件一件地来做的。"

"一件一件地做，可是我哪里会有这么多的时间！"

我知道女儿的性格，她想把所有的事情都做好，但是事情又太多，她做事那么认真，所以就急了起来，想越快越好，反而适得其反。

为了安抚女儿焦虑的情绪，我耐心地告诉女儿怎么合理地安排时间。

"怎么会没有时间呢？你打算每天用几个小时来学习功课？"我问女儿。

"两个小时。"

"那么绘画和弹琴呢？"

"画画一个小时，弹琴也是一个小时。"

"你看，这一共才只有 4 个小时，但是一天总共有 24 小时，除了睡觉、吃饭、玩儿，你的时间还有很多。"

"可是我为什么老是觉得时间不够用呢？"

"那是因为你没有安排好时间。"

"那么我应该怎么来安排时间呢？"

"对你而言，这个很简单。关键是你自己要平静下来。"

"可是妈妈，我心里就是很着急，平静不下来。"

"你是不是不能集中精神去干一件事，做这件事情的时候老是想着另一件事？这样的话你当然会很着急。你应该做的是，专心致志地做好一件事情，在做某件事时，要完全丢开另一件事。看书时只想着看书，弹琴时只想着弹琴，画画时只想着画画。自然而然地，你就会不着急了，注意力也会集中起来的。"

"真的吗？妈妈。"

"你不妨可以试一下。"

"谢谢妈妈，我想先试试看。"维尼芙蕾特回到了自己的房间，才一会儿，她就来到我的房间。

"妈妈，这个方法真的对我很有帮助，我专心地开始做事，一切就变得顺利多了。你瞧，我刚看完书，现在准备弹琴了。"从此，维尼芙蕾特养成了专心致志的好习惯，无论有多少干扰都不会影响到她做事情。等到她四五岁时，这个习惯已经根深蒂固了。很多认识她的人都说，维尼芙蕾特这个孩子个性非常的坚强，没有人可以干扰她去做自己正在做的事情。

在维尼芙蕾特 5 岁的生日晚会上，来了很多客人，她还邀请了很多她的好伙伴。生日晚会 8 点钟开始，已经 7 点 40 的时候，维尼芙蕾特还没有出来，大家都在客厅里一起吃东西，聊天。我不想让客人等的时间太长，就跑过去叫她，她正在房间里做功课。

"维尼芙蕾特，大家都在等你呢！你应该出来了。"

"生日会还有 20 分钟才开始呢！我要先把功课做完。"

"可是，外面有这么多人在等你。你还有精力做功课吗？"

"妈妈，不要着急。做事情就得专心致志，你不是也这样说吗？相信我。"女儿调皮地向我做了一个鬼脸。

3. 要有做得最好的勇气

女儿的话让我十分的欣慰，我一直有一个最大的愿望，就是把女儿培养成一个有勇气的人。而女儿今天的表现已经告诉我，女儿已经是一个非常有勇气的人。其实，维尼芙蕾特一直都是这样子要求自己的，不仅仅是音乐和绘画，还有很多其他方面。

一般来说，很少有孩子主动会要求把事情做出超出自己的能力范围，认为只要能够把事情完成得差不多就很不错了。孩子都很贪玩，所以这种情况也能理解。但是维尼芙蕾特却不是这样，她总是和大人一样来要求自己，而且还会尽力想办法把事情做得更好。在我的记忆里，这是小维尼芙蕾特和其他孩子的一个最大的区别。现在回想起来，我可爱的小女儿从小就很要强，记得她只有四五岁时，就会要求自己无论什么都要尽力做到最好。

每个周末，我家里都会积聚一群孩子，他们不约而同地来到我家，画画弹琴，互相交流写字的体会和经验。这群孩子都是女儿因为喜欢画画和弹琴结识的一群志同道合的好朋友，他们有些是我邻居家的孩子，有些则是我和丈夫的朋友或是同事的孩子。

有一次，为了让孩子们度过一个愉快的周末，也为了他们更好地交流，我们这些父母在一起讨论之后，决定举行一次钢琴比赛。

当然，这个活动主要是为了让孩子们玩得更加愉快，所以不会像正规的音乐赛那样严格。当孩子们演奏钢琴时，可以自己选择曲目，也可以一直弹奏同一首歌曲，直到他们自己满意。那一天下午，我家来了大约七八个孩子，他们在音乐方面都各有所长。所有的孩子几乎都是从两三岁就开始学习音乐，一些孩子甚至都有音乐家的风范。我们家里显得十分热闹。

孩子们一个个地走到钢琴前弹奏自己喜欢的曲子，有的只弹一两个音阶，有的弹奏刚刚入门的练习曲，有的则弹奏简单的民谣或是儿歌。因为孩子们毕竟还小，所以几乎没有人可以完整地流畅地把整首曲子弹奏下来。尽管如此，孩子们还是很有热情地积极参与。

这时，有一位叫作威廉斯的孩子，他完整地弹完了一首简单的乐曲，也许是因为他是目前唯一一位能够连贯地演奏而不犯错误的孩子，所以他赢得了所有人的欢呼，大家都站起来一起为他鼓掌喝彩。这个孩子站起来向大家鞠躬行礼，非常有礼貌，自豪之情溢于言表，那绅士的样子看起来还真像一位真正的钢琴演奏家。

"维尼芙蕾特，你看他弹得多好啊！"我拍拍女儿的肩膀，鼓励她。

"我也可以像他弹得那样好。"女儿看着威廉斯，暗暗下着决心，对我说道。

"妈妈相信你可以做到，但是上台后千万不要紧张。妈妈知道你平时弹得很好，但是这么多人看着你，可能会影响你集中精神，你一定要保持平静。"我明白，小维尼芙蕾特被威廉斯的演奏激起了好胜心，所以我提醒她不要求胜心切而导致发挥失常。

"没关系，妈妈。我不怕大家看着，你一会儿看我的好了。"女儿向我点点头，一副胸有成竹的样子。才一会儿，就轮到维尼芙蕾特表演了。我猜女儿肯定会紧张，因为小威廉斯之前的成功演奏给了女儿一种无形的压力。我看着女儿，她刚到钢琴前，深深呼吸了一口气，并且向我这边看了一眼，我向女儿点点头，鼓励女儿放松一些，集中注意力弹琴。

女儿开始弹起琴来，我听得出琴声并不像女儿之前弹得那样流畅，我隐隐感觉出来女儿的紧张，女儿的琴声没有平时那样稳，在几个段落之后，我听到女儿的琴声出错了，琴声戛然而止。我看着女儿，用一种鼓励的目光注视她，我想她能感觉得到。

女儿似乎和我心有灵犀，琴声又响了起来。可是，才弹了两个乐句，她又出错了。接下来，维尼芙蕾特反反复复停顿了好多次，不是忘了乐谱，就是出错。我想女儿此刻应该焦虑得不行，就走到她的身边。

我轻轻地询问女儿："维尼芙蕾特，今天的状态是不是不好？"

"妈妈，我也不知道，今天为什么老是出错。"

"维尼芙蕾特，你下来休息一会儿吧！等你的状态恢复了再来弹奏，先让其他的孩子来弹奏吧！"

维尼芙蕾特的眼光飞快地扫了一眼大家，她的脸一下红了起来，也许是知道现在有很多人都在看着她。

我从女儿的害羞中看到了她的顾虑，于是小声地开导她："没关系，你的琴弹得很好，大家都知道的。谁都会有发挥失常的时候，大家都能理解你的。没有谁会笑话你，大家都是很熟的朋友。你先去休息一会儿再弹，好吗？"

"不，妈妈，我不能这样下去。我不想让别人看到我不行。"女儿回答。我很清楚女儿的脾气，她不达到目的是绝对不会罢休的，如果我继续说下去，也是徒劳无功，所以我接下来能做的就是继续鼓励女儿。

"好吧！那你先深呼吸，让自己平静下来，然后全身心地投入到演奏中去。不要紧张，放轻松就可以了。"我转身离开钢琴旁边。

女儿的琴声立马就响了起来，这一次，女儿显然没有了胡思乱想。女儿的音乐流畅完整，似乎还有女儿独特的韵味掺杂其中，听起来十分动人。当琴声停下来，女儿站起来向大家致意的时候，所有的人都站了起来，不停地鼓掌和大喊女儿的名字。

"维尼芙蕾特，太棒了，太棒了，维尼芙蕾特……"

"维尼芙蕾特，维尼芙蕾特……"

后来我问女儿，怎么一下子可以弹得那么流畅？女儿回答道："一开始发现那么多的眼睛在看着我的时候，我很紧张，后来我又感到惭愧，我觉得这是自己的失误，并不是我真的弹不好。我想，我可以做得最好，我能够做得最好，我一定要做得最好，我不能在大家面前丢脸。如果我可以把自己的正常水平发挥出来，我也可以做得很好。所以，到了后来，不知道什么原因，我可能是被施了魔法吧！我的状态突然好得不得了，几乎比平时弹得水平还要好呢。"

女儿的话让我十分的欣慰，我一直有一个最大的愿望，就是把女儿培养成一个有勇气的人。而女儿今天的表现已经告诉我，女儿已经是一个非常有勇气的人。其实，维尼芙蕾特一直都是这样子要求自己的，不仅仅是音乐和绘画，还有很多其他方面。

"我一定要做到最好！"这句话真的很让人激动和开心。

4. 怎样才能做到完美

一般没有目标的人，往往只会一事无成。为了让维尼芙蕾特能够取得成功，在她很小时，我就要求她在做任何事情时都要为自己设下比较高的目标。

我认为，只有对自己有很高要求的人才会有强烈的成功欲求。只有这样，才有可能获得成功。一般没有目标的人，往往只会一事无成。为了让维尼芙蕾特能够取得成功，在她很小时，我就要求她在做任何事情时都要为自己设下比较高的目标。

一开始，维尼芙蕾特和绝大多数的孩子一样，也不知道对自己应该有高的要求这个道理。她满足于自己现在已有的成绩，甚至有时还对学习和其他事情进行应付。直到有一次一个游戏意外地让她明白了做事情尽量追求高标准和完美的重要性，她的态度来了一个一百八十度大转弯。

有一天，我偶然从维尼芙蕾特的房间门口经过，维尼芙蕾特正乐呵呵的像平时一样在房间里搭积木。我一下被她搭的漂亮建筑吸引住了。

"你搭的建筑是什么？维尼芙蕾特，真漂亮！"我忍不住赞叹和询问女儿。

"是的，妈妈，我正在搭建我想象中的罗马大教堂，我曾经在一本书上见到过它的样子。"女儿显得非常兴奋，开始向我滔滔不绝地描述建好之后的大教堂的模样，宏伟华丽。我的眼前闪现出美丽的画面，女儿的教堂已经很有规模了，尽管她的教堂还没有建好，但是我能够想象得到，女儿一定能够干得非常漂亮。

我开始仔细地欣赏女儿尚未完成的作品，不经意间发现了女儿建筑的一个小错误。维尼芙蕾特把几块非常重要的积木放在了一块卷起的布上，可能是维尼芙蕾特在搭建最下面的积木时太过随意了。根据我的经验，这个小小的错误可能会使整个建筑都倒塌，错误虽小，结果却是致命的，那片不平坦的积木可能会毁掉整座罗马大教堂。

"维尼芙蕾特，我想这个教堂改好后一定非常地华丽宏伟，但是妈妈现在发现了一个问题，看起来很小，其实很严重。"

"什么问题呀？"

"你看见了下面的几块积木了吗？"

"当然，怎么了？"

"那个地方是地基，虽然只有几块积木，但是却很关键。现在那里是不平整的，很可能会使整座教堂倒塌。"

"不会吧！"

"我想是的，很有可能会倒塌。因为在真正的建筑中，地基是最重要的。"

"那有什么办法解决呢？"

"很简单，也是唯一的办法，就是拆掉重盖。这样才可以保证教堂的质量。"

"那太费事了，妈妈，我想我们不会这么倒霉的，已经盖了这么多了，先凑合着吧！"女儿并没有采纳我的意见，依旧兴致勃勃地盖着这座大教堂。

看见女儿这样，我也没有太当一回事，反正做游戏不就是图个高兴吗？何必太认真呢？于是我也不再多说什么，回书房去做自己的工作。

才一会儿，我就听到了隐隐约约的哭泣声，好像是从女儿房里传过来的。我感到很奇怪，怎么才一会儿，就哭了呢？我一边想一边疑惑地走进了女儿的房间。

我一到女儿房间，就看到撒得满地都是的积木。我明白发生了什么事情，女儿辛辛苦苦的伟大杰作还没有诞生就变成一片废墟了。

"亲爱的，怎么了？"我关切地问道。

"倒了，妈妈，真的倒了！"维尼芙蕾特一边哭泣一边对我说："妈妈，就像你所说的，就是那块布上的几块积木，我都已经盖到教堂的屋顶了，可是它们却突然摇晃了起来，我想稳住它们，还是倒了。"

我没有马上去分析女儿的错误，而是尽力地去安慰女儿："是吗？我只是有那种感觉，但是没想到真的会发生，真的好可惜。"

维尼芙蕾特开始大哭起来。

"没有关系的，乖女儿，你可以再盖一个的，不要难过。"

"可是这个教堂是我盖了很久才盖好的，一下子没有了，真的好可惜。"女儿一边抽泣一边惋惜地说。

"不要紧，事情已经发生了，你哭也没有用的。你要好好记住这次教训，然后再来盖一个，你可以盖得更好的。"

女儿看了看我，把眼泪擦干，然后一股脑儿又干了起来，看来她把刚刚的不快一下子全都抛在脑后了。后来，女儿来到我的房间，把我拉过去看她重新盖好的教堂。

"哇，这个是我的女儿盖的教堂吗？真漂亮，简直和罗马大教堂一个样，不，我觉得比我在书上看到的罗马大教堂还要华丽壮观。"

"真的吗？"女儿听了我的话，高兴地欢呼起来，然后她好像又记起了什么，小声地和我说道："妈妈，现在我明白了。"

"明白什么啊？"我问女儿。

"你说的真对，做任何事情都要对自己的要求高一些，不要有一点的马马虎虎，尽力做好才对。"

"是的，你要记住，不管做什么都要做好，不要有一点的马虎，只有努力地追求完美，你才可能做到完美。亲爱的，妈妈认为这是你今天的最大收获。"

5. 如何让头脑变得聪明

只要孩子没有什么天生的缺陷，孩子的各方面的能力、聪明头脑是可以通过训练得来的，并不是完全来自天赋。而为了培养快速的思维能力和多角度的思维习惯，最常用最好用的方法就是，让孩子学会通过多种方式去解决同一个问题。

我认为，一个人各方面的能力大多都是通过训练得来的，并不是完全来自天赋。只要孩子没有什么天生的缺陷，只要她能受到正确的训练、教育和培训，都可以成为人们所说的"天才"。

很多朋友都会问我："维尼芙蕾特的聪明是天生就有的吧！她是一个天才对吗?"我的回答从来都是否定的。确实，维尼芙蕾特在 5 岁时已经拥有非常灵活的思路了，认识她的人都会说她很机灵，很多孩子也都非常羡慕她拥有如此聪明的头脑。

其实，维尼芙蕾特的头脑之所以这么灵活，绝大多数来自我后天对她的培养和训练。而为了培养她快速的思维能力和多角度的思维习惯，我最常用的方式就是让她用多种方式去解决同一个问题。

因为艺术是培养孩子这种能力的最好方式，所以我不仅会让女儿学习正常的功课，还常常鼓励女儿参与各种有益身心健康的活动，特别是全力支持女儿在艺术方面的爱好。因为，艺术很多时候都是看重感觉的，也就是大家所谓的灵感，所以，通过这种方式，很容易就培养起女儿快速思考的能力和习惯。

在女儿学习艺术时，我常常会让女儿用不同的表现方式去表现同一个事物，以此来培养女儿灵活的头脑。

女儿4岁半时，学习绘画已经一年多了，十分的熟练。有一天，她在院子里用水彩画了一幅画，是花园里的花还有一棵树。女儿正画在兴头上，我走了过去，这幅画不仅运笔流畅，而且形象十分生动，色彩也把握的很准确。

我忍不住赞叹起来："维尼芙蕾特，这幅画真的很漂亮！"

"是吗?"女儿抬起头朝我欢快地笑了笑。

"可是呢……"我有点迟疑。

维尼芙蕾特迫不及待地问："怎么了？不过什么呢？有什么不好的地方吗?"

"不是的，你画得很好，但是这一年时间里，你都是用着一种方式在画，效果不是那么理想。"

"为什么这样说呢?"

"是这样的，妈妈认识几位艺术家，他们对我说：如果总是用同一种方式去创作的话，会使人感到无聊，而且也会使自己的感觉变得迟钝。所以，他们创作的时候总是不断地变换创作手法。所以，妈妈也想你可以学习他们多尝试一下新的方式，也许这样效果会更加不错呢！"

女儿听了我的话语，好像一下明白了什么，恍然大悟起来："是啊！我一直都有这样的感觉，我画了那么多的画，可是它们好像都是一个样子的。我现在画起画来觉得非常熟练，但有时候我也会感到有点无聊，觉得没有刚开始学画画时那么有趣了呢！"

"那现在开始，你可以试试其他的方式了！"我很高兴女儿这么快就能领悟。

"但是我不知道具体该怎么做。"女儿有点苦恼。

"不用担心，有妈妈在，我来教你。"于是，我把自己所了解的造型艺术中的各种表现手法都告诉了她。包括绘画、拼贴、剪纸，还有雕塑等等，并且向她讲解了每一种方式的具体操作过程。

维尼芙蕾特听完我的介绍之后，非常感兴趣，请求我去帮她买这些材料。于是我第二天就跑到商店里给女儿买来了各种颜色的纸张，一瓶胶水和一把小剪刀，还去裁缝店里为女儿买来各种颜色和质地的碎布。

女儿对这些东西的兴趣远远地超过了其他玩具，自从我给她买了这些小东西之后，只要有时间，女儿就会在房间里充满兴致地捣腾着这些东西。差不多有一周的时间，女儿兴高采烈地把我和她爸爸叫到她的房间。

我和丈夫走进女儿的房间，顿时被眼前的景象给震住了，女儿的房间里挂满了五彩缤纷的杰作：简洁清爽的剪纸、色彩丰富的剪贴画、清雅宜人的水彩画，让我和丈夫应接不暇。这么多作品中，我和丈夫对其中一幅非常地感兴趣。这幅作品是一棵树，维尼芙蕾特用不同的方式把它表现出来，水彩画、拼贴画、剪纸，每一种方式都各有特色，拥有自己的独特之美。我们仔细地看了看，突然发现，这么漂亮的杰作的原型竟然是我家门前的那棵树！

记得有一次，我认识的几位艺术家朋友来我家拜访，当他们见到我女儿的作品之后，既惊讶又唏嘘。他们说维尼芙蕾特对色彩和形象的敏锐感觉是很多人都无法达到的，从来没有见到过 5 岁的孩子能够拥有这么强的艺术表现力。甚至有一位艺术家对我说，维尼芙蕾特很有潜力成为一位卓越的艺术家，应该现在开始培养女儿，使她向艺术方面发展。

但是我不想用人们常用的方式来有意地培养女儿成为一名艺术家。我想，女儿长大后做什么工作，应该由她自己长大后自己来决定。虽然我心里也明白，如果维尼芙蕾特像现在这样，一直对艺术充满兴趣，那么她未来绝对可以成为一位杰出的艺术家。

6. 欲速则不达

成年人都知道，如果太着急，反而会把一件事情搞砸。因为如果总是在焦虑的状态下去干事，那么简单的事情也会变得非常复杂。本来能很快就做好的事，因为着急相反会浪费大量的时间和精力。所以，干吗还要这么着急地催促孩子？只有心平气和，才能把事情办好。

成年人都知道，要想把一件事情做好，必须要有一个平静的心态。如果总是在焦虑的状态下去干事，那么简单的事情也会变得非常复杂。本来能很快就做好的事，因为着急相反会浪费大量的时间和精力。但是，很多父母对待孩子时却不是这样。有些父母总想让孩子按照自己的时间安排和生活习惯，经常催促孩子：快点把功课做完，客人就要到了；赶紧地，我要出门了。我认为，这样对孩子的成长有很不好的影响。

我从来不会催促女儿，要求她按照我的时间标准或是生活习惯干这干那，不管她是在学习还是在玩耍。不仅是这样，每次看到女儿着急的时候。我还会告诉女儿欲速则不达的道理，并且想尽办法让女儿安静下来。

有一个周末，我们全家打算去维尼芙蕾特的姨妈家做客。女儿听到这个决定后欢呼雀跃，因为姨妈非常疼爱她，而且女儿也好久没有见到她可爱的小表弟了。除此之外，女儿的姨妈家里还有一个很大的园林，里面养了很多可爱的小动物，所以对于女儿来说，能够去姨妈家里简直和一次小小的旅游和散心一样。

因为我平时一直对女儿的要求很严格，所以渐渐地我和女儿之间就形成了一个不用说的但必须完成的约定，就是每次女儿都是把自己的功课完成好了才会出去玩。这一次，当然也不例外。当然，女儿自己也很乐意接受这样的规定，她多数情况下也能够做的到。可是，这一次到了出发前，女儿还是没有做完功课。

维尼芙蕾特毕竟还小，这时她有点坐不住了，看得出她开始着急了。她一边不停地看表，一边做着数学题，还要不时地冲门外的我们大喊："快了，快了，你们等一下。"

过了一会儿，我听见女儿在房间里开始摔东西，我赶紧走进她的房间，看到女儿满脸的焦虑。其实我知道，女儿今天的表现不太正常了。因为女儿的功课并不多，但今天她花在上面的时间已经超过了平常的两倍了。所以，她现在一定很着急。但是我想估计没有那么顺利，她越急就越出错，不管怎么做就是做不完，错误不断。

"维尼芙蕾特，怎么了?"我问道。

"真是气死人了，我怎么老是出错呢?"女儿非常地生气。

"来，我看看……题目并不难啊!你怎么做不出来呢?"我有些奇怪。

"我也不知道呀!今天就是做不出来，我想啊想，可就是想不出来。"维尼芙蕾特又恼火又沮丧。

我想，一定是女儿心里老是想着去姨妈家的事情，所以就不知不觉焦虑了起来，她现在完全忘了欲速则不达的道理，越着急反而越慢。这个时候一定不能再催她了，越催她只会越着急，得赶紧想个办法让女儿平静下来再说。

"维尼芙蕾特，你不用着急，时间还早得很。"我安慰女儿。

"怎么能不着急?要是不早点出发，到了姨妈家里天都黑了，我们还怎么玩啊?"女儿担心地说道。

"不会的，我和你爸爸还有些事情没有完成，等我们把事情做完之后再去你姨妈家。你安心地把功课做完之后我们再出发，别着急，反正你姨妈家离这里也挺近的。"我解释道。

"但是，天黑了就不能去看那些小动物了。"女儿显得忧虑重重。

"没有影响啊!维尼芙蕾特，我们是要在你姨妈家里住一晚上的。早晨的林子才是最美的，明天白天我们去树林里再玩不是更好吗?今天晚上，我们可以在你姨妈家里玩，我们可以一起聊天，你可以弹琴给大家听，还可以和你那可爱的小表弟说说话。你姨妈前不久还专门和我说她想听你弹琴呢!你要是去的话，就可以满足她的心愿啦!"

"真的吗?"维尼芙蕾特高兴起来。

"当然，妈妈什么时候骗过你呀?"我回答。

"那我还是把功课做完之后再走吧!"维尼芙蕾特说道。

"你放心不要急，如果题目确实很难，你可以先休息一下，或者出去转一转，再回来做。这样效果会好很多。我和你爸爸都不急，你急什么呢?"

"妈妈,我现在不那么着急了,我觉得自己现在就可以做题目了,我感觉很好。"女儿回答。

才一会儿,女儿就从房间里走出来,对我们说功课全部做完啦!丈夫抱起女儿,我们3人其乐融融地出发了。

路上,维尼芙蕾特奇怪地问我:"妈妈,为什么会这样呢?一开始,我很着急,我想快点把功课完成后就走,可是越着急就越完成不了,功课似乎多得没完没了,而且我还老出错。后来,我静下心来,一下子很顺利地做完功课了。这是为什么啊?"

"是这个样子的,这就是妈妈平时和你说了很多次的欲速则不达的道理。刚开始时,你很着急,总是想着去姨妈家的事情,就没有办法专心做功课,老是出错,结果越想越急,越急越乱。后来,你认为完全没有必要着急的时候,你的心里就自然而然地平静下来,你就能全神贯注地做功课了,这样效率自然会变得很快。事实上,很多事情都是这个样子的。你越想快越着急它反而越慢,你不着急了,心平气和地慢慢做,却很快就做完了。"我耐心地开导女儿。

"我明白了,欲速则不达就是这个道理啊!无论做什么事情都不能太急躁,越急只会越乱,应该心平气和地、慢慢地去做,那样事情就会不知不觉地做得又快又好。"女儿总结得很精辟,看来女儿这次真的明白了这个道理。

7. 毅力和恒心

很多人成功并不是完全依靠天赋,而是来自毅力和恒心,这往往是决定一个人成败的关键因素。人们在困难时,都会表现出不安和失望,连信心都会消失,这些基本是人的一种天生的缺点,这时,决定一个人成败的关键因素往往是这个人的恒心和毅力。

在维尼芙蕾特一天天长大的日子里，我有一个很明显的感觉：女儿总是能够有很多新的想法和爱好，但是很少能够有毅力和恒心把一件事完全做好。我看着可爱的女儿成长的每一个印迹，虽然有些着急，但是我想，所有的孩子可能都是这个样子的吧！

维尼芙蕾特的爱好很多，脑子里随时随地都会冒出稀奇古怪的想法，所以她在孩子当中显得脑子特别灵活，特别活跃。维尼芙蕾特还很小时，在学习新的知识时，总会表现出极大的热情，但是一遇到困难，就变得很没精神和兴趣了。她常常会突然冒出一些新的好点子，但是3分钟热劲儿一过，就又显得很淡漠。

在维尼芙蕾特刚开始学钢琴时，有很长一段时间，她都非常缺乏毅力和恒心，好几次在遇到瓶颈时都想放弃。很多人都以为她一开始就可以做到如此的专心、努力和有恒心，但事实上根本不是这样。特别是在每一次要成长突破的阶段，这个不足就很明显的表现出来，甚至有时女儿几乎都要放弃了。

我们都清楚，学习乐器演奏需要经过大量的练习，虽然过程很枯燥，但是这种练习是必不可少的，必须一点一点突破。而且并不是每天都有进步，有时候还会长时间的滞留甚至退步，也就是所谓的瓶颈状态，这时的坚持就显得尤为重要。如果学习乐器的人能够有足够的恒心和毅力去攻克难关，那么接下来就会有很大的突破和进步。但事实上是，很多人都在这种情况下没有办法接受停滞或者退步的事实，就失去信心，选择了放弃，而这也是很多人都学不好乐器的真正原因。其实，众所周知，人们在困难时，都会表现出不安和失望，连信心都会消失，这些基本是人的一种天生的缺点，这时，决定一个人成败的关键因素往往是这个人的恒心和毅力。尤其是在上面所说的学习乐器的过程中，这种现象表现得更加突出。

比如说我的女儿维尼芙蕾特，她在学习钢琴的过程中也遇到过3次这样的困难。第一次，是她刚刚学习钢琴4个月，她总是不能准确地把握节拍，她差点因为这个而选择放弃。第二次是女儿学习钢琴刚满一年，那时她好像刚刚学完所有的基本演奏技巧和乐理知识。第三次是在女儿5岁的时候，女儿长期被困扰在停滞不前的烦恼中，她几乎开始厌倦了，差一点就放弃了音乐，这也是她学习钢琴以来最为困难的一次。

有一次，我正在写作，被几个突然爆发的重音吓了一大跳。我仔细一听，是女儿正在弹琴。但是琴声听起来一点韵律都没有，极不舒服，失去了往日琴声的优美流畅，甚至还有几个弹得异常粗暴的和弦。原来是女儿在乱弹钢琴发泄心中的怨气，显然，女儿终于忍不住爆发了。

丈夫走过去训斥女儿："维尼芙蕾特，你不想练就别练了，但是不允许你这样胡来，你这样非常让人不愉快。"维尼芙蕾特不仅没有听爸爸的话，还用手指在钢琴上使劲地敲了几下，那种重音又响了起来，非常难听，震得人的耳朵嗡嗡作响，让人感觉十分的不愉快。

丈夫生气了，对着维尼芙蕾特大声地喊起来："维尼芙蕾特，你不能够这样！"

我赶紧去把丈夫拉回他自己的房间，然后回到客厅，回到女儿身边，关切地询问女儿："维尼芙蕾特，今天怎么了？你平常不是这个样子的。"

女儿生气地回答："我不想再学了。"

"为什么呀？"

女儿不再回答。

"你不是很喜欢音乐的吗？"我反问女儿。

"可是我现在不喜欢了。"女儿似乎在故意赌气。我听着女儿的口气，心里明白她只是说气话而已，这并不是她的真心话。

"维尼芙蕾特，妈妈知道这并不是你的真心话。你先好好想一下，等过一会儿，你平静下来后妈妈再来和你谈这件事情好吗？"女儿看看我，点了点头。

然后我回到了客厅，在和丈夫商量孩子的事情时，我告诉他不应该对孩子用那样的语气来说话。才一会儿，小维尼芙蕾特就来到了我们的房间："妈妈，对不起，我并不是不想学习弹琴。只是我觉得学习太难了，就好像现在这样，我也许永远都学不会弹琴了。"女儿小声地对我们说道。

"怎么会这样说呢？你一直弹得很好啊？"

"那是以前了，妈妈。现在不是这样子的，我怎么用心都不能进步，可能我只有那么一点点高的天赋吧！"

"你说的不对，我和你爸爸，还有好多人都看得出来你很有音乐天赋的。"

"但是为什么我以前学习乐曲都感觉很简单，现在难度稍微大一点就不行了呢，我觉得自己不会再进步了。"

看着女儿这么糟糕的心态，我想帮她走出来，我一个个地向她讲述许多学习的道理，并强调了好多音乐大师学习音乐过程中的困难例子。我想让女儿明白，要想取得成功，最重要的不仅仅是天赋，还有毅力和恒心。

"其实莫扎特也有弹不好的时候，人们都说他小时候也遇到过这样的问题呢！"

"什么？不会吧？莫扎特不是一个天才吗？他怎么也会有弹不好的时候呢？"维尼芙蕾特听完我说的话后十分的惊讶，因为莫扎特是她最崇拜的音乐大师之一。

"真的，妈妈没有骗你。不信你去看莫扎特传记，里面讲他小时候学琴时也会遇到大的难关，他最糟糕的状态就是，有那么几天，他连最基本的音阶都弹不好。"

"真的吗？不可能吧！妈妈，我现在已经糟糕透顶了，但是音阶我最起码还能弹好的。"维尼芙蕾特将信将疑地说，满腹狐疑地看着我。

"这么说，你还不算太糟糕了，你已经很不错了呢！你比莫扎特那时强多了，最起码你在这种糟糕的状态下还能弹音阶，妈妈认为你还不赖嘛。但是有一点，你就不如他了。"

"什么？"

"妈妈担心说出来你会不高兴。"

"不会的，妈妈，你说吧！"

"好吧！妈妈认为你没有莫扎特有毅力和恒心。莫扎特遭遇到困难时，那么糟糕的状态下他都没有放弃，而是静下心来，从一个一个音阶开始，重新练习。没多久，他不仅又恢复了原来已经达到的钢琴水平，而且还有了质的飞跃和突破。这一次飞跃，莫扎特的音乐水平达到了优秀演奏家的水准。"

"真的吗？妈妈，你说的真有此事吗？"

"当然是真的，你自己以前不是也遇到过好几次这样的困难，后来你通过了困难，你不就有进步了吗？其实学习乐器遇到这种困难，是很平常的事情，关键在于你自己能不能够坚持下来去克服和面对。"

"是啊，可是……"女儿又低下头，好像在思考什么。

"妈妈记得莫扎特曾经说过这样一句话：'大家都以为我的成就完全来自我的天赋，其实这种说法是非常不对的。我能够拥有今天的成就，完全是靠我的努力和恒心。'你不是很喜欢莫扎特吗？你不是一直都以他为榜样向他学习吗？那么你不仅仅学习他的音乐，还有他的品质和持之以恒的态度。你好好想想，连莫扎特这样伟大的音乐家都认为自己的成功来自不懈的努力、毅力，还有恒心，更何况是你呢？"我坐在钢琴旁的凳子上，一直开导女儿。女儿听完后，若有所思地点点头。

那件事情以后，维尼芙蕾特坚持下来慢慢练习，钢琴水平果然有了很大的进步。在那之后，维尼芙蕾特拥有了一般的孩子没有的毅力和恒心，她成为了一个有过人毅力和恒心的人，而她后来所取得的成就和这也是密不可分、直接相关的。

第八章 创造良好的成长环境

　　有些父母总是很注意维护自己的自尊心，当孩子有不听话的举动时，就会大发雷霆。但是，如果孩子感到自己受到了委屈或是自尊被伤害的时候，父母就会认为：孩子那么小，会有什么自尊。有的父母甚至还会去惩罚孩子，伤害他们。这种做法真是愚不可及，因为每一个孩子都拥有自尊心，这样做不仅对孩子没有半点好处，而且还会对孩子稚嫩的心灵造成无法挽回的伤害。

　　孩子有时会陷入难以自控的状态，似乎失去了任何使自己镇定下来的能力，没完没了地哭闹和不顾一切地反叛。有时甚至像被一种无理的逻辑控制，完全无法反抗和摆脱。我采用的最好办法就是"暂停"，因为它的出发点并不是惩罚孩子，而是让孩子自己安静下来，还能反省自己。

　　父母在表达自己的感受时，一定要采取恰当的方式和语气，不然孩子就不会感觉到你的真诚，就更不用提理解和尊重了。

　　一般家长对孩子们的赞赏，都是夸奖他们与生俱来的能力，如这个孩子真漂亮，真聪明之类的。而孩子们后天的努力，尤其是那些比较小的努力却很少受到父母的重视。不管是大人和孩子，所有人生来都有排斥别人斥责的本能。我认为，应该采取正面的鼓励方式，这样效果会有效得多。而且，太多的反感肯定会产生相反的作用，管教起来肯定也不会顺利。

1. 孩子也有自尊心

在任何情况下都不要去伤害孩子的自尊心，因为每一个孩子都拥有自尊心，这样做不仅对孩子没有半点好处，而且还会对孩子稚嫩的心灵造成无法挽回的伤害。如果父母们都能够认识到这一点，那么就可以避免很多不必要的麻烦了。

很多父母经常会在无意之间去伤害孩子们的自尊心，这的确是让人心痛的一件事情。孩子们的心灵稚嫩而脆弱，一定要小心地呵护，作为父母，我们尤其不能伤害孩子们的自尊心。我认为，这是每一位有爱心和责任心的父母必须具备的一点。

有些父母总是很注意维护自己的自尊心，当孩子有不听话的举动时，就会大发雷霆。但是，如果孩子感到自己受到了委屈或是自尊被伤害的时候，父母就会认为：孩子那么小，会有什么自尊。有的父母甚至还会去惩罚孩子，伤害他们。这种做法真是愚不可及，因为每一个孩子都拥有自尊心，这样做不仅对孩子没有半点好处，而且还会对孩子稚嫩的心灵造成无法挽回的伤害。如果父母们都能够认识到这一点，那么就可以避免很多不必要的麻烦了。值得高兴的是，我从来没有用这种态度对待我的女儿，因为我是如此地深爱我可爱的小女儿维尼芙蕾特，我不想让我的女儿受到任何伤害。

我有一位朋友，她有一个聪明又懂事的好孩子，叫哈里斯，这孩子6岁开始就帮父母做家务了。有一天，哈里斯和母亲把刚刚从外面买回来的一大堆东西往家里搬。他妈妈见他抱着很大一堆玻璃瓶进厨房，忍不住担心起来。

"哈里斯，你分两次拿吧！你这样可能会把瓶子都打碎的。"

哈里斯说："不会的，妈妈，我一直都是拿那么多的。"

"你不听妈妈的话，瓶子都会被打碎的。"

哈里斯装作没有听见他妈妈的话，只是抱着一大堆玻璃瓶往厨房里走。刚走进过道，瓶子就全部掉了下来，地上一片狼藉，到处都是摔碎的瓶碴子，还有汤汤水水。

哈里斯的妈妈看着眼前乱七八糟的地板，忍不住大发雷霆："你看你就是不听话。现在你看这里，像什么样子！"

本来就已经很惭愧又很惊慌的哈里斯，原本打算向母亲道歉，可是听到妈妈的训斥，一下子很生气，他扔下手里的瓶子，跑到自己的房间里面去了，也没有向母亲道歉和收拾厨房。那件事情之后，哈里斯再也不帮母亲干家务了。

哈里斯在摔完瓶子之后，已经非常地惭愧了，他已经知道了自己的过错，这一个事实对哈里斯的教育效果，远远胜过母亲事前的警告和事后的训斥。如果他的妈妈能够理解哈里斯的心情，不去责怪儿子，而是去安慰他，那么孩子一定会更加清楚地反省自己，以后会更多地听取母亲的意见。但可惜的是，他妈妈并没有认识到这一点，伤害了儿子的自尊，让儿子下不了台。

维尼芙蕾特 5 岁时，无论是在吃、穿、住、行，还是其他方面，她都有自己的观点，显得非常有主见。但是我有时也会感到烦恼，女儿太有主见，有时候我说的正确的，她也不愿意采纳，而是固执己见，导致事情有不好的结果。

有一年春天，我们一群朋友约好去郊游。当时已是阳春三月，大家都换上了轻便的春装，但是维尼芙蕾特却觉得自己的那件绿色的大衣非常的好看，所以坚持要穿上它去春游。

我劝女儿："现在已经是春天了，冬天早就过了，天气非常暖和。你要是穿着这件大衣出去的话，会很热很难受的。"

维尼芙蕾特就是不肯听我的话，坚持自己的看法，于是我只好由着她了。到了郊外，其他的孩子都穿着轻便的衣服，只有维尼芙蕾特还是穿着厚厚的大衣，在温暖的阳光下，她的额头上和鼻尖上全部都沁出了细小的汗珠。她非常闷热地朝四周望去，发现其他小孩子正用奇怪的眼神看着她。

维尼芙蕾特有点难为情，她哀求我："妈妈，我的肚子有点痛了，我们回家好吗？"我心里很清楚女儿只是想找借口离开这里，这才是她的真实目的。

"你看，这太阳多明媚，春天真的让人很舒服。你看那些孩子的衣服五颜六色，像花朵一样漂亮，既好看又轻松。"我装作没有听见女儿的话说道。然后我低下头对维尼芙蕾特说道："我猜想你现在应该会热的，所以会改变主意的，我把你的春装也带在包里了。你现在想不想去树林里把春装换上呢？"维尼芙蕾特的脸一下子像花朵一样绽放开来，她抱着我的脖子热烈地亲吻了我，还要我带她去林子里换衣服。我没有强迫女儿听取我的意见，在她固执己见处在尴尬的处境时，我完全没有伤害她的自尊，让她摆脱了尴尬，她既高兴又感激我。那件事情以后，维尼芙蕾特虽然还是很有主见，但是她有一个很明显的进步，就是不会再像以前那样固执己见了，她总是会认真地听取别人的意见。如果是好的建议的话，她往往会接受和采纳。

如果那天我没有考虑女儿的自尊的话，就可能会让女儿承担自己固执己见的后果。如果是这样，我不给她带春装，那么她除了要忍受那件绿色的大衣给她带来的痛苦，还有孩子们的奇怪目光。如果我当众讽刺她，那么女儿的自尊心一定会受到很大的伤害。如果是这样，女儿不仅不会去听取别人的意见，而且也会变得没主见，因为她不敢再自己作决定，很显然女儿的自信心也会被大大的削弱。

2. STOP，STOP！

孩子有时会陷入难以自控的状态，似乎失去了任何使自己镇定下来的能力，没完没了地哭闹和不顾一切地反叛。有时甚至像被一种无理的逻辑控制，完全无法反抗和摆脱。父母的呵斥、暴力或是惩罚只会火上浇油，事与愿违，这时最好的办法就是"暂停"。

很多父母也许都有过这样的经历，在向孩子们大喊："不许这样的时候"，孩子们仿佛没有听见继续不停地哭闹。父母只好打几下孩子，希望孩子可以停止住没有理由的哭闹，但孩子却变本加厉哭得更厉害了。父母也没辙了，更加烦躁地呵斥孩子，发起脾气，控制不住自己。你可以想象这个场景，哭喊声、呵斥声加上打孩子的声音，搅在一起传进人的耳朵，乱七八糟，让人烦躁不已，想发疯。

我认为，这是很多孩子都会有的一种毛病。在孩子当中，这应该是一种很常见的现象。在女儿维尼芙蕾特成长的过程中，我常常会发现年幼的维尼芙蕾特会陷入一种发狂的状态，完全不能自控。她似乎失去了任何使自己镇定下来的能力，没完没了地哭闹和不顾一切地反叛。有时甚至像被一种无理的逻辑控制，完全无法反抗和摆脱。

我每次碰到女儿这个样子时，都会用非暴力的手段来阻止孩子无理而疯狂的行为。我采用的最好办法就是"暂停"，因为它的出发点并不是惩罚孩子，而是让孩子自己安静下来，还能反省自己。

有一次，我把一切收拾妥当，准备带维尼芙蕾特去见一位朋友。但是3岁的维尼芙蕾特像吃错了药一样，发疯似的对我喊："妈妈，我就是要穿上那条短裙子，你快帮我换上。"我和她解释了很多，都无济于事。

最后，我生气了："维尼芙蕾特，你再这样不听话，妈妈就不带你出去玩儿了。"

"不去就算了，我就是要穿上那条短裙子，就是要穿那条短裙子。"维尼芙蕾特的声音已经哭哑了，但是丝毫不为所动。

"维尼芙蕾特，现在一切暂停。"我冷静地对女儿说道，并且把刚刚已经打开的门关上。我把女儿带回她的房间，把她放回床边的小凳子上。女儿依旧坐在那里哭叫，不过她并没有反抗，还算乖。

"你在这里坐好5分钟。"我对女儿说，维尼芙蕾特没有动，只是点了点头。我走出她的房间，过了 5 分钟，维尼芙蕾特的声音从房间里传了出来："妈妈，我可以出来了吗？"她的声音安静了许多，没有再哭。"可以，你还想去安迪叔叔家里吗？"我问女儿，这时她已经来到我面前，把头埋在我怀里："妈妈，我们出发吧！"

每当女儿狂躁不安时，我常常就使用这种"暂停"的方法，结果是屡试不爽。我的经验告诉我，这种方式是很有效的。我每次暂停一切，并不是想让女儿从痛苦的反思中学到什么，而是为了让女儿能够从暴躁和狂怒中及时获得平静，忘掉自己的不合理的要求。所以，如果女儿正好在"暂停"中发现了什么好玩的游戏或是其他东西，只要没有什么坏处，我都会让女儿继续开开心心玩儿她的。

维尼芙蕾特 3 岁时，喜欢拿着画笔东一笔西一笔留纪念，似乎管不住自己，有时我为她准备好的画仿佛是摆设一样。有一次，维尼芙蕾特又在到处拿着画笔晃悠了。我一把拉住小维尼芙蕾特的手说："你是想在外面好好地玩呢？还是想回到你的房间里安静地待上 5 分钟？你觉得在哪里的感觉会更好呢？外面规矩一点，还是房间里安静一点？"

维尼芙蕾特在之前已接受过"暂停"的方法，我也和她解释过。但她现在似乎真的一点都控制不住自己了，她依旧拿着画笔到处乱画乱抹，这调皮的小家伙似乎在考验我是否真的会实行这一方法。

我有些生气了："看来，你是想回房间待一会儿，你是想妈妈送你进去，还是你自己进去？"维尼芙蕾特没有理我，于是我拿下她手中的画笔，把她送回了房间，并对她说："看来，你想让妈妈送你回去房间，等你安静下来之后再出来，那时我们再一起玩别的游戏。"

后来我还专门为女儿买了一个计时器，让她自己设定好 5 分钟的时间作为"暂停"时长。有时我会问女儿要不要我在里面陪她；有时女儿会跟在我后面，一起跑出来，我会送她回去，并加长"暂停"的时间。有时到了规定的时间，可是女儿正在里面兴致勃勃地玩其他东西，我也从不会干涉女儿。女儿这时会忘掉"暂停"的时间，一直在房间里玩自己的游戏。到了她 4 岁时，已经完全习惯了"暂停"的方式和命令，每次都是自己主动地走回房间，直到自己的感觉好了之后才会出来。

我从来不会让女儿有这样的感觉，叫她"暂停"是为了惩罚她。因为假如她有了这种感觉，她就会拼命地反抗，甚至厌恶，那样不但摆脱不了她的坏情绪，甚至会加强她的坏情绪。我从来都是想让女儿有这样的感觉："暂停"只是为了让她感觉更好一点，更舒服一些。

3. 相互尊重

有些父母给孩子的承诺或建议往往过于慷慨，结果反而不能兑现，让孩子不满意。很多时候，父母和孩子之间的矛盾往往是父母过于随便的承诺造成的，这样做，父母既没有尊重孩子，也得不到孩子的尊重。但事实是，你想得到别人的尊重，你必须先尊重别人，对于孩子，也是一样。

很多父母都有这样的经历，孩子有时真的自私得让人惊讶，甚至到了应该懂事的年纪，还是那样的不懂事。很多时候，孩子们遇到了疑问，父母帮他们解决了，可是他们还会给父母增添很多麻烦，使得父母不得不接着为他们处理这些麻烦的事。父母们已经很辛苦了，孩子们却屡教不改，父母们很生气，却又不敢发作，因为他们理解孩子的苦恼，真心想帮助孩子，又怎么会去抱怨孩子呢？但是，这种自我牺牲是有限度的，忍耐也是有极限的，当烦恼和不满积聚到一定的时候，终究会爆发，大人和孩子都会受伤害。

我认为，父母完全有理由让孩子知道自己的烦恼，这样做无论是对大人还是小孩都是明智的行为。我在培养维尼芙蕾特的过程中发现，当我很明确地向女儿说出自己的感受时，效果往往是出乎意料的好。那时，在我眼中一向只考虑自己的情绪而不顾别人感受的女儿，突然来了一百八十度的大转弯，非常理智，而且还会开始照顾别人的情绪了。我想，如果只是向孩子表达自己的不愉快的感受，是和控诉和斥责孩子有很大区别的。只有做到这一点，才能收到理想的效果。所以以后每当调皮的女儿弄得我疲惫不堪时，我就会告诉女儿我的感受，我会让女儿明白她正在给我带来烦恼，并想让女儿学会理解和尊重别人。

维尼芙蕾特有一个小伙伴叫安娜依丝，她和自己的妈妈有一个协议，就是每到周六，只要没什么特殊事情的话，安娜依丝必须首先把自己的房间打扫收拾干净后，才能去做其他事情。

可是这个协议在执行了两周之后，这个周末，安娜依丝的母亲到她房间里去检查，却发现房间并没有收拾，非常凌乱，而安娜依丝已经跑出去和小伙伴们一起玩了。

等到安娜依丝很晚才回家时，她的妈妈就很生气地抱怨："你今天的所作所为，让我感到很伤心。"

安娜依丝还没搞清楚状况："怎么啦？"

"你就是这样遵守约定的？我们说好的，你却在今天该做事的时候悄悄地溜掉了，你这是很不负责任的表现。"

安娜依丝什么也没有说，一撇嘴回到了自己的房间，房门砰的一声关了起来，剩下安娜的妈妈在那里独自地生闷气。

我想，安娜的母亲一开始也许只是为了表达自己的感受，可是说着说着一不小心就变成了指责了，但是这种指责只会让女儿感到反感，不想理她。安娜的母亲哪里做错了吗？她的最大的错误就是一不小心把那些原本只是表达自己感受的话变成了责备安娜的话语。如果安娜依丝的妈妈可以这样子说："我很失望，我想我们应该先把约定好的协议履行好，把房间收拾干净后再出去玩。"那么我想，效果也许会完全不一样，这样，既能表达自己对孩子的不满，也没有给孩子发脾气的理由，效果自然会好很多。

有一天，小维尼芙蕾特和小朋友们一起玩到很晚才回家。我担心地在家里等待着我的小女儿，她还那么小，我真的很为她的安全担心。当敲门声响起之后，我就跑过去为女儿开门。我当时已经急得六神无主了，真的很想让女儿尝点教训，好好骂她一顿，但我最终还是控制住自己了。我一把拉起女儿的手，说道："谢天谢地，我的乖女儿总算没有出事，安全回家。"

小维尼芙蕾特奇怪地问我："妈妈，我一直在罗茜家玩的，怎么了？"

我回答说："你从来不会玩到这么晚才回家的，刚才妈妈好担心啊！我真担心你会出什么事，你应该早点回家的。"

维尼芙蕾特抱着我亲吻我："妈妈，真对不起，我以后一定会早点回来的。"

我想，因为我采取了适当的方式和语气，让女儿自己深刻认识到了自己的错误，也感觉到了我对她深深的爱，所以她才会懂得理解和尊重我。我认为，父母在表达自己的感受时，一定要采取恰当的方式和语气，不然孩子就不会感觉到你的真诚，就更不用提理解和尊重了。

有些父母给孩子的承诺或建议往往过于慷慨，结果反而不能兑现，让孩子不满意。很多时候，父母和孩子之间的矛盾往往是父母过于随便的承诺造成的，这样做，父母既没有尊重孩子，也得不到孩子的尊重。但事实是，你想得到别人的尊重，你必须先尊重别人，对于孩子，也是一样。

这一天，维尼芙蕾特的父亲跑到女儿面前，非常高兴地说："明天爸爸有空，带你出去玩儿，你想去哪儿都行！"

"哦，太好了！"女儿非常高兴地大声欢呼。因为维尼芙蕾特的父亲总是很忙，根本没有时间陪她出去玩儿。而现在似乎终于有一个难得的机会了，他可以在周末陪女儿一起一整天。

"我想到郊外去搞一次野炊。"维尼芙蕾特满怀期待地说。

"呃，恐怕不行。晚上爸爸还要和别人一起吃饭，那太耽误时间了，我可能赶不回来。"维尼芙蕾特的爸爸明显感到有些为难。

"那我们去看儿童剧吧，爸爸。"女儿又提议到。

"可是，那种地方太吵闹了。爸爸每天都很忙，难得休息一下，想安静一点，乖女儿，你再想想其他的地方，好吗？"爸爸又推辞道。

"随便你吧！"很显然，女儿已经没有了兴致。

后来，我和丈夫又谈了很久，劝他以后不要随便向女儿承诺。之后，每当在碰到类似的事情时，我总是会和丈夫作一些限制，不会给女儿过高的期望，到最后又让她失望。比如我们会提出几个具体的游玩地点，让女儿自己再来挑选，或者是规划好我们的出游范围。总之，我尽量做到何时何地都不要让天真的女儿出现失望的表情。

我们的孩子是一个有着各种感情的人，他们有自己的判断力和喜怒哀乐，而不是一个随便可以支配的布娃娃。所以，如果父母言而无信，就会失去孩子对他们的信任。而孩子，怎么可能去尊重一个不值得信任的、言而无信的人呢？

4. 鼓励也是一件技术活

我的养育经验告诉我一个很深刻的道理：让孩子带着愉悦的心情去养成一个好习惯，比带着受责备的坏心情去养成一个坏习惯要容易得多。所以，鼓励批评都要挑对时间。

不管是大人和孩子，所有人生来都有排斥别人斥责的本能。我认为，应该采取正面的鼓励方式，这样效果会有效得多。

一般家长对孩子们的赞赏，都是夸奖他们与生俱来的能力，如这个孩子真漂亮，真聪明之类的。而孩子们后天的努力，尤其是那些比较小的努力却很少受到父母的重视。我想这是父母认识上的错误，应该好好反思。

每当维尼芙蕾特做一些好事时，我都会充分地肯定她的行为，并且告诉她这样做对她自己、身边的人还有周围的环境的好处。而且，我还会抓住时机表扬她。

克丽雅特夫人曾经告诉我这样一件事：

有一次她去卫生间，看见儿子亨特又把牙刷扔在台子上，就对儿子说道："亨特，你怎么可以又把牙刷扔在外面，我不是告诉过你吗？牙刷用完之后要放进杯子里。"

"知道了。"亨特随口应付道，他正在兴致勃勃地玩自己的玩具。

克丽雅特夫人见儿子没有好好聆听自己的警告，就想再好好教育他一下。

"亨特，你到我这里来。"

"干什么啊？"亨特虽然满脸的不高兴和不情愿，但还是放下玩具走了过去。

"把牙刷放进杯子里面去。"克丽雅特夫人命令道。

亨特把牙刷放了进去，然后就准备转身离开。

"以后一定要记住，知道吗？"

"哦，知道了。"

第二天，亨特的牙刷规规矩矩地放在了杯子里，但是克丽雅特夫人好像什么也没有看到；到了第三天，那个牙刷又跑出杯子来放在了台子上。

"亨特，牙刷怎么又跑出来了？你有没有把它放进杯子里面呢？"克丽雅特夫人很不高兴地质问。

"我还以为你不记得了。"亨特回答道。

"什么叫我不记得了？"这位母亲已经发怒了。

"昨天我明明把牙刷放进杯子里面，可是你什么也没有说呀！"

听了这个故事，我想，孩子们是需要表扬和注意的，尤其是来自父母的。如果孩子犯了错误，身为父母的我们有必要去提醒和纠正他们。但是，当孩子们改正错误之后，我们就应该及时地给予肯定，这样孩子们才会有动力和热情去继续做这件正确的事情，养成良好的习惯，才会有更大的信心去做正确的事情。

我的养育经验告诉我一个很深刻的道理：让孩子带着愉悦的心情去养成一个好习惯，比带着受责备的坏心情去养成一个坏习惯要容易得多。

不管是大人和孩子，所有人生来都有排斥别人斥责的本能。即使很多孩子因为害怕大人的权威性，会去接受他们的斥责，但是责备如果过多，依然会导致孩子的反感。我认为，应该采取正面的鼓励方式，这样效果会有效得多。而且，太多的反感肯定会产生相反的作用，管教起来肯定也不会顺利。

有一天，维尼芙蕾特居然以超过平常所有的速度洗完了澡，洗完澡之后还一反常态，主动关上了水龙头。我感到非常奇怪，要知道，女儿平时洗澡时总是把水龙头拧到最大，有时甚至把浴室里的水龙头一直拧开着，让水白白浪费掉。我好多次都警告女儿，叫她不要这样随便浪费水。但是女儿好像没有听见一样，一如既往地浪费水。原来，女儿刚刚读了一本有趣的书，在书中强调了水的重要性，还讲到了现在人类当中很多人对水的浪费会导致以后世界面临缺水的危机。

"今天怎么了，维尼芙蕾特，表现这么好？"我问女儿。

"书上说了，要节约用水，我们大家要爱护水资源。"女儿回答说道。

"真棒，我女儿会节约用水了。妈妈太高兴了，如果大家都能和你一样，那么整个地球能够节约多少水啊！"

在以后的日子里，女儿不仅自己会节约用水，而且还常常会向她父亲讲述浪费水的危害，提醒自己的父亲节约用水。

我想，在发现孩子好的行为之后，及时地鼓励非常重要。当孩子发现自己的好的行为得到大人的注意而且还加以赞扬时，就会从心底里认可这个行为，然后一直把这个行为做下去。

也许，要关注孩子每一次每一点细微的进步，然后及时地去鼓励和表扬孩子是一件不是那么容易的事情。但是我还是想在这里告诉所有的父母们，不要错过生活中每一次能让孩子进步的机会，抓住每一次时机，在适当的时候及时地去表扬和鼓励孩子，你会发现好的结果，而且大大超出你的想象。

5. 安全探索

把孩子限制在狭小的空间里，对孩子的自信心和勇气的形成有很不好的影响。很多父母都有这样的经历：孩子们都喜欢模仿大人们的行为，还有些非常喜欢拆卸东西。维尼芙蕾特喜欢玩的东西，只要对她本人没有什么伤害，我从来都不会阻止她去玩和探索。我想，这是孩子们成长的一个非常重要的环节，这可以激发起孩子们的好奇心，这可以帮助孩子们了解这个世界，还可以培养孩子们的想象力。

维尼芙蕾特在小时候曾经在她奶奶家里住了半年多。女儿的奶奶对这个孙女特别地疼爱，她特地为孙女布置了一个娱乐室，又安全又有趣，主要就是为了小维尼芙蕾特可以在这间娱乐室里玩儿得开心。娱乐室的地上铺上了厚厚的地毯，连墙角都放上了柔软舒适的垫子，房间的地上还放了很多既干净又安全的一类玩具，比如漂亮的布娃娃。最初，女儿非常喜欢这个娱乐室，她会在里面很有兴致地、开开心心地玩耍。可是没过多久，小维尼芙蕾特就对这儿没了多大兴趣，有时她奶奶还发现她在里面非常烦躁地走来走去。原来，维尼芙蕾特是想到外面其他房间里面去玩儿，她觉得天天待在这个房间里，非常无聊。

后来，维尼芙蕾特就常常跑到其他房间里去玩了，最后就干脆跑到屋子外面去了。她很少去娱乐室里面去玩，只是偶尔会进去休息一下，到后来，女儿的专用娱乐室成了名副其实的休息室了。

有一次，维尼芙蕾特又偷偷溜进了厨房。她突然觉得一把小刀非常的好玩，于是就拿起来想看个究竟。正好被她奶奶看到了这个场景，她一下子紧张起来，立马跑到孙女身边把小刀抢了过来，大声地责备道："上帝啊！你怎么可以随便用这个，真是太危险了！"女儿被奶奶吓了一跳，还没回过神来。等她终于从惊吓中走出来时，就很不高兴了。她在奶奶的反对下对那把小刀更加感兴趣，总是和奶奶争夺。尽管奶奶处处小心，还是出现了意外。这一次，女儿又在和奶奶抢小刀时，一不小心把手指给割破了。奶奶生气极了，把还在苦恼的女儿强行关进了娱乐室。

但从那之后，维尼芙蕾特不但没有收敛，反而经常会故意把别的东西弄坏。一开始奶奶还以为维尼芙蕾特的胆子变大了，但后来才知道，维尼芙蕾特都不敢去碰别的陌生的东西了，只敢在娱乐室里为所欲为。后来，女儿的祖母和我倾诉："让维尼芙蕾特出去玩吧，她总会破坏家里的东西，有时还会伤着自己；不让她出去，只是待在休息室里的话，她又一点精神都没有。现在，她还把自己的手指给弄伤了，胆子又被吓小了。你说，我应该怎么办才好啊？"

这的确是个棘手的问题。很多父母都希望满足和培养孩子的好奇心，都不想阻止孩子用自己的双手亲身去体验和探索这个世界。没有父母因为怕外面的世界会伤害到孩子，就去阻止孩子探索，结果反而使孩子们害怕外面的世界。没有父母想这样，但是又不能让孩子毁坏东西甚至伤害自己。

我想一个好的解决方式，就是和孩子明确哪些东西可以碰，哪些东西绝对不可以碰是至关重要的。但是在警告孩子之前，一定要先控制好自己的情绪。不要表现得太紧张，好像世界末日到来一样。因为这样无疑会让孩子感到恐怖，在惊吓之余还会对外面的世界产生害怕，那么对将来就会没有安全感。一旦孩子对外面的世界有了恐怖的念头之后，就会变得畏手畏脚，什么也不敢去探索，在这种阴影的笼罩之下，渐渐失去一个人最宝贵的品质，这个品质就是自信。

维尼芙蕾特后来回到我的身边。这一天，她又在玩小刀了。我努力控制自己的态度，用尽量平静的语气对她说："维尼芙蕾特，你应该出去玩耍，这个不是你玩的东西。刀子不适合小孩子玩，它不是玩具。"

维尼芙蕾特特别喜欢到厨房里看我做菜。这时我总会提醒她："你可以在厨房这里玩，也可以学习妈妈做菜。但是，这里有一些东西你不能碰，如果你碰了，那么妈妈只好叫你到外面去玩了。"这样的事情发生多了，维尼芙蕾特就渐渐地知道什么东西不能动了。

可以试想一下，如果在女儿来厨房里东翻西翻拿了不该拿的东西玩时，我如果立马变得很紧张，大叫着不让女儿去碰某样东西，这样反而会激发女儿的叛逆心理，她的好奇心会更强烈，那么接下来的结果可能就会糟糕得不得而知了。

把孩子限制在狭小的空间里，对孩子的自信心和勇气的形成有很不好的影响。很多父母都有这样的经历：孩子们都喜欢模仿大人们的行为，还有些非常喜欢拆卸东西。维尼芙蕾特喜欢玩的东西，只要对她本人没有什么伤害，我从来都不会阻止她去玩和探索。我想，这是孩子们成长的一个非常重要的环节，这可以激发起孩子们的好奇心，这可以帮助孩子们了解这个世界，这还可以培养孩子们的想象力。

有一天，我走进书房，看见维尼芙蕾特正在玩一个精美的文件夹，但是地上却撒满了我的文件夹、手稿，还有卡片。难怪她进来我书房这么久都没有出来，原来在这里乱翻我的东西。我当时立马就火冒三丈了，差一点就要咆哮出来。所幸的是，我立马想到了自己以前并没有规定她不许玩文件夹，于是我竭尽全力控制住自己。我调整好语气，对女儿说："这些都是妈妈工作用的东西，你不应该玩这些东西。"

"为什么不能玩啊？我觉得这些东西很好玩啊！妈妈，我想知道它们是拿来干什么用的？"女儿满脸的疑惑。

为了满足女儿的好奇心和求知欲，我详细介绍了这些东西的用途，并另外给了女儿几个文件夹。"你看这样好不好，妈妈在你的房间里也放一个书架，再给你一些卡片和文件夹。你自己就玩你自己的，妈妈用妈妈自己的，这样好吗？"我对女儿说道。

"好啊！谢谢妈妈。"维尼芙蕾特非常开心地回答。

之后很长的日子里，维尼芙蕾特总是模仿我，摆出一副专心工作的样子，在自己的房间里玩那些卡片还有文件夹。不仅如此，我的很多其他行为，女儿都乐此不疲地爱去模仿，所以我总是努力地为女儿创造一个可以模仿成人的环境。这样既可以保证女儿不去随便碰我们大人的东西，还可以满足女儿的好奇心，真是一举两得。

有段时间，打字机帮女儿学会了拼写，所以维尼芙蕾特又开始对这台打字机充满了好奇，她总想搞清楚打字机的工作原理。最后她父亲终于经受不住女儿的一再要求，专门为她把打字机拆下来，仔细地给她讲内部结构。虽然花费了很多时间，过程也很麻烦，但是我认为非常有价值，因为它再一次帮助了女儿养成喜欢探索，喜欢钻研的好习惯。

6. 培养孩子的耐心

如果孩子渐渐长大，特别是在他们能够用语言表达自己的要求之后，父母们就应该有意识地去训练他们的耐心了。做父母的应该让孩子们理解和学会等待，理解和学会在适当的时候做适当的事情，理解和学会如何与他人协调。让孩子明白，世界并不是以他为中心的，要有足够的耐心去等待。

没有任何一个人天生就有耐心，耐心需要培养。当孩子还是幼小的婴儿时，只要一听到孩子的哭声，所有的父母会立刻把奶瓶递过去，用自己最快的速度。我想，这种方式是不妥当的。因为这种做法只是用吃来解决孩子的问题，仅仅是满足婴儿的生理需求，却没有找出婴儿苦恼的真正原因。

维尼芙蕾特还是个小婴儿的时候，每次听到她哭，我都不会立刻喂她喝奶，虽然我心里很明白她是饿了。为了培养她的耐心，我会等一会儿再去喂她。是的，在她这么小的时候我就有意识地去培养她的耐心。

如果孩子很小，他们用哭闹来表达想吃东西的要求，是很合理的，他们的反应也表达出了他们的真实需要，他们需要父母们的帮助，他们那丝毫不加掩饰的急迫心情也是可以理解的。但是，如果孩子渐渐长大，特别是在他们能够用语言表达自己的要求之后，父母们就应该有意识地去训练他们的耐心了。做父母的应该让孩子们理解和学会等待，理解和学会在适当的时候做适当的事情，理解和学会如何与他人协调。

在维尼芙蕾特的成长过程中，我发现她一开始一点耐心都没有。只要是她想到的或是听到的，就一定要马上实现，否则就不依不饶，直到我无可奈何，不得不作出让步去满足她的需求。

有一天，我正在厨房里烤面包，维尼芙蕾特闻着香味走了进来。

"妈妈，我要吃面包，好香啊！"

“再等 5 分钟，面包还没烤好。”

“我不等，我就要吃，现在。”3 岁的维尼芙蕾特不干了。

“维尼芙蕾特，面包没烤好不能吃，你要是饿了，就先去吃点糖果，乖。”

“不嘛，我就要吃面包。”我明白女儿此刻的心理，知道她等不及了。为了让女儿明白什么是等待，我就把她带到外面的厨房，不再管她。

5 分钟后，女儿又跑回厨房，着急地催促我：“5 分钟已经到了，妈妈，我要吃面包，你给我面包。”

这时面包确实已经烤好了，但是我并没有立即给她，而是让女儿再等一等。我想培养女儿的耐心。

“再等等，维尼芙蕾特。面包现在是烤好了，但是现在很烫，你现在还不可以吃，你要再等等。”我劝女儿。

“不，我现在就要吃，我不怕烫。”女儿很不满地大声叫嚷。

“维尼芙蕾特，不许胡闹，你要是再这样，我就不给你面包了。你应该学会等待，你应该有足够的耐心。”我对女儿严厉地说道。

维尼芙蕾特很生气，哭着跑出厨房，回到自己的房间。过了一会儿，我把烤好的面包放在餐桌上，对女儿喊道：“哦，面包真香呀！可以吃了。”

女儿没有理我，我知道她还在生气。我没有再说什么，去做别的事情了。过了一会儿，女儿一声不响地从房间里走出来，坐在餐桌上吃面包。我抓住时机走过去对女儿说：“维尼芙蕾特，刚才面包还没有烤好，所以没有让你吃面包，现在才让你吃，是因为现在面包才烤好了。你要知道，做什么事情都不能太急躁，要学会等待一定的时间。你要知道，不管做什么事情，都要等到它可以做的时候再去做才是最好的。”

我这样做的原因，是因为我知道孩子有太多的要求，如果我完全去满足她的每一个要求，那么她将会变得肆无忌惮，不会再重视别人的辛苦了。即使我忙得晕头转向，她可能也不会满意我的辛苦。我想，有一点非常重要，就是要让女儿明白这个世界并不是以她为中心的。每一个人都会有自己的需求，即使做父母的都非常疼爱自己的儿女，但是也不能让她自己的要求总是凌驾于别人的要求之上，放在第一位考虑，更何况孩子以后还要和很多其他人相处呢。我想让女儿明白，失望是不可避免的，等待也是必不可少的。如果孩子能够弄明白这些道理，那么对于她以后的成长会非常有利的。

作为父母，如果要训练孩子的耐心，自己首先就要有耐心，这是非常重要的一点。许多父母在教育孩子时连自己都没有耐心，怎么可能教育好孩子呢？当孩子不停地哭闹，想迫使父母答应他时，做父母的一定要足够镇定，不断地提醒自己正在培养和训练孩子，只有自己足够有耐心，才能培养好孩子，把孩子培养成有耐心的人。

在培养女儿的过程中，经常会碰到这样的事情。我正专注工作的时候，女儿跑过来要求我带她出去玩儿。

这一天，我正在专心地写一篇论文。女儿走过来对我说："妈妈，我要到外面的公园里去玩。"

"等妈妈把这篇论文写完再去好吗？"我回答道。

"不要嘛，现在我就要去。"女儿不愿意了。

"维尼芙蕾特，妈妈正在写的是一篇很重要的文章，我现在必须要把它完成，才能带你出去玩。你先去玩一会儿玩具，等妈妈把论文写好后，再来带你出去玩儿。"我认真地告诉女儿。

过了 15 分钟后，维尼芙蕾特又跑到我的房间里来，问我："妈妈，你还要多久？"

"还要再等一会儿。"我回答道。维尼芙蕾特一声不响地就走了出去。等我把论文写完后，我走到女儿身边，说道："妈妈的工作现在终于完成了。你想去哪儿？走吧！妈妈带你去玩。"

"不，我要先把这本书看完，你先等一等。"女儿一边看书，一边回答，完全是在学我的口气。

我忙了半天论文，终于写完了，很想出去散散心，放松一下，可女儿却偏偏要起性子来，真没办法。我没有办法，就坐在客厅的沙发上等她。后来，等女儿看完书后，我们才一起出门。

谁都想能够控制自己的生活，很多没有安全感的孩子，都会非常依赖自己的父母，对他们而言，学会运用自己的控制力更加的重要。有时候孩子说"等一等"时，只是想让父母明白自己也有自己的权利。在这种情况下，父母应该尊重孩子的权利。但事实是，很多父母都会让孩子等自己，但是自己却不愿意等孩子，这样就会让很多孩子认为自己没有得到尊重。这样不仅对孩子的教育效果不好，同时更严重的是，会引起孩子的反感。所以，在孩子做自己感兴趣的事情时，请不要无理地打断他，因为这种方式不仅不适宜，而且不利于孩子的健康成长。

7.5 分钟的神奇功效

父母经常会催促孩子们"快点快点"，孩子们这时往往很反感，会觉得自己的自由受到了侵犯，故意拖延以表明自己的自主权。

如果能够给孩子足够多的时间，反而会使孩子做事情的速度加快。因为孩子面对父母宽容的态度，反而会更加严格地要求自己。

大人们总是忙碌的，特别是父母，因为他们总有很多事情要去做，必须要赶时间。但是对孩子而言，时间并不是什么特别宝贵的东西。父母经常会催促孩子们"快点快点"，却没有想过孩子们的感受。孩子们这时往往会觉得自己的自由受到了侵犯，感觉自己正在被人强迫去做一件事情。在大多时候，这种逼迫的感觉不仅不会使孩子加快行动，反而会让孩子很反感，故意拖延，以表明自己的自主权。其实父母和孩子们的争执，在很多时候就是因为父母没有考虑孩子的感受，没有给孩子们应有的自主权，而是在不经意间使孩子成为了父母的随从。

其实，我认为，如果能够给孩子足够多的时间，反而会使孩子做事情的速度加快。因为孩子面对父母宽容的态度，反而会更加严格地要求自己。

在培养维尼芙蕾特的过程中，不管是学习还是出门，我都会给维尼芙蕾特足够多的时间来准备。这种时间不仅仅是具体的实际的时间，更重要的是一种心理上的时间。让女儿意识到现在的事情已经应该完成了，做好心理的准备，要去做另一件事了。有了这种心理上的提前预期，女儿一般都能够很容易接受我的安排。

有一天，到了我和女儿约定去她姑妈家做客的日子，当我准备好之后去叫她时，她正在家门口和其他孩子玩游戏玩得尽兴。

"维尼芙蕾特，我们该走了，今天我们约好去你姑妈家的。"我提醒女儿。

"到姑妈家去？我不想去呢。"维尼芙蕾特头也不回地说。

"昨天不是说好了和你一起去姑妈家的吗？你忘了？"

"哦，我知道了。妈妈，我再玩一会儿。"

"你还要玩多久？"我问女儿。

"不知道。"维尼芙蕾特说完之后接着玩游戏。

我等了一会儿，看见维尼芙蕾特完全没有离开的意思，就又提醒她："维尼芙蕾特，我们该走了，不能再等了，否则去你姑妈家的时候，就太晚了。""让我再玩一会儿。"维尼芙蕾特还是这句话。

"不行，你要马上走。"我有点生气了，冲上前去拉维尼芙蕾特的手，想把她直接拉走。

维尼芙蕾特一下子大声地哭起来，和她一起玩耍的孩子也被我这突如其来的举动吓着了。我突然被自己的做法吓了一跳，这完全不是我平日的做法，也许真的是因为我太着急了，所以下手急了些也重了一些。可是现在女儿已经哭了，而我此时也非常的内疚，我想想，觉得只好改变态度，让女儿再玩一会儿。

"那行，你可以再玩20分钟。"我对维尼芙蕾特说道。

"好的，谢谢妈妈。"维尼芙蕾特一下子擦干了眼泪，又和小伙伴们一起开心地玩游戏。

我耐心地等着女儿，一边不停地看着表。很快就过去了10分钟，我走到女儿身边，提醒她："维尼芙蕾特，10分钟过去了，还有10分钟我们就要出发了，知道吗？"

"知道了。"女儿回答道。

又过了 10 分钟，我对维尼芙蕾特说："时间到了。"

维尼芙蕾特还想再玩 5 分钟，哀求我。我很认真地对她说不行，好孩子应该要遵守自己的约定。她见没有再拖延的理由，所以就答应了，我们一起出发去她姑妈家。

其实，去她姑妈家的建议是维尼芙蕾特自己提出来的，但是她在玩耍的过程中只顾眼前的痛快，想好好地玩游戏，完全把这件事情忘了。等到我和她再提时，她早就已经把这个约定忘到九霄云外去了。那时她正玩得带劲儿，而且最后一次提到这个计划还是在昨天，时间上早就过去了一天，她这时当然不会合作。

不过，我采用了多给女儿一点时间的方式。在这短短的 20 分钟时间里，我不时地提醒女儿，既让她还有时间去玩游戏，又可以做好足够的心理准备。到最后约定的时间时，她就能按照约定迅速地结束游戏，按照我们之前约定好的计划去实行。这么好的方式，何乐而不为呢？

8. 父母也要知错就改

事实很明显：比起那些又固执己见又专横的父母，如果能够勇于承认自己的错误，不是那么只爱顾及自己的面子，会去尝试种种新的途径去教育好孩子，这样的父母才是最可爱的。

我认为，和孩子说话不用太瞻前顾后。说错了，可以很大方地收回来，不必担心没有面子。因为你面对的毕竟是自己的孩子，对于孩子的教育才是最重要的，你可以去争一口气，把自己的面子要回来，但是对孩子的不利影响呢？你有没有考虑过。

其实在生活中，我们经常可以发现父母和孩子之间会出现各种争论。

如果争论过于激烈的话，争论也会变成争吵。很多父母在争吵完之后，往往就会后悔自己当初说出了某些过于激烈的话语，心想如果没有说出来该有多好。但是事已至此，说出去的话如同泼出去的水一样，这样一来，和孩子心里之间往往就有一些隔阂了。

我经常听到一些父母对孩子大声叫喊："是听你的，还是听我的。""你懂什么？""按我所说的去做！哪来这么多废话？""这里我说了算。"父母在和孩子特别是那种已经有点懂事的孩子论理，经常会激动起来。如果孩子会还嘴，那这些父母就更加生气了，会更加失去理智，经常会说出一些十分强硬的话来。

事实是，如果孩子还小，胆子还没有大到敢于去反抗大人权威的地步，那么这种做法往往还会暂时稳定住局势，不然的话，争执只会不断地升级。如果当时正好有朋友或者陌生人在场，那么那种难看的感觉只会让矛盾更加升级，最后可能会发展到无法收拾的地步。

每次当我和维尼芙蕾特因为某件事发生冲突时，我常常会采用这种重新开始的办法，效果一般会很不错。

有一次，我看见维尼芙蕾特在房间里玩玩具，就顺便问她："妈妈给你布置的作业你完成了吗？"

"完成了。"维尼芙蕾特回答。

"那你练琴了吗？"

"没有。"

"琴都没练，还在这里玩玩具，快去练琴。"我用命令的口气对女儿说道。

"妈妈，我等一会儿再练。"女儿回答。

那天我正好心情不好，不知道接下来怎么就说出来这么一句话："我知道你不想练琴，要是你这么讨厌练琴的话，以后就不要练了。"

"好，妈妈你说的，那我不练了。"维尼芙蕾特似乎也有些生气了。

我当时被气晕了头，哪里知道自己正在犯一个低级的错误。我跑过去一把抢过女儿的玩具，把她按在了钢琴旁边，女儿挣扎了几下没有用。

维尼芙蕾特显然被气坏了，她坐在钢琴面前胡乱地弹了一通。女儿的情绪非常地激动和不好，琴声也很杂乱和难听。

女儿的态度一下子让我明白过来，她在这样的情绪下练琴，效果当然不会好，甚至还会对练琴产生厌恶。她今天的态度比起以往，要差很多。我一下子明白了自己的错误。其实女儿并不是那么爱贪玩，只是她今天比平时多贪玩一点而已。

于是我尽量调整好自己的语气，和女儿说："维尼芙蕾特，你看不如这样，我们重新说一下这件事好吗？"维尼芙蕾特的手停在钢琴上，有些不解地看着我。

"妈妈只是希望你不要花费太多的时间在玩具上，你玩了多久啊？"我问女儿。

"其实我才刚拿起玩具。"女儿显得有些委屈。

"那你原本打算玩多久的？"我问女儿。

"一会儿，我原本打算玩一会儿就去练琴的。"女儿更委屈了。

"那你先去玩一会儿吧！然后我们再去练琴好吗？"

"好的。"女儿委屈的小脸上顿时又有了笑容。

我认为，我最终的知错就改之所以很有效，是因为不管是我还是女儿，我们都不希望发生一场战争。维尼芙蕾特表面看上去很镇定，处于优势，但事实上她还是非常害怕会让我生气，担心我会采取不好的措施。所以当我不那么顾及自己的面子，告诉女儿重新谈论这个问题时，女儿也的的确确找到了台阶。这样，我们都有了一个重新相处和谈话的好的环境。

我的这种行为，也给了女儿一个很好的典范，她明白了：人需要有改正错误的勇气，并且要学会理智的让步。很多人都喜欢把事情争论到底，不谈出个结果，不争出个输赢来决不罢休。但是，如果是一个不好的结局，为什么非要一条道走到黑呢？

事实很明显：比起那些又固执己见又专横的父母，如果能够勇于承认自己的错误，不是那么只爱顾及自己的面子，会去尝试种种新的途径去教育好孩子，这样的父母才是最可爱的。

第九章　幸福其实很简单

很多父母都会为孩子的未来着想，但是他们往往只看重孩子们的成就，却忘了最重要的方面，那就是孩子的幸福。一个完全没有童真的人，是多么的乏味和无趣。

当孩子遇到不可避免的失望时，假如父母能够用平和的态度去好好地影响孩子，那么孩子就会更加容易地接受失败和失望，而去迎接希望。作为孩子们的父母，一定要相信孩子的承受力和成长力。

身体上如果有了缺陷，是没有办法弥补的，但如果孩子拥有健康的心态、强大的精神支柱，还有战胜困难的毅力和决心，他们不会认为自己可怜，他们会靠自己去成长和强大。当然，他们感知幸福和追求幸福的能力也远比那些孩子要强大。

我想父母在孩子面对困难的时候，应该用鼓励来取代不必要的服务，让孩子尽快地适应和回到正常的生活中来。父母不要去包办孩子的任何事情，而是关怀和帮助，这样才可以让孩子感到真正的幸福。

培养孩子的最好方式，就是用真正的爱去和孩子相处，这样孩子才会成长为一个健康快乐的人。

那些经常为孩子的教育感到烦恼的父母们，不要再迷惑不解，怨天尤人，甚至还责备孩子了。我想告诉你们：你们应该经常问问自己：对孩子的成长而言，最重要的是什么？如果你们没有弄清楚这一最基本的关键点的话，你们也不可能教育好孩子，给孩子一个美好的未来。

1. 懂得享受，才会幸福

在我看来，做一个幸福的人是需要很多条件的，但是其中最重要的一条就是敢于追求快乐和幸福。而一个不懂得爱和享受的人，绝对不会是一个幸福的人。

虽然我对维尼芙蕾特满怀期望，但是我最在乎的，最希望的还是女儿能够有幸福的一生，无论将来女儿成为什么样的人，做什么工作，我都希望女儿快乐，幸福。在我看来，做一个幸福的人是需要很多条件的，但是其中最重要的一条就是敢于追求快乐和幸福。我不能完全保证自己能够给维尼芙蕾特幸福，但是我相信我能够给予女儿对幸福的正确认识，还有追求幸福的信心和能力。我相信只要我努力，我还可以做到我最想做到的这一点。

事实上，追求幸福不是每一个人都会，而是很多人都不会。特别是在现在这个竞争激烈的社会中，这种最初的追求幸福生活的能力很多人都已经丧失掉了。

也许有人会问："难道有人会蠢得连追求幸福都不懂吗？难道有人胆小得连追求幸福的勇气都没有吗？"我认为，在生活中，能够真正回答这个问题的人没有几个。我们是不是经常在生活中会听到这样的话语："这件事情并不难，我知道如果我做了，我一定会非常的快乐，但我就是没有办法去做，因为我有太多的顾虑。"

是不是有很多人会站在窗前望着窗外的蓝天白云浮想联翩，脑海里出现小时候各种快乐的场景，或者去郊外野游，甚至什么都不想，只是觉得很轻松很愉快。可是每当这个时候，脑海里都会响起一个声音：该去读书了，该去工作了……这么宝贵的时间你不应该浪费！当这个声音响起之后，无疑，你还会拥有什么幸福感么？

维尼芙蕾特有一位小伙伴叫戴维，他的妈妈是一位典型的职业妇女。她是一个专心工作的人，也是一位称职的妈妈。她很认真地做好自己工作岗位上的每一个任务，兢兢业业。回到家之后，又马上变成一位好妻子和好妈妈。干家务，督促孩子学习。有时甚至连带孩子出去玩，也会想着如何把握好时机和孩子进行一场人生理想之类的谈话，或者教孩子各种自然知识。等到孩子不在身边时，她又老想着干家务、购物和理财。

老公见她整天像一根绷着的弦一样紧张，就劝她放松一点，不要整天绷着神经，她自己不能放松，别人也跟着一样紧张。她的回答是："我怎么能够放松呢？家里面有那么多事情要做。孩子正在一天天长大，我要做一个有责任的母亲，如果现在不把孩子教育好的话，这个最好的学习时机一旦错过，就再也不会回来了。"

所幸的是，在这位称职的母亲的监督下，戴维自己也很用功，总是想着自己的职责。有时他自己也会觉得非常累，希望能够抛开一切担心，好好地无忧无虑地玩耍。但是因为他的妈妈总是在一旁监督他这个那个行为，他的愿望总是化作泡影。除此之外，还搞得他难以平静，有时候甚至非常烦躁。所以会经常忍不住和母亲发生各种冲突，家里的气氛也常常因此陷入不快当中。

我认为，尽管责任心是一个人成熟的必备素质，奋发图强也是一个人成功的必要条件。但是，不能完全地忽视甚至排斥轻松地享受和本能的需求，让整个人生都充满了责任心和刻苦的精神。如果真是那样的话，那么人就会和没有加油的机器一样，完全不知道自己处于什么状态，只知道一个劲儿地运转运转，一直处在损耗之中，直到崩溃，多么不幸！

现在的生活和工作越来越忙碌，很多人在这种忙碌之中逐渐忘记了生活的最初目的。他们已经感觉不到任何激情和快乐，已经麻木得就像一台老旧机器一样。这样的生活不过是当一天和尚撞一天钟，他们只是机械地感到时间在流逝，根本就谈不上幸福和欢乐。如果人失去了快乐，生命的意义又在哪里？

我记得一位著名的心理学家曾经说过：人的个性和树的年轮一样，是一圈一圈发展的。婴儿的一圈是爱与享受；童年的一圈是创作与幻想；少年的一圈是玩耍和热闹；青年的一圈是爱情和探索；成年的一圈则是代表现实与责任。假如其中任何一圈没有完成，这个人的个性就会被损害，会有残缺，那么这个人一生的结局也不会很圆满。

我想，如果一个孩子在小时候就受到了伤害，被剥夺了以单纯天真的愿望享受生活的权利，那么对他形成好的个性，就会有难以愈合的伤痕。他们不太那么懂得爱和享受，而一个不懂得爱和享受的人，绝对不会是一个幸福的人。

很多父母都会为孩子的未来着想，但是他们往往只看重孩子们的成就，却忘了最重要的方面，那就是孩子的幸福。一个完全没有童真的人，是多么乏味和无趣。不管他在事业上取得了什么样的成就，他都难以获得真正的幸福。如果一个人的心灵里面全部都是理智、责任还有目标，当他有一天在事业上取得了很大的成就，想在其他地方寻求精神慰藉时，他一定会面临一种困窘，就是不知道从哪里开始，从什么地方去找慰藉，所以他会为了寻求情感上的平衡，去寻找各种刺激。

有一天，我发现 5 岁的维尼芙蕾特坐在书桌旁，一会儿抓抓头，一会儿踢踢腿，一副十分焦虑的样子，而没有像平时那样聚精会神地学习。

我急忙走到她身边，问道："维尼芙蕾特，怎么了？是不是哪里不舒服？"

维尼芙蕾特没有回答我，还是一副焦急万分的状态。

"怎么啦？宝贝，你告诉妈妈，好吗？"

"这个数学题目我总是做不出来，妈妈，我好着急啊！"维尼芙蕾特回答道。

"乖孩子，那你先休息一会儿，再来做好吗？"我松了一口气，劝女儿。

"不，我一定要把题目做出来。"女儿好胜心强我也明白，她总是在遇到困难非要全部解决完之后才会停下来。但是今天这道题好像太难了，女儿明显急躁起来了，乱了阵脚。

我摸摸女儿的头安慰道："没关系的，可能是题目太难了，不要难为自己。"

"你不是告诉我不要害怕困难吗？怎么今天又叫我放弃呢？"女儿有些疑惑不解地问我。

"当然，如果能够不害怕困难，坚持下去当然是件好事，但更重要的是，有时候不要太难为自己。"我解释道。

"我不是很明白。"女儿的脸上有些不解。

"这道题目你做不出来，也许是因为它本来就太难了，也许是因为今天你的状态本来就不好。你先去休息一会儿，或是玩一会儿，可能过一会儿你就能做出来了。"

"但是……如果我没有把这道题做出来，我不是显得太笨了吗？这样我会很难受的，妈妈。"

"不是的，维尼芙蕾特，只是凭一道数学题，就可以说明你是聪明还是笨吗？要证明一个人的能力，要看很多方面，不能只凭一件小事情就去下断论。这件事并不是你的生活的全部，对吗？所以你没有必要为它这样难过。"

"为什么这样说呢？"

"因为你拥有很多东西，不仅仅是数学，而且这一道题也说明不了什么。比如，你还有音乐和绘画，你还有朋友们，你还有爸爸和妈妈……学习的确很重要，但是假如这道数学题让你感到痛苦，我宁可你做点别的事情。妈妈希望你做一个快乐的人。"

听了我的解释和开导之后，维尼芙蕾特停了下来，她弹了一会儿琴，又去外面散了一会儿步。当她回头再去做那道题目时，一下子就想出了关键点，将题目解了出来。

后来女儿和我说："一开始，我想无论如何都要把这道难题做出来，结果越来越紧张，越来越急躁，反而越做越糊涂。后来听了妈妈你的话，我就出去玩了一会儿，再回来做题目时，我还是很轻松，心想：做不出来就算了，没想到反而想到了做题目的方法。"

我认为，只会工作的人不仅不会得到快乐，甚至连工作都做不好。但是那些懂得从生活中寻找快乐的人却往往能够把工作做得更好，还能够从生活中获得幸福。但事实是，在我们的周围，有多少人因为只知道工作而忽视了生活中的快乐？不计其数。

2. 勇于接受失败和失望

　　我从来都是把孩子的错误当作给孩子的很好的学习机会。让孩子明白不必害怕去犯错误，重要的是从错误当中吸取经验教训。那么孩子无疑将是一个快乐的人。

　　在人的一生中，有很多令人失望的事情。如果想让孩子能够拥有幸福的人生，就必须在他小时候有意识地让他学会接受失望和失败，去迎接希望，去勇敢地面对未来。

　　在我们家里，从来都不存在失败的事情，只要这件事情我们做过，我们看重的从来都是我们从这件事情当中学会了什么知识，得到了什么教训。

　　有一次，我们全家和朋友们约好一起去野外旅行，时间差不多是两天，所以要带一些必备的用品。为了让维尼芙蕾特学会照顾自己，我让她自己学会收拾行李。我在临行前，给了维尼芙蕾特一些意见，告诉她应该带哪些东西。等到了野外，维尼芙蕾特才发现外面天气很冷，自己衣服带的太少了。不仅如此，自己也忘了带手电筒。那天晚上显得格外的冷，女儿跑到我面前一直哆嗦说自己好冷，还问能不能用一下我的手电筒。"你衣服没有带够吗？"我关切地问女儿。

　　"我原本以为这里和城里一样暖和呢！没想到比城里冷多了，下次我就知道应该多带些衣服了。"

　　"这样啊！那你下次应该准备的更好一些，比如说先了解好要去的地方的天气，这样你就不会冷了。那你的手电筒呢，怎么也没带吗？"我接着问道。

"这个我真的有想到，但是出发时太急了，我一忙就把它忘在家里了。"女儿解释道。

"那你以后一定不能像现在这样粗心大意，你要认真地对待每一件事情。一定要记住，不然的话，你就会尝到粗心大意给你带来的苦头。"我警告女儿。

女儿点点头："我明白了。以后出门之前我会先用一张纸，列下所有的物品，这样出门就不会漏掉东西了，就像爸爸每次出门一样。"

"是的，这样好。不过这次没关系，你看，妈妈把你这次漏掉的东西全部都带来了，你看，这是手电筒，这是衣服。"我一边说一边掏出女儿的衣服和手电筒。维尼芙蕾特非常高兴，一下子扑到我身上，亲吻我。

其实在出发之前，我就已经知道了维尼芙蕾特的衣服带少了，而且没有带手电筒，这样会影响维尼芙蕾特的野游，但是我有意装作不知道。因为我想让她亲身体验这个经验教训，从而能够在现实中学习。我猜想这种方式，对于女儿从实践中获得帮助肯定十分有效。事实证明，也是如此。当我在女儿已经知道错了的时候给她建议，当我把衣服和手电筒拿出来给女儿时，她很容易就接受了我的建议，而且她很感动我对她的爱护有加。同时，她对这件事的印象也更深刻，她以后也不会再犯这样的错误。

在孩子犯错误时，很多父母都会对他们加以责备或是恐吓，当然，他们的目的是为了想让孩子改正错误，或是害怕孩子再犯类似的错误。想法虽然没什么错，但是这种做法却往往会适得其反，孩子可能会因为这样产生叛逆心理，和父母对着干；或者因为害怕受到责备而不敢再去冒险，最终都没有了热情和胆识来学习新本领。

我从来都是把孩子的错误当作给孩子的很好的学习机会。如果父母在孩子犯错误之后，能够处理得好的话，就能教给孩子正确的做法，让孩子明白不必害怕去犯错误，重要的是从错误当中吸取经验教训。那么这次错误反而会变成孩子学习的难得的机会，孩子也不会把犯错误当成一件坏事，也不会因为犯错误而灰心丧气，萎靡不振。那么孩子无疑将是一个快乐的人。

有一年万圣节快到了，维尼芙蕾特最喜欢晚上到邻居家要糖果吃，我像以往一样给她准备一身很漂亮的衣服和面具。看着家家户户都摆出来的南瓜灯和魔鬼服装，和其他小孩子一样，维尼芙蕾特既兴奋又开心。

万圣节的那天早上，我为女儿准备好了晚上要用的服装和面具。我在门边放上糖果，等孩子们上门来时好送给他们。

到了傍晚，天空竟然下起了雨夹雪，维尼芙蕾特站在门外，看了好一阵子。估计看不出雨夹雪会不会停，所以就干脆跑过来问我："妈妈，你说这雨还有雪会停吗？"我心里很明白，如果女儿今晚不能出去讨糖吃，不能出去玩一通，那么她一定会很难过的。

"等等看吧！维尼芙蕾特，也许会停的。"我对维尼芙蕾特说道。但是直到大家都吃完晚饭后，雨夹雪还是淅淅沥沥，一点停的迹象都没有，而且还越来越大。看到这个天气，维尼芙蕾特终于忍不住了，眼泪夺眶而出。

我非常理解女儿的感受和心情，很心疼，就走到女儿身边抱住女儿安慰道："妈妈明白，你很难过，可是天气这样子，真的没有办法。庆幸的是，万圣节年年都有，我们还可以等到明年，不是吗？"

"明年，到明年还要等一年呢！"女儿还是很失望。

"是的，我明白，可是没有办法啊！偏偏今天又在下雨夹雪，真是倒霉透了。"我说。

"不要，我不要等到明年！我不要！"维尼芙蕾特突然像只发狂的小野兽，一边尖叫一边大声地哭闹。看着女儿这样，我心疼极了，把女儿抱进怀里，温柔地说道："维尼芙蕾特，妈妈明天带你去玩具店，以作补偿。你可以挑一件你自己最喜欢的玩具，什么样的都行，好吧？"

可是没想到维尼芙蕾特还是继续大哭大叫。我见女儿这个样子，于是就没有再安慰她了，而是对她很认真地说道："今天的确下大雨大雪了，我们大家都不想。你没有办法，妈妈也没有办法。妈妈知道你很失望，其实妈妈也很失望。但是你必须明白，在你失望的时候，没有人会同情你，即使同情你又能怎样，也改变不了事实的结果。你唯一能做的，还有你最好的解决方式就是，你自己想办法来面对。"

听我这样说，维尼芙蕾特看了看我，竟然不再大声哭闹，还跑到另外一间房子里去玩别的东西去了。过了一会儿，维尼芙蕾特兴高采烈地跑到我面前，拉着我说："妈妈，我们来玩一个游戏好不好？万圣节套糖果。"

孩子对事物的反应在很大程度上是因为受到了父母的影响。比如说维尼芙蕾特，对于小孩子而言，因为天气恶劣而失去了万圣节的好玩活动，确实是件让人失望的事情。但是我事后仔细想想，维尼芙蕾特的过于强烈的反应，在很大程度上是因为我这个当妈妈的同情而扩大了。

当我后来不再同情女儿，很认真的告诉她，天气不好是一个不好的事实，她必须学会面对，因为没有人可以同情她或者帮她改变什么。她开始学会了接受失望的情绪，并尝试去摆脱它，开始去寻求解决失望的办法，到最后还想到了玩讨糖果的游戏，反而又有了希望，很明显的失望也不算什么事了。

我尽力让维尼芙蕾特学会不要去依赖别人，不依靠别人的同情来生活，这是我对女儿早期培养的一个重点，我要训练她能够做到勇于接受生活中的失败和失望。因为这一点很重要，它在很大程度上决定了女儿将来会不会成为一个幸福的人。

当孩子遇到不可避免的失望时，假如父母能够用平和的态度去好好地影响孩子，那么孩子就会更加容易地接受失败和失望，而去迎接希望。孩子在今后的成长中，才会体会到生活的欢乐，而不是只看到失望和失败。但是事实是很多父母都会低估孩子的承受能力，他们总是认为孩子太脆弱了，孩子们根本没有能力去应付生活中的现实。这种态度的直接后果就是孩子会错误地认识自己。孩子们会误以为，自己什么都应付不了，如果真的这样，那么孩子就会真的变脆弱了。所以，作为孩子们的父母，一定要相信孩子的承受力和成长力。

3. 不要去怜悯孩子

事实上，从人的本性上来看，在面对困难时，孩子都是有足够的勇气与能力去拼搏的，他们需要奋斗，因为那样可以弥补他们的不足。这时，如果父母总是给孩子过多的怜悯、同情，会使孩子更加悲观。而更多地帮助会让孩子自信越来越少，不再努力。这无疑不利于孩子们的成长。

维尼芙蕾特有一个很要好的朋友叫米希尔。他在和孩子们玩游戏时经常是获胜的那一方。有一天，他在玩耍时不小心扭伤了脚，因为受伤不得不在很长的一段日子里都不能参与孩子们的游戏。米希尔自然很难过，他的妈妈更是如此。她常常会对米希尔说一些伤心的话，有时候还会落泪。

"米希尔，妈妈知道你心情不好，妈妈也为你感到很难过，我真希望你马上康复。为什么这么多人，受伤的那位偏偏是你，真的太不公平了!"

我认为米希尔母亲的做法是非常错误的，她这样会使米希尔觉得自己受了很大的委屈，这种不好的感觉会慢慢地积累，当更大的困难出现时，米希尔可能就会不知所措，更加觉得老天不公。孩子对妈妈的反应是相当敏感的，天长日久，孩子就会形成不良的心态。

其实，米希尔的妈妈这样做，对儿子也是非常的不尊重。因为她的反应就是告诉儿子，你太弱小，你完全没有能力去承受这么大的挫折，她认为孩子不够勇敢，连这种现实都面对不了。事实上，米希尔因为脚受了伤，不能和其他孩子一起做游戏，当然会失望，这是非常正常的。但伤口会很快愈合，如果他的妈妈能帮助儿子面对现实，而不是那么沮丧和泄气的话，那么孩子也会更加正确地认识和面对事实，只可惜这位母亲不够冷静和聪明。

我认为，一个让他人怜悯生活的人是绝对不会幸福的，这么软弱的人只会是一个懦夫。我在维尼芙蕾特很小时就教育她要足够坚强，不要去接受别人的怜悯，更不要随便去接受别人的同情。我会去培养维尼芙蕾特的勇气和能力，要她从小就学会自己的事情自己解决。原因只有一个，就是只有勇敢的人才是真正快乐的人。

我认识一个7岁的叫米娜的小女孩，她发生过一次车祸，结果是失去了一条腿。从医院回来之后，她必须拄着拐杖才能走路。米娜在医院的日子里，学习了很久，终于学会了如何用拐杖行走，如何自己照顾自己。出院时，医生还特意叮嘱米娜的母亲，不要为女儿包办太多事情，要让她自己照顾自己。可是，这位母亲是如此地深爱自己的女儿，她把几乎能为女儿做的事情全部都做了，她为她换衣服，洗澡，洗衣服，把饭送到米娜面前，甚至还帮米娜梳头。这位母亲很显然是想对女儿进行补偿，她的伤心可能都超过了米娜，她总是想着可以为米娜做些什么，来安慰自己，来帮助女儿。

结果是米娜的母亲做得越来越多，米娜做得越来越少。米娜做得越少，以为自己越来越没用，对自己也越来越没有信心。慢慢地，米娜什么都不想干了，只想待在自己的房间里。我见到米娜时，那个爱笑的、勇敢的而且善于照顾自己的孩子已经变成了一个脾气乖张、喜欢唉声叹气的孩子。她看见我，向我倾诉自己的苦恼，从她的话里，我感到她很明显地已经认为自己是个一无是处的废人。

我听完米娜的倾诉之后，找到了米娜的妈妈，告诉她："你的女儿不是一个废人，她完全有生活自理的能力。你不应该把她当作一个废人来对待，你应该让米娜去做一些她能够做的事，那样对米娜而言，更有好处。"米娜的妈妈听完了我的建议答应了，她给米娜安排了可以自己做的事情，并且经常鼓励女儿，米娜逐渐又有了自信。

等我再去看米娜的时候，她不仅又有了往日的爱笑、坚强、勇敢和会照顾人，而且还学会了拉小提琴。那天，我还没有进门，一阵悦耳的小提琴声就从屋子里传出来。原来，在不方便出门的那段时间里，米娜开始专心地学习小提琴，而且进步很大。那天我去看望她的时候，已经拉得很不错了。后来，米娜还以小提琴手的身份去参加了纽约的音乐节比赛，还拿到了优秀奖这个奖项，真的很厉害。

事实上，从人的本性上来看，在面对困难时，孩子都是有足够的勇气与能力去拼搏的，他们需要奋斗，因为那样可以弥补他们的不足。这时，如果父母总是给孩子过多的怜悯、同情，会使孩子更加悲观。而更多地帮助会让孩子自信越来越少，不再努力，这无疑不利于孩子们的成长。身体上如果有了缺陷，是没有办法弥补的，但如果孩子拥有健康的心态、强大的精神支柱，还有战胜困难的毅力和决心，他们不会认为自己可怜，也不会需要别人的同情和怜悯以及帮助，他们会靠自己去成长和强大。那么这样的孩子在长大之后，他们的能力远远超过那些在父母怜悯和过多关怀下成长的孩子。当然，他们感知幸福和追求幸福的能力也远比那些孩子要强大。那么这时候这些孩子的父母之爱的深远意义也更加明显地表现出来。

我想父母在孩子面对困难的时候，应该用鼓励来取代不必要的服务，让孩子尽快地适应和回到正常的生活中来。父母不要去包办孩子的任何事情，而是关怀和帮助，这样才可以让孩子感到真正的幸福。

4. 用真正的爱对待孩子

子女对父母的养育之恩感激涕零是天经地义的，但是如果父母把自己看成孩子的恩人，可能会使孩子产生逆反心理，会对父母产生反感，从而双方产生对立。

我认为，在孩子成长的过程中，最需要的是父母的理解和鼓励，是父母的关心和引导，是父母充满爱的陪伴，是有父母的快乐日子。从培养维尼芙蕾特的经验中，我深深体会到，培养孩子的最好方式，就是用自己真正的爱去爱孩子，这样孩子才会成长为一个快乐而又健康的人。

我有一位同事，叫温斯特博士，他曾经给我讲过他童年时代的生活。

他对他的童年生活充满了美好的回忆，但从心底来说，他觉得可惜的是还是有一些遗憾。

"我小时候，家里很幸福和富足，父母也特别疼爱我。尤其是父亲，他很爱我，他每次回家都会给我买我喜欢的各种玩具，还包括平常妈妈都舍不得给我买的东西，他还会带我去喜欢玩的地方玩。但是，父亲是个外交官，他总是很忙。记忆中，他一年中的大部分时间都是在国外，很少在家度过。所以，我很少见到父亲。

我对很少回家的父亲感到非常陌生，我从小开始就跟着妈妈一起生活。父亲每次回家，我会慢慢与他熟悉，然后我会整天黏着父亲，父亲去哪儿，我就会跟去哪儿。但是好景不长，父亲又会离开家去工作。等日子一长，我又会对父亲感到生分。有一次父亲回家，妈妈让我和父亲一起聊聊天，谈谈心。我回答她说，你和爸爸聊吧！我没有什么话和他说的。妈妈当时就问我爱不爱爸爸，我回答说，爱是爱，可是我不认识这个男人。其实，我想说的是'我不了解这个男人'。

后来我长大了，我才理解，当时父亲听了我的话，该是多么地难过。他爱我，爱妈妈，爱这个家庭，但是为了工作，他不能经常回家和我们团聚。妈妈自然可以理解和懂他，但是我太小，根本就不能理解这些。

虽然母亲会经常告诉我，为什么父亲常常不能在家里陪我们。她告诉我，我们现在之所以能够过上这么富足的生活，都是因为父亲在外面的奔波劳苦。但是对于那时的我来说，根本没有办法全部理解。那时的我还是一个孩子，我希望能够有更为直接的方式体会到父亲对我的爱。我想和父亲一起去坐车，可以趴在父亲的肩头去看窗外迅速倒退的树林和房屋；我想父亲握着我的小手，给我一个一个解答我提出来的各种问题；我还想父亲和我一起来玩男孩子的游戏，让我能够在摸爬滚打中肆无忌惮地开怀大笑……

后来，我长大了，也慢慢理解了父亲为家庭所做的一切，还有他对我和母亲深深的爱。我很感动，同时我也很佩服父亲的敬业精神，我很尊敬父亲。但是，我和父亲之间却很难建立起那种亲密无间的关系，直到现在，我每次想到这个时，还是很难过。"

听完同事温斯特的话，我非常感慨。不过庆幸的是，他的父亲的情况比较特殊，很多父母还是有机会和条件陪伴在孩子身边的。可是，很多父母平时就爱忙自己的工作，等好不容易有了时间，就又喜欢在孩子面前装成一副苦口婆心的教育架势。不是和孩子谈心聊天，体会孩子的情感，而是讲一些生硬的长篇大论的道理。这样不仅不能了解到孩子的真正心理，不能帮助孩子的心理健康发展，而且对父母而言，也丧失了一个很好的机会来与孩子建立充满爱的亲情关系。

有一位母亲曾经很伤心地和我倾诉："我把自己所有的心血全都用在了她的身上，她吃的、穿的、住的，还有所有的业余爱好，学校里的一堆事，都是我在操劳。我为她的一切事情辛苦操劳。等她长大了，我问她更爱我还是她爸爸，她回答说是爸爸。最让我伤心的是，她回答时竟然没有一丝犹豫。"

我想，这的确够令人伤心的。但是通过这位母亲的描述，我基本上也能看到这位母亲在她的女儿生活当中所扮演的角色。她并不是一位通情达理、善解人意的母亲，而是一位尽职尽责、事无巨细的保姆。其实，在我们身边，这样的情况是很常见的。孩子长大成人之后，父母理所应当地要求孩子们感恩戴德。以我的观点看，这种愚蠢的做法只有那些愚蠢的父母才会做的出来。父母与儿女之间的爱是一种真正的爱，是不求回报的爱，而这种要求回报的爱，本身就偏离了父母与子女之间爱的本质。

我认为，子女对父母的养育之恩感激涕零是天经地义的，但是如果父母把自己看成孩子的恩人，可能会使孩子产生逆反心理，会对父母产生反感，从而双方产生对立。父母与子女之间应该相互尊重，即使孩子很小，父母也应该去尊重孩子。为了事业利益，很多父母愿意花很多时间与陌生人应酬，但是对于孩子的约定却很随便，敷衍了事，不想多浪费一点精力。这样对孩子的成长不仅没有好处，而且也会影响到孩子对父母的感情。

我和丈夫虽然都有自己的工作，但是我们从没有在对女儿的关心和照顾上懈怠，我和丈夫都非常注重女儿童年时期的内心感觉，我们不仅仅在生活上关心女儿，更加重要的是我们努力并且成功地一次又一次走进女儿的心灵，和女儿一起分享美好的事物，还有时光。

有一天，维尼芙蕾特一进门就告诉我："妈妈，卡特今天被他妈妈揍了一顿。"

我问女儿："为什么呀？要知道，卡特平时可是个乖孩子呀！"

"的确，我也是这样想的。可是他今天真的把他妈妈给气坏了。"女儿无奈地摇摇头，看着我说道。

"为什么？到底发生了什么事？"我也觉得很奇怪。

"今天卡特的妈妈问他将来长大后想干什么。卡特回答说想当海军，想去很远的群岛打仗。他妈妈就接着问他，那你打算长大以后就扔下妈妈不管了吗？卡特回答说，妈妈，我要去打敌人，保卫和平，你让妹妹来照顾你吧！卡特的妈妈一下子发了火，骂卡特说白养了这么一个儿子。然后，两个人都不甘示弱，争着争着就吵了起来……"

女儿讲完卡特被打的事情经过后，又看着我说道："妈妈，我想问你一件事情。你是不是和卡特妈妈一样，也不想让我长大之后离开你呀？"

我抚摸着女儿可爱的小脑袋回答道："当然，世界上几乎所有的妈妈都不想自己的孩子离开自己。但是，只要你认为你有必须要做的事情要完成，只要你愿意，我想当你不得不离开妈妈去闯荡一番时，妈妈还是一定会支持你的，因为妈妈一生最大的愿望就是你能够幸福。如果我的女儿，你能够幸福，妈妈也会为你感到开心的，也会感到幸福的。维尼芙蕾特，无论将来你会离开妈妈走多远的路，妈妈也会永远地支持你，祝福你。"

慢慢地维尼芙蕾特的小脸上绽放出幸福的微笑："妈妈，你真是个好妈妈，我想我将来永远也不会离开你的。"一边说还一边扑进了我的怀里。

5. 理解他人，善待别人

我在女儿很小的时候开始，就很重视教育女儿如何去理解他人，善待他人。但是，如果只是用强迫手段让孩子生硬地接受，却不主动走进孩子的内心，孩子也不会真正地愿意去接受成年人的各种行为规范和标准的。

有的父母看见自己的孩子在公开场合使性子，发脾气，就会觉得很没面子，于是常常就会冒出这样的想法：真是丢人，其他人看见孩子这样没礼貌，一定会认为我没有能力教育好孩子。这种想法几乎所有的父母都有过。

我认为，每个人都是社会中的一分子，应该去约束自己的行为，加强自己的修养，才会使自己成为一位被大家认可和社会欢迎的人，所以，我在女儿很小的时候开始，就很重视教育女儿如何去理解他人，善待他人。当然，如果仅仅只是凭借单纯的灌输应该和不应该，是不会起到半点作用的，因为这样做违背了人的天性。特别是对于孩子而言，强迫孩子去接受只会让孩子们更加反感。那么，怎样才能有效地进行这样的教育呢？

我在培育女儿的过程中，深深地体会到抚养一个孩子真是一场华丽的冒险。如果父母稍微不小心，就会伤害孩子的感情，而且更严重的是，会给孩子的性格带来阴影，可能贯穿他的一生。有什么损失比这种损失还要巨大和悲哀呢？

当孩子在公众场合会有异常的不好的表现时，大多数情况下，父母首先想到的只是自己的面子问题，却很少去了解孩子，真正地去关心孩子此时的内心真实的感觉、想法和需要。很多父母会立即认为孩子简直是无理取闹，自己丢人丢大了，于是采取强迫的方式要让孩子停下来，想马上阻止孩子。

作为一个已经成年的、成熟的、理智的大人而言，脑子里应该有成套的规定纪律：哪些行为是可以接受的，哪些行为是不能接受的。在情感表达上也有很明显的分别：哪些情感是好的积极的，哪些情感是不好的消极的。显然，教会孩子弄懂这些是很重要的，但是，如果只是用强迫手段让孩子生硬地接受，却不主动走进孩子的内心，孩子也不会真正地愿意去接受成年人的各种行为规范和标准的。

有一次，我带维尼芙蕾特去进行一次长途旅行。在火车上，我们遇到一家人，他们穿着打扮很讲究。这一家人有两个儿子，小的大约4岁左右，另外一个孩子差不多7岁。我刚刚看见这两个孩子时，就在心里暗暗叫苦，猜想这一路估计有的受了，耳根子也不会清净，于是我做好了准备应付孩子的吵闹，还有应付爬上爬下的打扰。但是，结果很让人意外。两个孩子一路上都规规矩矩的，桌子上也没有任何玩具和书本。即使有时候弟弟会忍不住想逗一下哥哥，也只是安静地探过身子，但绝不会发出一点吵闹的声响。

维尼芙蕾特却完全相反，她扭过头满是兴致地欣赏窗户外面的美丽风景，还会不停地问我各种问题。我每次带女儿出门，一定会为女儿带上足够多的玩具和食物，为了让女儿在漫长的旅途中不会感到无聊和烦闷，可以有好的东西消遣。孩子们的天性就是好动，他们总是需要玩耍和娱乐，如果老是让孩子们和成人一样严肃地规规矩矩地坐在那儿，那的确是太为难孩子们了。

如果是以前，我肯定会觉得这家孩子的父母管教有方，甚至还会向他们请教他们用了什么好的教育方法。但是现在我看到对面坐的两位有点发呆的孩子，再看看活泼可爱的维尼芙蕾特，突然为这两个孩子悲哀起来。我忍不住为这两个孩子感到担忧，他们是否会因为过早地被行为规范所约束，所以本性受到压抑不能得到充分的发展而会出现病态呢？

在我看来，要想孩子健康地接受规定和纪律的约束，一定要经历一个循序渐进的过程。孩子如果要顺利地进入社会，只有在清楚和经历了很多的应该和不应该之后，才可以避免因与社会格格不入而总是感到碰壁和不顺利的感觉。

那么，如何去引导孩子，在每一个阶段将孩子引导到哪一个层次，父母都必须严谨而仔细地思考。稍微不留神，就会伤害孩子稚嫩的情感，给孩子一生都造成难以弥补的阴影。如果孩子真的受到伤害了，那么一切就很难挽回和弥补了。但是，在孩子不听话或者是无理取闹的时候，身为父母怎样做才好呢？

在我看来，做父母的首先要明白，孩子并不是真的想不听话或是无理取闹，人人都有需要发泄的时候，孩子当然也不例外。只不过区别在于成年人懂得控制自己，但是孩子却不懂得如何控制自己，不懂得在哪些场合应该注意哪些方式。所以，父母首先要意识到，这只是孩子在向父母发出一种信号，孩子在表达自己内心的一种需要，这是很正常的。如果做父母的能够理解孩子这些心理需求，就不会轻率地直接去纠正孩子，而是会想办法找出孩子这么做的原因。只有当孩子感到别人理解他的时候，他才会真的平静下来，才会静下心来听从父母的解释和引导，才不会和父母对着干。

我的女儿维尼芙蕾特在很小时，有时也会特别固执和偏强，只要是她自己认准的事情就一定会干到底，如果不顺从她的话，她就会乱发脾气，乱找理由，大哭大闹，为这个我曾经十分头疼。

有一天家里来了很多客人，他们还带来了自己的孩子，这里面还有很多和维尼芙蕾特年龄相近的。维尼芙蕾特一开始非常的开心，但没过多久，她就突然发起脾气来，是什么事情惹怒了她？根据我的经验，肯定发生了什么事，于是我立即把女儿从房间里带到外面来，关心地问女儿："妈妈看见你这样生气，一定发生了什么事，才会让你不开心，你能告诉妈妈发生了什么吗？"维尼芙蕾特回答道："刚刚在房间里，我看见你只顾着招呼其他人却不理我，我还以为你不喜欢我了呢。"

原来是这个样子，我一下子松了一口气，一把抱起女儿，满是疼爱的说道："傻孩子，妈妈怎么会不喜欢你呢？刚刚那些人都是客人，我对待客人当然要热情一些，你去别人家里做客，别人对你不是也很热情吗？还有，如果我们不热情的话，下次他们就不会来我们家了。对待客人要热情，这是最基本的礼貌啊！妈妈不是教过你，要做有礼貌的孩子吗？你应该相信妈妈，妈妈最爱的最喜欢的人只有你，我的宝贝女儿。"

维尼芙蕾特一下破涕为笑了，脸上的阴云也散了开来，心情开朗了不少。她没有再乱发脾气、大吵大闹了，还跑前跑后忙着帮我招呼客人。

当孩子生气或是胡闹时，很多父母都为孩子的愤怒和恶意感到吃惊，完全不知所措。其实，我们要明白，父母已经是成人，不能像孩子那样去乱来，而应该懂得控制自己，否则事情只会越来越糟糕。作为成年人，对于孩子的种种无理取闹，父母应该懂得如何去采取一种轻松幽默的方式来对待。

维尼芙蕾特越来越招人喜爱和受小朋友欢迎，与我对女儿的苦心教导和指引密不可分。维尼芙蕾特在长大成人后，有一次写日记这样来讲述我当年教育她的事情。

"记得我小时候，有时候会经常没有来由地乱发脾气，甚至还会去乱摔一些玩具。但是妈妈看见之后，却出乎意料地没有责怪我，她只是坐在椅子上，好像半开玩笑地对我说道：'维尼芙蕾特，你现在火气这么大，是不是接下来打算开始扔东西了啊？现在在你眼中，我一定也很不顺眼。我看我还是先去躲一躲，避避风头，免得你一生气把我也吃了呢。'听完妈妈的话，我突然觉得自己的所作所为很无聊也很可笑，于是就放松了，压在心里的烦恼好像一下子减少了许多。

还有一次，我又乱发脾气，妈妈试图让我平静下来。我不仅没有听妈妈的话，而且还说了让妈妈十分难堪的话，我发现当时妈妈的脸色都变了。但是妈妈最终并没有发火，她只是慢慢地对我说：'你不知道你的话让我多难过，我们以后再找时间来谈这件事，好吗？你现在的情绪很不好，不方便大家沟通。'我真是很讨厌自己，会那样子乱和妈妈发脾气，乱和妈妈讲话，妈妈还能那样的包容我，我现在终于知道了那时的我多让妈妈伤心。也许从那时开始，我才真正明白了如何去理解别人，如何真正的去善待别人。"

6. 乐观和健康才是最重要的

我认为对孩子而言，成长中最重要的是积极乐观的生活态度和健康的体魄，这两点能力是培养孩子其他一切能力的基础。

但是很多父母对这一点没有深刻的认识，他们在教孩子学习某种技能或者向孩子们传授知识时，总是很着急地强迫孩子接受学习，结果只是让孩子对学习产生厌恶，心情也闷闷不乐。

也许所有的父母都在为孩子制订最好的培养计划，他们是如此地充满希望。但是他们在如此辛苦的同时，却很少有人会真正地去思考，对于孩子的成长而言，什么才是最重要的。我并不是在这里没有证据地发言，因为在现实生活中，这样的父母大有人在。他们在教育孩子的时候，呕心沥血，不辞劳苦，但是却常常忽略了一个很重要的因素，就是关于孩子们健康成长的真正关键。其结果就是吃力不讨好，不仅没有达到想要的作用，反而还给孩子们的童年笼罩了痛苦的阴影，给家庭的平日生活也带来了完全没有必要的烦恼。

我的邻居家里有一个女儿叫作吉娜，她的母亲也很疼爱她。她给女儿买了一把名贵的小提琴，还专门请来了老师来训练女儿，这位母亲希望把女儿培养成为一个有修养而且还有多种爱好的优秀人才。

有一天晚上，吉娜在忙着做功课。但是不知道因为什么原因，早就超过了平日做功课的时间，吉娜还在那里写写画画，没有完成计划中的任务。

吉娜的妈妈开始有点着急了，她看了看手表，离睡觉时间只剩下一个钟头了。如果这样下去，要想练琴，就得减少睡眠时间了，更加着急起来。

"吉娜，你别忘记了今天还要练琴。"这位母亲开始提醒女儿。

"我知道，可是我的作业还没有完成。难道你想我不做完作业就跑去练琴吗?"吉娜回答。

"那你为什么不快一点呢? 功课不是不多吗? 你怎么到现在还没有做完。"吉娜的母亲追问,有点责备的意思了。

"我也想啊,你没看见我一直在忙着做作业吗?"吉娜回答。

这时吉娜的妈妈被女儿说得没话可说了,只能看着吉娜做功课。看着女儿满不在乎的样子,她的心中升起了怒火。等到吉娜终于把作业做完了,还剩半个小时就要睡觉了,吉娜却只是慢慢地收拾书本。

"你搞到现在,还能不能快点? 只有半个小时你就要睡觉了。"吉娜的母亲已经火烧眉毛了。

"好了,好了,我知道了。我正在开始呢。"吉娜一边拿起小提琴,一边回答,然后随随便便地拉起琴来。

吉娜的母亲越看越生气,终于忍不住责备吉娜:"你怎么一点也不认真练琴,老是要我来监督,你不觉得自己很惭愧吗?"

"不是我们说好了练琴不归你管吗? 你不要过来打扰我练琴。"这时吉娜的情绪也坏了起来,开始带着一肚子的不高兴拉琴。吉娜的妈妈看见女儿练琴这么心不在焉,完全没有效果,睡觉的时间又快要到了,想叫她停下来,今天唯一一点练习的效果就要泡汤了;如果接着练琴,又会影响女儿的睡眠时间。于是吉娜的妈妈也急躁了起来,对着女儿吼叫:"你要是不想练就别练了,不要在这里浪费时间。"

"不练就不练,反正是你要我练的,你以为我想啊?"吉娜把琴随手丢在琴盒子里就准备离开,看来也发脾气了。

"你把乐谱收好才可以离开。"母亲大声命令道。

吉娜一脸怒气地开始收拾乐谱,有意做出一副毫不在意的样子。

"快点收拾,你这么慢像什么话。"母亲又开始挑剔。

"我已经很快了,你要我多快啊! 你真是烦死人了。"吉娜再也忍不住了,大声地吼道。

"你说什么? 你在说谁? 你竟敢这样对我说话?"

母女俩谁也无法控制自己的情绪,开始大吵起来。结果是吉娜大哭,非常委屈地抽泣着爬上了床睡觉。吉娜的妈妈一个人还在外面，看到已经早就过了睡眠时间，心里非常伤心。今晚女儿的睡眠时间受到了影响，琴也没怎么练，还和自己大吵了一架，什么都落了空。现在母女俩心情都很差，心里越想越不快。

我想，吉娜母亲这样子的做法，不仅不可能让女儿通过音乐获得快乐，反而可能会让她以后对音乐产生厌恶感，音乐会变成她的一个负担。我认为，这样去教育孩子，用这种方式去培养孩子的兴趣和爱好，还不如不去培养，培养孩子的最终目的是为了让孩子从成长中获得乐趣，而不是变成孩子的负担。

我认为对孩子而言，成长中最重要的是积极乐观的生活态度和健康的体魄，这两点能力是培养孩子其他一切能力的基础。

但是很多父母对这一点没有深刻的认识，他们在教孩子学习某种技能或者向孩子们传授知识时，总是很着急地强迫孩子接受学习，结果只是让孩子对学习产生厌恶，心情也闷闷不乐。最后搞得孩子甚至从根本上对生活有负面的认识，没有办法健康的成长。而这些父母在面对这么得不偿失的后果时，却又常常无法承受这种悔恨与愧疚。

那些经常为孩子的教育感到烦恼的父母们，不要再迷惑不解，怨天尤人，甚至责备孩子了。我想告诉你们：你们应该经常地问问自己，对孩子的成长而言，最重要的是什么？如果你们没有弄清楚这一点最基本的关键点的话，你们也不可能教育好孩子，给孩子一个美好的未来。

第十章　摇篮里的希望

　　我认为，教育孩子不仅仅是在于培养他们的能力，同时还要培养他们的品德。优秀的品德培养和智力培养一样，必须从孩子一出生就开始，必须从摇篮时期就开始培养。

　　我希望自己的女儿以后能够拥有健康的身体、卓越的才能，还有优良的品德，三个方面一个都不能少，不然的话，就不能算是一个优秀的人才。

　　我认为，教育孩子的过程其实就是父母教育自己的过程，因为孩子就在我们身边，看着我们的一言一行，他们会不自觉地向我们学习。

　　在我们身边，有一些父母在对孩子进行早期的教育时，只会注意孩子的智力和兴趣的发展，看重开拓孩子的知识面，重视孩子对技能的学习，却忽略了类似责任心这样重要的品质的培养，这是极其愚蠢和错误的。

　　在我们周围，很多父母为了确保安全，对孩子加倍关爱，结果使得孩子没有勇气。在我看来这种方式很不合理，父母应该积极地鼓励孩子去做自己可以胜任的、具有挑战性和成长空间的事情，把孩子培养成一个勇敢的人。

　　我认为，从孩子很小时就应该培养孩子节俭的好习惯。我经常告诉自己的女儿，一切东西都是来之不易的，不要随便浪费东西，应该学会省钱。

　　很多父母的观点都是，孩子还小，不能解决自己碰到的问题。我认为，父母应该学会去相信孩子的能力，学会去相信孩子能够将很多事情都做好，只不过他们还没有足够多的经验，所以在适当的时候需要一些父母的指导而已。

1. 不可缺少的品德

一个优秀的人才除了应该具有健康的身体、出色的才能之外，还应该拥有优良的品德，缺一不可。而在培养孩子品德的过程中，母亲的作用是最关键的。我想告诉所有年轻的父母们，请你们记住，孩子们的命运掌握在你们的手上。

我认为，教育孩子不仅仅在于培养他们的能力，同时还要培养他们的品德。这一点不管是对于孩子，还是对于他们的父母，都显得特别重要。从很多音乐大师、艺术大师、大文豪还有一些大科学家早期教育的成功案例中不难发现，他们的伟大成就都和他们合理的早期教育有关系。其实，优秀的品德培养和智力培养一样，必须从孩子一出生就开始，必须从摇篮时期就开始培养，不然的话，就不会有令人满意的效果。

为了让小维尼芙蕾特长大成人后，能变成一个优秀的人才，能有一个高质量的人生，我对她的教育从一开始就考虑得很周全，三方面都要兼顾到。我希望自己的女儿以后能够拥有健康的身体、卓越的才能，还有优良的品德，三个方面一个都不能少，不然的话，就不能算是一个优秀的人才。

我想，如果我只是重视培养女儿的身体，那么女儿就会成长为一个无知的、粗鲁的人；如果我只是重视培养女儿的才能，那么女儿可能会变成一位瘦弱不堪的人，或是一位没有对错是非观念的人；如果我只是重视培养女儿的品德，那么现在她就可能成为一个只是会空想却不会拿出实际行动，也没有实际能力的人。所以，我对维尼芙蕾特的教育，从一开始就从三个方面都兼顾到。

在我自己的经验还有所见所闻中，我深刻地得出这样的结论：在培养孩子优秀品德过程中，母亲的作用是最为重要和关键的。我这样说的原因是因为在孩子周围所有的人当中，母亲是最早陪伴孩子的人，也是陪伴孩子时间最长的人。孩子会模仿母亲的一言一行，所以母亲的行为和语言将会深刻影响到孩子。

如果母亲能够以身作则，为孩子树立良好的行为典范，尽自己的最大努力培养孩子的良好品德，为孩子美好的将来努力地创造好的环境，那么在做这一切的同时，也就使自己成为了一位伟大的母亲，这样的母亲是值得大家尊敬和佩服的。我想告诉所有年轻的父母们，请你们记住，孩子们的命运掌握在你们的手上。

有些父母总是很苦恼，说他们为自己的孩子创造了那么优越的条件，从小就教育孩子，可是孩子们一点也不配合，浪费我们的一片苦心，我们又能怎么办呢？我想肯定是父母的方法不对，父母不应该埋怨孩子，而应该在自己的身上找原因。孩子还小，会受到父母的影响，这是一个亘古不变的真理。在维尼芙蕾特很小的时候，她也常常不肯配合我，我有时也会生气，但是从不把责任推到女儿身上，而是尽力地用自己的行为去影响她，改变她，帮助她。

现在，很多父母只是将目光放在孩子的能力上，却不在意孩子的自主意识、独立精神和创造力。而且，现在的家庭都家门紧闭，孩子们都处在相对隔离的状态下，互相之间交流大大减少，独自一人活动。这样很容易导致孩子们孤僻自私这些不好的性格。

我想，孩子如果在上面的情况下，很不利于孩子们形成友爱互助、善良宽容的好品德。考虑到这些，我在一个周末让女儿的小伙伴们聚集起来，指导他们进行一场有益于身心健康的活动，这次的非正式的团体活动是我专门为女儿维尼芙蕾特准备的。女儿很喜欢参加这些活动，因为这些活动的主要事情就是玩，而且还能在里面玩一些自己平时一个人完全无法玩的内容，女儿心里很明白我创办这个活动的初衷，所以很热情。但是，如果不是我主动提出，女儿是绝对不会主动要求来参加活动的，好像她总是得需要一个人来请她参加，她才会知道这样去做。也许其他孩子也是这样没有主动性吧！我想。

在维尼芙蕾特平常的生活中还有很多这样的事情和机会，但是维尼芙蕾特并不珍惜。但是其他孩子来参加活动都非常积极，展现出巨大的热情。我知道假如我让女儿知道她第二天有活动，那么她一定会参加。但是我希望看见的是，女儿不是以一种唾手可得的态度去参加，我希望女儿能够珍惜这样的机会，我希望女儿能够再热情一些。

为了帮助女儿成长，我想我要做的第一步就是让女儿明白，这一切给她的并不是理所应当的，如果她没有足够的主动和热情，那么她是没有资格享受这种活动给她带来的快乐的。

在一次聚会中，孩子们都对表演产生了很大的兴趣，有的想演王后，有的想演公主，有的想演士兵，他们都穿上了漂亮的服装，一个个兴致勃勃的。最后还有"白雪公主""睡美人"在房间里走来走去，看来他们已经把这里想象成了舞台。

有些孩子的父母听说了这个活动后，也非常地感兴趣，他们向我建议让孩子们自己选择一个故事作为基本原型。孩子们先把故事读熟，然后来派分角色，最后大家一起写出剧本来表演。这样既可以激发孩子们对阅读和写作的兴趣，又可以培养他们的能力，我立刻就赞同了这个好点子。一开始我原本想让维尼芙蕾特来完成这次活动，以培养维尼芙蕾特的组织能力。但是后来我突然想到：为什么不好好借用这次机会，来激发我女儿的热情和积极的态度呢？于是，我悄悄改变了主意。

我把这次活动的组织工作全都交给另外一位小朋友去完成，维尼芙蕾特后来知道这件事情之后有些生气，满脸的不平和不满："妈妈，你为什么不把这件事教给我来做呢？我也能够做好的，完全没有问题。"

"我还以为你对这件事不感兴趣呢！"我回答女儿。

"你怎么看出我没有兴趣的，我对它很感兴趣啊！"女儿急急忙忙地解释道。

看到维尼芙蕾特一副很不平的样子，我却感到很高兴，因为女儿主动争取机会的意识终于被我激发了。在第二次举行这样的活动时，维尼芙蕾特再也不像过去那样一副理所应当、随随便便的样子了，而是主动地要求忙各种事情。

我想，在培养女儿的过程中，一定要让女儿明白一个道理，机会是需要积极地努力地去争取的，而不是消极地坐在那里等待。现在是这样，未来也是这样。如果维尼芙蕾特真的明白了，就会变得积极和热情，而不会再那样无所谓地不重视机会。

有些因为贫困而失学的孩子如果获得机会读书，往往会有惊人的成绩和表现，其实这并不是因为他们的头脑比其他孩子聪明，而是因为他们对来之不易的东西看得很珍贵，所以会非常珍惜读书的机会。人们往往都是这样，对自己珍惜的东西会更充分地去利用，所以也必然会获得更大的收益。维尼芙蕾特的成长环境还是比较优越的，我肯定不会为了想锻炼她就专门为她创造一个贫困的环境。但是作为她的母亲，我肯定有责任让她明白，好的成长环境是非常珍贵的，她应该懂得去珍惜自己所拥有的。

维尼芙蕾特心里很清楚，作为一位母亲，我是那么深爱她，我非常乐意把世界上最好的机会提供给她，这种认识让维尼芙蕾特很有安全感，对于她在情感上的健康成长这是很有必要的。但是，与此同时，我会采取行动让女儿明白母亲给予她的爱是非常宝贵的，她应当去珍惜。当我因为爱她，而努力地、尽力地、辛苦地为她创造良好的成长空间时，她应该也有责任积极配合。否则，即使身为母亲，我也不可能无限度地去包容她，浪费自己的精力去做无用功。

我经常会提醒维尼芙蕾特这一点，我想让她明白这个道理。我并不是想让她将来报答我，而是想让维尼芙蕾特在她一路的成长过程中明白，机会是来之不易的，要想得到机会就必须努力去争取。众所周知，一个人的成功常常是因为善于利用各种各样的机会。为孩子提供机会毫无疑问是很重要的，但是让孩子明白善于利用机会是更重要的，因为这样，孩子才会去学习如何积极争取机会，这样才能为孩子的成功打下最好的基础。

在维尼芙蕾特的日常生活中，作为最先教育女儿的人，也作为陪伴女儿成长时间最长的人，我总是在各种细节上注意培养女儿积极争取的品德。我很清楚，假如只是把机会白白地送给女儿，而不让女儿理解机会的可贵和难得，那么女儿就很容易自视过高，得意忘形。那么将来女儿不仅不会取得成就，而且还会变得夜郎自大，鼠目寸光。

2. 孩子正在看着你

很多父母常常会用自己的行为去颠覆自己讲的道理，孩子看见后，就会觉得父母言行不一。他们会觉得父母是不可信的，对于父母的话也不会认真地听取。结果是，孩子当然不会按照父母所说的道理去做。

人们生活在社会之中，每个人的行为都要受到社会准则的制约。不管是哪个社会哪个时代，都会存在独特的社会规范理解和独特的社会价值体系。但是，不管时间怎么变迁，有一些共同遵循的基本价值标准是不会变的。这些基本标准包括诚实、自律、勇敢、忠诚，还有守信，等等。不管是在家庭、学校还是社会，孩子们无时无刻都在接受这些价值观的影响。在我看来，这些并不是没有根据的无理说教，而是一种行为准则，是孩子们必须从小就培养的优良品质。

我非常重视对维尼芙蕾特的品德教育。我认为，教育孩子的过程其实就是父母教育自己的过程，因为孩子就在我们身边，看着我们的一言一行，他们会不自觉地向我们学习。所以在教育女儿的过程中我一直坚持如下原则：如果想让女儿树立正确的、健康的价值观和道德观，那么首先我自己本人也要有正确的价值观和道德观。

我有一位同事叫做沃尔夫，他有一个儿子。有一天沃尔夫先生忍不住向我抱怨："我儿子真是太让人讨厌了，他好像完全没有时间观念，老是迟到。我和他一次又一次地耐心地讲道理，他好像完全没有听见。你说气人不气人？你家的小女儿维尼芙蕾特也是这个样子吗？"

听完他的话，我就问他每次是怎么给孩子讲道理的。于是沃尔夫先生给我详细地讲了下面一件事。

儿子这次又迟到了，沃尔夫对他开始讲起道理来："恩斯特，我和你说过多少次了，你要遵守时间，否则你就会浪费别人的时间，你这样会给别人留下不好的印象。你不知道吗？"

"我当然记得，你都和我唠叨了多少次了。"恩特斯回答道，一副满不在乎的样子。

"那你为什么就是不改，还总是这个样子？"

"我也感觉不是很好，但是，我觉得我迟到这没什么大不了的。"

"什么？你觉得没什么大不了的？你现在这么小，就这么没有时间观念，老是迟到，等你以后长大了，谁还会相信你啊？"沃尔夫先生已经有些生气了。

"你不是已经是大人了，我看你也过得很不错呀，也没见到过你有什么麻烦呀！"恩斯特见父亲有些生气了，开始反驳，但声音小了很多。

"你什么意思？为什么这样说？"沃尔夫先生一下子莫名其妙，搞不清楚儿子说的话。

恩斯特解释道："看来你已经完全忘了，你已经有多少次答应带我去海边，可是直到现在，你还是一次都没有带我去过。"

沃尔夫先生的脸色一下子变了："那个，我工作真的太忙了……这段时间有好多会要开，还有我的那些论文……还有那些学生……"沃尔夫先生不知道该怎样说下去了，尴尬地住了嘴。

我听完后，对沃尔夫先生说道："这就是你的不对了，你要求自己的儿子守约，可是你自己都没有做到。你这样教育孩子，言行不一，效果当然不好。"

这虽然只是一件小事情，沃尔夫先生工作太忙，的确身不由己，他自己也想带孩子去海边散心，但是由于工作的原因又不能去，可是他事先又给孩子做了承诺，这件事情确实不好解决。但是，孩子可不会这么想，他考虑不到那么多，也会得出一个不好的结论。他也许会认为，既然爸爸不守约，过得也不错，大概能不能真的守约真的没什么，我也不需要因为这个问题去伤脑筋，去专门改正这个没有必要的缺点。如果孩子真的有了这样的想法，恐怕有多少次教训和批评也不会起到半点作用。

还有更加糟糕的情况，就是天真的孩子可能还会这样想：父亲知道在工作上对别人遵守约定，但是对我的事情却不当回事。看来守约也要分人对待，根据自己的兴趣或是别人的等级来定，而不是每件事都要守约。那么有时候就算不守约也不算错了。如果父母真的碰到会这样去考虑事情的孩子，那么就更难找到方法反驳了。

很多父母常常会用自己的行为去颠覆自己讲的道理，孩子看见后，就会觉得父母言行不一。他们会觉得父母是不可信的，对于父母的话也不会认真地听取。结果是，孩子当然不会按照父母所说的道理去做。很多父母总是抱怨孩子不听话，不愿意听自己讲的道理，可是他们却从来不愿意花一点精力，去想想为什么会这样，会不会是自己的问题，自己有什么不对。

有一个周末，维尼芙蕾特和好朋友约好周六去贝蒂家参加一个聚会，而且还要带上自己好玩的玩具。一开始我并不知道这件事情，到了周五晚上，我和女儿维尼芙蕾特商量第二天的野外郊游，我们打算去爬山、划船等活动，还打算在外面住一夜，等到周日再回家。这时，贝蒂的爸爸来我家，说贝蒂让他帮忙转告给维尼芙蕾特，明天的聚会上，不要忘了带小提琴，然后就离开了。

我问维尼芙蕾特："你是不是和贝蒂一开始就约好了，明天会去参加贝蒂家的聚会？"

"是的，妈妈。可是现在我更想和你们一起出去野外郊游。"

"不行，你答应了贝蒂，就一定要遵守约定。"我回答道。

"可是明天去贝蒂家聚会的人会有很多，他们又不缺我一个。"维尼芙蕾特不太情愿。

"不是这样的，妈妈觉得贝蒂是非常重视你的，你看她在前一晚还叫

163

自己的父亲专门来提醒你。而且，你还答应了在聚会上会带去你的小提琴和玩具。你可以想一想，如果明天贝蒂没有在聚会上看见你，你也没有把那些东西带去，贝蒂该是多么的失望和伤心。你还记得上次你和贝蒂一起玩游戏，她在最后的关头改变主意走了，你还记得你当时有多生气吗？"

看到维尼芙蕾特还在犹犹豫豫，拿不定主意。我接着继续劝说她："要不妈妈和你下周末再去野外郊游，你明天就按约定去贝蒂家参加聚会，好吗？违背约定是很不对的，也是非常没有礼貌的。"

维尼芙蕾特又想了一会儿，接受了我的建议。在这件事里，我和丈夫虽然都在时间上作出了让步，但是可以培养女儿守约的良好品德，她以后也会更加明白守约这样行为方式的重要性，而更好地去遵守约定。我觉得完全是值得的。

3. 重大的责任心

如果一个孩子缺乏应有的责任心，那么无论他多么的富有学识和聪明，都不可能成为一个健全的人。在很多时候，责任心比知识和技能更重要。如果孩子没有责任心，将来取得杰出成就的可能性几乎为零。

无论一个孩子多么的聪明和富有学识，如果他缺乏应有的责任心，那么他的综合能力就会受到损害，不可能成为一个健全的人。孩子在成长的过程中，很多方面都需要过人的能力，有时责任心比知识和技能要更加重要。如果一个小孩子没有责任心，那么到了长大之后，就算学富五车，技能高超，自己的能力也不可能充分地发挥出来。

在我们身边，有一些父母在对孩子进行早期教育时，只会注意孩子的智力和兴趣的发展，看重开拓孩子的知识面，重视孩子对技能的学习，却忽略了类似责任心这样重要的品质的培养，这是极其愚蠢和错误的。

一个生活在比较艰苦的环境中的孩子，往往会更多地加入到家庭生活中，去帮助自己的父母进行他们的事业。这样的孩子懂得父母生存的困难，自己必须为父母承担一份责任，他们会帮助父母照顾好弟妹，懂得节约来减轻家里的负担。孩子每天看到父母为了全家的生计而奔波劳累，就会感到自己肩上的责任，希望自己有一天能够帮助父母分忧解难。这一切都会使孩子从小感到自己生活的价值，自己可以通过行为对别人产生影响，于是就会觉得自己是有用的、有价值的，自己也是有归属的，那么就会产生责任心和自豪感。

等到以后越来越大时，孩子与社会的接触也会越来越多了。那么孩子责任心和自豪感的来源也会越来越多，不仅仅是来自自己的家庭，还有对社会和人类的责任感。但是，假如孩子在小时候就应该在家中培养的这种感觉，如果没有的话，那么就是没有打好长大后责任感的基础，如果没有这种基础，那么也不会萌发对社会和人类的责任感。如果孩子没有责任心，将来取得杰出成就的可能性几乎为零。

为了从小就培养维尼芙蕾特的责任心，不管是在家里还是和别的孩子在一起，我都会注意让女儿充当一些有意义的角色，使女儿认识到自己的行为对其他人和集体都能产生作用，而且还能培养维尼芙蕾特的自信心。

为了培养维尼芙蕾特的责任感和能力，我常常会让她帮我做一些力所能及的事情，充当我的小助手，除此之外，我还会经常交给女儿一些适合她做的劳动，比如打扫卫生，比如浇花，比如擦桌子，等等。维尼芙蕾特总是会积极地参与进来或是完成任务，她还会为自己每天新增的能力感到自豪和高兴。

有些父母认为没有和孩子交流自己内心感受的必要，认为不应该和孩子讲大人的事情，有时还会找借口说自己太忙，逃避与孩子交流。但是，这些父母们却不知道孩子的感觉是多么的敏锐，大人们常常会觉察不出来，只是因为他们不愿意去注意孩子的心理活动罢了。事实上，很多父母仔细想想，应该都会记得，孩子们经常会很关心地询问父母："爸爸妈妈怎么了？发生了什么事吗？你们好像不太高兴。"但是很多父母却对孩子的类似问题熟视无睹。我想，孩子的这种表现其实是对父母的关心，他的责任心都掩藏在里面，父母应该鼓励他们，并且有耐心地和孩子们交流。我在家里总是与维尼芙蕾特平等地进行交流，因为我知道这是培养她责任心的一种方式，我会去尝试了解女儿的感受，也会将自己的喜怒哀乐告诉女儿。

有一天，我正焦虑不安，因为我待会儿就要去参加一个有关世界语的会议，但是维尼芙蕾特的父亲刚好去外地出差，保姆的家里出了点事，也请假走了。如果我也出去了，家里就只剩下维尼芙蕾特一个人，那么就没有人为她做晚饭了，该怎么办呢？

维尼芙蕾特似乎看出了我的烦躁不安，就凑到我身边来关切地问道："妈妈，你怎么了，发生了什么事情吗？""妈妈马上就要出去参加一个重要的会议，可是家里就只剩下你一个人了，关于你的晚饭，妈妈真不知道该怎么办，正在发愁呢！"我回答道。

"原来是因为这件事啊！没关系的，妈妈，你快去参加会议吧！这点小事，我还能照顾自己的。"女儿对我说。

"真的吗？"我有点不敢相信。问女儿："妈妈可能会很晚才回家的，你一个人待在家里不害怕吗？"

"不怕，妈妈，我又不是一个胆小鬼呀！"女儿俏皮地说道。

"那么你的晚饭怎么办呢？"我还是担心。

"妈妈，我有巧克力味的面包。还有我可以煮牛奶喝，妈妈，我已经会用火炉了。"女儿一本正经地回答。

"但是……"我还是有点犹豫。

"没关系，妈妈，你要去工作的。我把自己照顾好就是帮助你，妈妈，这是我的责任。你不是常常对我说，要有责任心吗？现在我就是在履行自己的责任呀！"女儿又劝我。

我看着可爱的女儿，她的话真让我感动不已。我深深地感到自己可爱的女儿懂事了，非常欣慰和高兴。

4. 勇敢的心

　　有些父母因为担心孩子的安全，就放弃了锻炼孩子的各种机会，在我看来这是一种很自私很狭隘的做法。因为这些看似很爱孩子的父母其实还是为了保护自己的感情不受伤害，他们害怕孩子受到可能发生的危险，自己会受伤害。

　　我认为，很多时候，对孩子勇气的锻炼其实是对父母勇气的一个考验。如果连父母自己都对眼前的困难或危险感到害怕，那么可想而知他们培养出来的孩子，还能有多勇敢？有些父母因为担心孩子的安全，就放弃了锻炼孩子的各种机会，在我看来这是一种很自私很狭隘的做法。因为这些看似很爱孩子的父母其实还是为了保护自己的感情不受伤害，他们害怕孩子受到可能发生的危险，自己会受伤害。

　　有一天，维尼芙蕾特感冒了，吃了一阵子的药还是不见恢复，最后还严重到发高烧。我赶紧把医生请来给女儿看病，医生告诉我说女儿需要打针，否则会因为发高烧而引起肺炎。医生说话时语气很平静，可能是因为已经久经医场，见惯不怪。但是我却忍不住皱起了眉头，我的确有些担心。

　　维尼芙蕾特以前从没有听过"打针"这个词语，但是此时此刻她看着神情焦急又紧张的我，然后又看到医生在忙前忙后准备针头和药品，估计心里害怕了，一下子号啕大哭起来。等到医生把针头扎到女儿身上后，她哭得更大声了。这时候我想，女儿如果连打针都害怕成这样的话，以后还怎么会成为一个勇敢的人呢？仔细考虑，我想到了女儿害怕的原因，也许并不是她真的那么怕痛，而是因为她看到了我的神情，我当时很紧张又很担心，女儿从我的神情当中觉察出这是一件很严重的事情。我的脸红了起来，我很惭愧。于是，我决定在维尼芙蕾特第二天打针时，要完全改变自己的态度和表情。

到了第二天，大夫如约来我家里给女儿看病。维尼芙蕾特一看见大夫，立马跑进自己的房间躲了起来。医生看见女儿害怕的样子，立刻就忍不住笑了："呀，小姑娘你害怕了？哈哈，小精灵，不要害怕，我可不是一个坏人哦！"

"维尼芙蕾特，快点出来，医生是来为你看病的。"我对着房门喊，但是女儿好像没有听见一样，还是不肯从房间里走出来。

我没有办法，就把医生带到维尼芙蕾特的房间。我尽量用平静的语气对她说："维尼芙蕾特，打针并不可怕，你昨天已经试过了，并没有什么，不是吗？"

"可是妈妈，疼，我怕疼……"

"这点疼，没有什么好怕的，维尼芙蕾特，妈妈小时候生病，也打了好多好多针，你看妈妈现在，还是好好的。还有，你现在在发烧，有病，打针可以让你的头不再痛。你想想，这点疼算什么呢？来吧，孩子，妈妈相信你是一个勇敢的孩子。"

女儿一直都很喜欢"勇敢"这个词语，她听到这个词之后，好像一下子忘记了害怕。那次打针，她不仅没有再哭闹，还和医生一起高兴地聊天。

在维尼芙蕾特4岁的时候，我和她的外婆带着可爱的小女儿一起出去游玩。我的母亲对这位小外孙女简直是疼爱有加，有时候我这个做女儿的都看得有点嫉妒了。在爬到一个小的陡坡时，维尼芙蕾特每挪动一小步就会回头来看看我，显得有些害怕，很明显，她是想让我把她直接抱上去。我故意装作没有看见她的暗示，还是不断地往上爬。我是有意想锻炼维尼芙蕾特，我知道，虽然这是女儿第一次爬陡坡，但是她完全可以爬上去，我怎么会错过这么好的一个机会来锻炼她的能力还有勇气呢？

但是，维尼芙蕾特的外婆可不是像我看得这么明白了。她显得很担心小外孙女，一会儿担心外孙女的小手被石头磨破，一会又担心外孙女会摔下来。她不时地停下来看看外孙女，不时地嘱咐外孙女儿句，再不就不时地叫我慢一点慢一点。过了一会儿，维尼芙蕾特真的害怕到了极点，不肯再往上爬了。于是，我回过头鼓励女儿："维尼芙蕾特，妈妈相信你是个勇敢的孩子。不要怕，不会有事的，你看妈妈不是已经爬到这么高了吗？"听了我的话，维尼芙蕾特又有了勇气，她克服了恐惧的心理，最后完全靠自己的努力爬上了坡顶。

后来，我母亲责备我不该让女儿冒险。我告诉母亲："要是维尼芙蕾特真的没有能力爬上坡顶，我是不会让女儿去冒这个险的。我很清楚，女儿有这个能力，所以才会鼓励她独立地完成。还有，我希望自己的女儿能够是一个勇敢的人。"

维尼芙蕾特虽然还小，但是已经能够很好地完成很多事情。如果大人们总是在她面前表现出很担心的样子，那么女儿本来拥有的勇气也会消失得无影无踪，本来的能力也会被恐惧压垮。

在教育女儿的过程中，我发现，维尼芙蕾特有时候会很讨厌我们管着她，她有时候对我们那种表现得太细微的关心感到厌倦，因为这样让她感觉在其他小朋友面前，有种颜面尽失的感觉。每次当她看到别的小朋友放心大胆地玩耍，自己的身后却总有妈妈的影子时，维尼芙蕾特会感到很受牵制，在她看来，我们是多此一举，她会觉得厌烦，会觉得对自己很不公平，因为没有自由。我们越是显出对她的担心，她就越生气，甚至会有叛逆心理。

在我们周围，很多父母为了确保安全，对孩子加倍关爱，结果使得孩子没有勇气。在我看来这种方式很不合理，身为父母，应该摒弃这种狭隘的心理，而把眼光放在孩子的未来。父母应该积极地鼓励孩子去做自己可以胜任的、具有挑战性和成长空间的事情，把孩子培养成一个勇敢的人。

5. 养成节俭的好习惯

　　现实生活中，有些父母自己很节俭，对于孩子却很大手大脚，过于慷慨。他们不惜在孩子身上花钱，虽然很能体现出他们对孩子的爱，但是这绝对不是一种明智的、健康的爱。

　　我常常看到这样的情景：孩子大声哭闹耍起无赖，这也要那也要，父母想尽力制止，但结果还是被孩子的哭闹搞得束手无策，只有投降，甚至有时还会因此发生一场闹剧。

　　有一天，我陪来拜访的朋友一家去逛街，维尼芙蕾特也和我们一起。在商店里，我看见商家对毛巾正在减价搞促销，想起家里的毛巾也应该要换了，就选了几条，还叫维尼芙蕾特也选一条自己用。于是，女儿也选了一条。朋友的女儿米娜这个时候凑上来说自己也要一条毛巾。

　　我见朋友没有说话，就忍不住问米娜："你缺少毛巾用吗？"

　　"没有。"

　　"你想买毛巾带回去吗？"

　　"不是的。"

　　"那你为什么还要买毛巾呢？"

　　"因为维尼芙蕾特刚刚买了一条。"

　　"原来是这样啊！你知道我们为什么要买毛巾吗？因为我们家的毛巾已经旧了，要换了，而且这里正在大减价，所以我们才会买，可是我不明白你为什么要买毛巾。"

　　这个平时一不如意就爱在母亲面前大哭大闹的孩子，这次却很出乎意外地，一言不发地就把毛巾放回了原位。

　　后来，我和朋友聊到了这件事情，我询问朋友为什么要这样纵容米娜的购物欲望。朋友回答我："她想买就买吧！你不知道她发起脾气来有多么吓人，买了免得她吵，而且我觉得这孩子挺可怜的。"我明白朋友的意思，她和丈夫已经分居好几年了，到现在还是冲突不断，她不想让孩子再在其他方面受到伤害。

但是，我还是认为朋友的做法不对，因为孩子情感上的伤害并不是靠物质就可以弥补的，这样做反而会使孩子已经受到伤害的心灵变得扭曲。孩子是聪明的，也是很敏感的，如果父母心中存在愧疚的话，他们完全能够感觉得到。他们如果理所当然地利用父母这种内疚的心理，就会慢慢养成一些很不好的习惯。有时候，父母的这种心态还会对孩子产生十分消极的影响，孩子会因此去放大自己的不幸，更加自怨自艾。

我认为，孩子是懂得道理的，关键是看父母怎么去引导孩子。如果父母在心底就是认为孩子可以肆无忌惮地买东西，这样只会纵容孩子养成坏习惯，而且还会形成一种想法，就是不管自己想要什么，父母都有责任，都应该去满足自己。如果父母真的这样去满足孩子的话，那真是足够愚蠢的。

有一次我和维尼芙蕾特在街上散步，路上经过一个文具店，于是我和女儿就顺便走进去看看。女儿看见一套漂亮的画笔，立马被吸引住了。她看了又看，就是不舍得离开，最后，她转过头来看着我说："妈妈，我想买那一套画笔。"

我问女儿："为什么？"

"因为它们太漂亮了，我喜欢它们。"女儿回答道。

"可是，维尼芙蕾特，你已经有了一套差不多的画笔了。"我想拒绝女儿。

"妈妈，那一套已经很久了，那套画笔已经买了两个月了。"

"什么？才买了两个月你就想扔了？你就嫌弃它旧了？画笔只要能用就可以了，和旧不旧没有多大关系，而且妈妈还听说过，有一位伟大的画家，他有一套画笔用了十年还没有舍得扔掉，你才用两个月，而且画笔应该还没有旧。"

"哎，妈妈，你可真够小气的。"维尼芙蕾特听完我的话，竟然来了这么一句总结。

"这是节省，不是小气。节省是一件很正确的事情，我们可以用省下来的钱去买更多的其他有用的东西。"

女儿听我说完，若有所思的点点头。

我认为，节俭就是一种美德。不管我们是贫穷还是富裕，不管我们处在哪个年代，我们都应该崇尚节俭。在生活的很多小的方面，我都会注意培养女儿养成节俭的好习惯。节俭，在小的方面，可以帮助我们计划居家过日子；在大的方面，可以帮助我们人类的后代节约资源。不管怎么看，节俭都是好处多多，我们都应该崇尚这种美德。

我认为，从孩子很小时就应该培养孩子节俭的好习惯。我经常告诉自己的女儿，一切东西都是来之不易的，不要随便浪费东西，应该学会省钱。

现实生活中，有些父母自己很节俭，对于孩子却很大手大脚，过于慷慨。他们不惜在孩子身上花钱，虽然很能体现出他们对孩子的爱，但是这绝对不是一种明智的、健康的爱。在这里，我说的也不是那些温饱都成问题的贫困人家，而是那些生活富足殷实的有钱人家。这些家庭的孩子浪费了太多的物质，挥霍了太多的钱财，这真是一种罪过。他们浪费的不仅仅是自己家庭的金钱，更是在挥霍人类所共有的有限的资源。

6. 勤劳才是一个人最好的品德

父母应该相信孩子的能力，陪伴孩子，指导孩子去探索，不能永远把孩子放在自己的保护之下，而应该给孩子体验生活和锻炼自己能力的机会，让孩子学会适应生活。这样慢慢地，孩子就会有自己乐于做的和善于做的事情，才会慢慢地养成勤劳的优良习惯。

维尼芙蕾特六七岁时，大家都非常喜欢和欢迎这个可爱的小女孩儿，因为她总是很友善地对待别人，常常帮助大家做一些她力所能及的事情。大家都称赞她是一位勤快的好孩子。

在维尼芙蕾特获得了一些成就之后，很多年轻的父母会来向我请教孩子养育方面的各种各样的问题。这些父母们都很惊讶维尼芙蕾特超强的学习能力，更惊奇于她身上的各种好的习惯。经常会有人问我，维尼芙蕾特是不是在家里进行过什么特殊的训练，秘诀是什么，要不然这么小的孩子怎么会如此明白事理，而且还这么勤快，还是女儿的天性就是这样？我真不知道该如何回答这些问题。但是我可以告诉大家一点最基本的也是最重要的，那就是我总是会去鼓励女儿去做她自己力所能及的事情。

在我看来，如果女儿的任何事情都替她做，就是让女儿失去了自己亲自动手的机会，这样她就会慢慢地变得依赖别人，对自己的行为也不爱负责。所以，一般情况下，只要是女儿自己能够做的事情，我都不会帮女儿去做。我总是有意识地培养女儿独立和勤劳的优良品德。我常常告诉女儿，如果一个人能够做到不依赖外界，那么他才会有信心独立而骄傲地去做人。

维尼芙蕾特两岁时，总喜欢在客厅里面摇摇晃晃地走来走去，一会儿这里看看，一会儿那里摸摸，对一切都充满好奇和感兴趣。有一次，她又在客厅里面蹒跚地晃晃悠悠，这时，她手里的点心突然掉到了地上，她好像没有看见一样，不管点心，一个劲地往前走。我看着女儿，用手指指垃圾桶，要女儿把点心捡起来放进去。女儿好像不明白我的意思，愣愣地站在那里，惊讶地看着我，但就是不按照我说的去做。

"听到妈妈的话了吗？"我对女儿说道。

这时维尼芙蕾特的父亲帮女儿说话了："女儿还这么小，不懂事，干吗非得要女儿去捡。"

"还是我来捡吧！"保姆安娜急急忙忙地走了过来，想去捡起那块点心。

我伸过手去拦住安娜："安娜，不要这样，让维尼芙蕾特自己来。"

维尼芙蕾特又看了看我，向前动了动身子，看样子她打算马上走开，还想尝试看看不理我的要求我会怎么办。

我赶紧走到女儿身边蹲了下来："维尼芙蕾特，点心是你掉的，你应该自己捡起来的，是吗？好孩子应该自己做自己的事情，不随便找别人帮忙的。"

女儿睁大眼睛看着我温柔但是很坚定的表情，终于作出了让步，她轻轻地蹲下身去，捡起点心，然后又摇摇晃晃地向前走。

很多父母的观点都是，孩子还小，不能解决自己碰到的问题。我认为，父母应该学会去相信孩子的能力，学会去相信孩子能够将很多事情都做好，只不过他们还没有足够多的经验，所以在适当的时候需要一些父母的指导而已。作为父母，应该陪伴孩子，指导孩子去探索，不能永远把孩子放在自己的保护之下，而应该给孩子体验生活和锻炼自己能力的机会，让孩子学会适应生活。这样慢慢地，孩子就会有自己乐于做的和善于做的事情，才会慢慢地养成勤劳的优良习惯。

有的孩子在慢慢学会很多事情之后，会因为失去了新鲜感开始厌倦做家务，同时也失去了学习新东西的乐趣。对他们而言，此时做家务已经变成了一种负担。当孩子没有了做事的主动性之后，那么再培养孩子的勤劳品质就成为了一个更加艰巨的任务了。此时，对于父母而言，要更加辛苦。

在这一个阶段，父母不能再一如既往地、事无巨细地顺着孩子，这个时候最重要的是让孩子认识到做家务的重要性。当孩子对做家务已经表现出厌倦的时候，父母这时再去发号施令已经显得很不明智了，这样只会让孩子们觉得更加反感。对孩子们而言，重要的是让孩子们把道理搞明白，而不是父母发出"干这干那"生硬的命令。如果有的父母因为孩子不愿意做家务就发脾气还训斥孩子，这就更加错上加错了。要明白，强迫孩子做事的结果就是最终孩子干脆什么都不做了，宁愿被罚被骂，也不愿意再去干一点事情。

维尼芙蕾特在两三岁时，经常会兴致勃勃地跑到厨房里来，帮我干这干那。虽然她做的都是一些很小的事情，但是她好像很享受这种快乐一样，每次都干得津津有味。和前文所说的一样，小维尼芙蕾特在不知不觉间通过这种方式来满足自己的好奇心和求知欲，这也许是小家伙自己想出来的一种新鲜的玩法。

到了维尼芙蕾特五六岁的时候，她反而不再像以前那样有热情去干这干那了。甚至有时候还会偷懒，不去做我安排好的事情。有一次，我看见维尼芙蕾特正躺在床上看一本带插图的书，房间里乱七八糟的，她的手绢很随便地丢在桌子上，袜子就干脆扔在地上。

我忍不住提醒女儿："维尼芙蕾特，我很早就和你说过，把你的手绢和袜子都洗干净，还有，你的房间早就该收拾了吧！"

"妈妈，我知道，等一会儿我就会去收拾。"

"为什么还要再等一会儿？维尼芙蕾特，我早上就和你说了，你自己也答应我了。"

"妈妈，我没有时间，我现在正忙着看一本书呢，你再等一会儿，我叫安娜来帮我收拾房间。"

"不行，这些都是你自己的事情，你应该自己去完成，为什么要叫别人替你做呢？"我听见女儿要让保姆代劳，有些生气了，但是我还是尽量控制住自己不要发脾气。"维尼芙蕾特，妈妈给你讲一个故事吧！反正你也不想干活。"

女儿一听到我要讲故事，立马来了精神，从床上翻身起来。

"从前有一位母亲，从来不让自己的两个儿子干任何事情，因为她非常地爱自己的两个儿子，怕干活儿会累着他们。"

我才刚说几句话，维尼芙蕾特就找到了我的"毛病"了："你看，人家的妈妈多么疼孩子，哪像你，总是让我干这干那的。"

"不要打断我，你先听我把故事讲完。在那两个孩子当中，哥哥非常享受这种衣来张口、饭来伸手的日子，整天就躺在床上睡觉，什么都不用操心，变得又白又胖；但是弟弟就不同了，弟弟不想整天无所事事，他会跑去帮妈妈做很多的事情。天长日久，弟弟学会了很多事情，他会做饭，洗衣服，种地种菜，还学会了制作很多有用的工具。"

"后来，两个孩子都成年了，妈妈也去世了。因为两个人都已经长大成人了，所以就分开过日子。弟弟每天努力地劳动，非常勤劳，赚足了钱，娶妻生子，日子过得很幸福。哥哥呢，这时还是像小时候一样，天天在家里睡大觉。"

"有一天，弟弟有事情去找哥哥，发现哥哥还是住在那栋破旧的房子里，破得已经面目全非，还没进门，就闻到一股很恶心的臭味。当弟弟推开门，你猜猜，弟弟看到了什么？"

"肯定是那个又懒又好吃的哥哥已经饿死在床上了。"我话音还未落，女儿就大声地回答。

"是的，你怎么知道的？"

"那位哥哥这么懒，只知道躺在床上睡大觉，自己都不知道怎么养活自己，只好被活活饿死啦！"

"那么，维尼芙蕾特，你想以后被活活饿死吗？"

"当然不想，不过，那也是不可能会发生的事情。"女儿一边回答一边反驳还一边收拾房间。

"你干吗起来收拾房间呢？躺着这么舒服，你可以再多享受享受嘛！"我心里非常开心，但是却在嘴上依旧逗女儿玩。

"妈妈，我可不傻，那些道理我都懂。我也很清楚地记得以前你说过的话：勤劳才是一个人最好的品德。"女儿一本正经地回答我。

7. 坚持好习惯

只有父母自己能够坚持不懈地保持良好的习惯，孩子才会有信心坚持下去。我认为，孩子都应该有一种适合的生活节奏，学会自己制订合理的计划，那样的话，就会知道什么时候应该做什么，怎么去做。这是孩子成长中至关重要的一个好习惯。

很多人单身时，非常有时间观念，把自己的生活规划得一丝不紊，顺序井然，但是在结婚之后却乱了分寸，特别是在生了孩子之后，家里多了一个新成员甚至几个新成员，时间就好像严重缩了水。这些父母整天忙忙碌碌却总是感到很混乱，慢慢地也变成了一个没有条理的人。如果父母是这个样子，可想而知，孩子的时间观念能够好到哪里去。父母老是变来变去，一会儿饿了就去吃吧，一会儿又说必须要按时进餐；这会儿说这样，过会儿就说要那样，前后变化之大让孩子都无法适应。

假如连父母都没有好的时间观念，那么孩子在心理上也会有所松懈，慢慢地开始对什么都会无所谓。看见美味的食物就会拿起来吃，不喜欢的书也会随便毁掉或是扔掉。孩子如果变成这样，又怎么会养成良好的生活习惯？

在我看来，作为父母，在孩子小的时候，就应该告诉孩子，哪些东西对爸爸而言，很重要，不能随便动；哪些东西属于妈妈的，不能随便拿。如果把这些东西弄脏了或是弄乱了甚至弄坏了会有什么后果。如果孩子还是不能理解这些事情的重要性，那么做父母的就要很严肃地声明，孩子也应该尊重父母的权利。

我明白，只有父母能够坚持不懈地保持良好的习惯，孩子才会有信心坚持下去。所以为了培养女儿的良好习惯，我和丈夫都尽了十二分的努力，还有足够的耐心，来教育和培养女儿。这些习惯包括很多小的方面，比如饭前饭后洗手，睡觉前向父母道声晚安等。小维尼芙蕾特也很乐意学习这些，每当她又学会一个新的好习惯时，常常会开心得手舞足蹈。可是过了一段时间之后，她的新鲜劲儿就会过去，自己也不想再坚持了，她就又开始去寻找其他有吸引力的东西。这时，我就会培养女儿在每一个好习惯上的坚持性，我想让女儿懂得，好习惯不是学到了就收，还需要坚持下去，要不就仅仅是一个行为，而不是一个好的习惯和品质。令人高兴的是，维尼芙蕾特自己也会明白这个道理，懂得我想她保持良好习惯的急切和担心。偶尔她也会小小的调皮一下，会看看如果自己不遵守自己养成的好习惯，我会怎么反应。

我认为，一个人只有形成健康的行为习惯，才能充分开发自己的潜能，取得一定的成就。所以我非常重视培养女儿良好的生活习惯，在平常的点点滴滴中会把握好时机对女儿进行教育。

有一天我路过维尼芙蕾特的房间时，看见她在房间里走来走去，一会儿干干这个，一会儿又去摸摸那个，一副焦躁不安的模样。

"维尼芙蕾特，你在干什么？"我问女儿。

"哦，妈妈，太烦了。我要干的事情简直太多了，我现在简直不知道干什么才好。"女儿回答。

"你有什么要做的事情？看，都把你烦成这个样子了。"

"我要学语言，要做数学题目，一会儿我还要去练琴，可是我的时间根本就不够。"

"你待在房间里有一段时间了，功课怎么还没有做完？"

"是的，妈妈，我待在房间里好久了，可是什么都没有完成。"

"怎么会这样呢？"

"我学了一会语言的时候，又想到数学题还没有做，就又跑过去做数学题，但是语言课又落在那里了。"

我明白了，女儿看来是搞乱了学习程序，结果做起事情来一团乱，心情也自然不会好。如果心情烦躁，那还能做好什么事情呢？

"维尼芙蕾特，妈妈想，你还是先休息一下，等平静下来再说。到那时你先制订好一个计划，把每件要做的事情都仔细地安排一下，仔细想一想先后做的顺序，这样可能会好很多。"

维尼芙蕾特按照我说的建议，先休息了一会儿，然后开始制订详细的计划安排。没过多长时间，我看见女儿已经把功课做完，并且开开心心地准备去练琴了。

"现在还在烦恼吗？好了很多吧？"

"好奇怪，现在好多了，妈妈。我把功课计划做好之后，按照它来执行，竟然没有过多久就做完了。"

"是啊，维尼芙蕾特，刚刚的事情就是教给你一个经验。以后不管干什么事情，都应该先制订一个好的计划，这样才会有好的结果。你要知道，有计划地工作才会有好的效果，有规律的生活你才会幸福。不管是学习，还是生活，都应该这样。"我认为，孩子都应该有一种适合的生活节奏，学会自己制订合理的计划，那样的话，就会知道什么时候应该做什么，怎么去做。这是孩子成长中至关重要的一个好习惯。如果孩子真正懂得了这些道理，就会慢慢地去培养形成各种良好的生活习惯。也只有他明白了，才会自觉地去培养和形成这些好习惯。

8. 对事不对人

在发现孩子不良的行为之后，最明智的做法就是注意教育方式，不管在什么情况下都不能去伤害孩子，父母应该做到对事不对人。但是在实际生活中，有的父母一旦看见孩子的不良行为后，不是责骂就是处罚，这种做法是非常愚蠢的。

在孩子们成长的过程中，因为孩子们毕竟年龄太小，所以很多时候总是显得不太懂事，会有各种各样的坏习惯，甚至还会有一些不好的行为。我认为，在发现孩子不良的行为之后，最明智的做法就是注意教育方式，不管在什么情况下都不能去伤害孩子，父母应该做到对事不对人。但是在实际生活中，有的父母一旦看见孩子的不良行为后，不是责骂就是处罚，这种做法是非常愚蠢的。

维尼芙蕾特 5 岁的时候，有一天我发现维尼芙蕾特在没有询问别人并得到允许的情况下就拿走了别人的东西。在这里我没有用"偷"这个字眼，是因为我想女儿因为年龄太小，还不知道这种做法是多么的不良，所以女儿的行为并不是真正的偷。

那一天，我带维尼芙蕾特一起出去逛街购物，当我们快要回家时，我看见女儿的手上有一只苹果。我并没有给女儿买苹果，我觉得很奇怪，女儿手上的苹果是从哪里得到的？我前前后后仔细地把一天的情景回想了一遍,一整天我们只在一家水果店门前停留过。小维尼芙蕾特可能就是在那个时候,悄悄地拿走了那个苹果,却没有告诉别人。

我深深地为这件事情感到震撼又惊奇,我从来不会想到,自己的女儿竟然会做出这样的事情来。我静下心来,知道自己不应该马上去责备女儿。我耐心地询问女儿,这个苹果是从哪儿来的。所幸的是维尼芙蕾特并不打算撒谎,她很听话地把事实情况告诉了我:"我看见这个苹果红红的很鲜艳,心想它一定很美味,就把它拿走了,想试试看。"

那天吃过晚餐之后,当房间里只剩下我和女儿时,我把女儿带到我的书房里。我把女儿放在自己的膝盖上坐好,用一种温和的眼光看着女儿,尽量用一种温柔的语气对女儿说:"今天你从水果店里拿走了一个苹果,请问你有付钱吗?"

"没有。"维尼芙蕾特回答。

"妈妈今天和你一起去逛街购物的时候,所有的东西都是拿到收银台付过钱的。你知道妈妈为什么要这样做吗?"

女儿不知道怎样回答我,只能摇摇头。

我解释道:"如果你拿了别人的东西,但是你付了钱,这就叫买,买东西是正常的;但是如果你拿了别人的东西,却没有付钱,就变成了偷,你要懂得,偷东西是一个很恶劣的行为。"

女儿很奇怪:"水果店里有好多水果的,我拿走其中一个苹果,又会有什么影响呢?而且那位水果店的老板还经常给我水果吃呢!"

我接着给女儿解释讲道理:"水果店是卖水果的,当然有很多水果,但是这些水果是老板拿它们来过日子的。他要用这些水果换成钱才能过日子,如果别人都拿了水果不付钱就走了,那么水果店就会关门了,那老板又靠什么生活呢?所以,拿别人的东西却不付钱是很不好的行为,是不对的。还有水果店的老板经常会给你一些水果,是他送给你的礼物,你当然可以接受。因为他看你是个孩子,很疼爱你。但是,这并不是说明你可以随便去拿别人的东西。而且,水果店的老板对你这么好,你就更不应该随便拿他的东西了。"

听完我说的话，维尼芙蕾特懂得了我说的道理，认识到自己的错误，并且说以后自己再也不会这样做了。那天晚上，我一如既往地在女儿睡觉之前给她讲故事，我专门为女儿讲了一个我小时候常听的故事，想帮助女儿更加深刻地去体会这个道理。

从前，有一个小男孩儿，从小就爱去偷别人家的东西。有一天，他又偷偷地跑到邻居家偷了一个鸡蛋，拿回家给了自己的母亲。他的母亲不但没有责怪儿子的恶劣行为，还夸奖儿子说他能干。如此一来，儿子变本加厉，除了偷以前经常偷的小东西之外，只要是自己中意的东西，都会去偷回来。他的母亲看到他偷回来的东西时，每次都是夸奖。渐渐地，这个小男孩儿长大了，变成了一个强盗，既残忍又凶狠。好在到了最后，警察把他抓住了。在他即将被绞死之前，他大声要求和母亲说几句话。当母亲走上前去把耳朵凑到儿子的嘴边时，他狠狠地咬下了这位母亲的耳朵。母亲痛哭流涕："你为什么要这样对待我？我对你那么好。"儿子回答："我今天会落到这个悲惨的下场，完全是因为你。如果在我第一次偷东西给你的时候，你骂醒我，教育我，我也不会变成今天这个样子。"

维尼芙蕾特听完这个故事，一边扑过来抱住我一边哭了出来："妈妈，谢谢你，你在我拿了别人的东西之后，提醒了我，教育了我，你帮我改正了自己的错误。我才没有变成一个坏蛋，妈妈，我有点讨厌自己了，我做了一次小偷。"

我看着伤心的女儿，就安慰女儿："不，维尼芙蕾特，你不算是小偷。你在拿东西时并不知道一定要付钱这个道理。后来你明白了随便拿人家的东西是不对的之后，就主动承认了错误。所以妈妈现在还会接着给你讲这些道理，还有这个故事。妈妈知道，明白了这个道理之后，你一定不会再去犯这种错误了，妈妈相信你是一个好孩子。"

9. 培养孩子的爱心

一切事物都是相对的。如果一个人只关心自己，那么就不会得到别人的关心。一个人如果没有爱心和同情心，永远也不会得到别人的尊敬和喜爱。维尼芙蕾特从明白事理开始，就理解了这个道理，她明白爱心对一个人的重要性。

我想大家之所以会那么欣赏和喜欢维尼芙蕾特，有一个很重要的原因，就是因为女儿是一个懂得关心别人的孩子。在维尼芙蕾特很小的时候，我就常常告诉她，一切事物都是相对的。如果一个人只关心自己，那么就不会得到别人的关心。一个人如果没有爱心和同情心，就永远也不会得到别人的尊敬和喜爱。维尼芙蕾特从明白事理开始，就理解了这个道理，她明白爱心对一个人的重要性。

有一天我工作回家，还没到家门口就看见了很不好的一幕。维尼芙蕾特和邻居家的小孩子吉姆正在捡石头去扔一只从房子门前经过的小狗。小狗被打中之后，发出凄厉的惨叫声。我赶紧走到孩子们身边，叫他们不要打小狗。等他们停下来之后，我问他们俩："你们为什么要打那只小狗？"

"那只小狗长得实在太难看了，一副讨人厌的样子……"吉姆回答道。

"我害怕那只小狗会走过来咬我，所以我想把它赶走……"维尼芙蕾特一边说一边指着小狗逃跑的方向："妈妈，你看，小狗被我们吓跑了，我想它再也不敢回来了。"

我反问女儿："那么，那只小狗有咬你吗？"

"没有，是我害怕它会咬我。它站在院子外面的时候，看了我一眼……"女儿回答。

"是呀！小狗只是站在院子外面，并没有走进来，怎么会咬到你呢？我看那只小狗这么小，这么瘦弱，怕你们，躲你们都来不及呢，还怎么可能敢跑过来咬你。"我说。

"可是它长得实在太丑了。"吉姆回答。

"它难看，我看是你才难看呢！你看你，满脸都是灰尘，衣服也脏兮兮的。"我反驳道。

听了我的话，吉姆低下头看了看自己的衣服，然后惭愧地咧开嘴笑了。

我接着说："吉姆，那条小狗会那么脏，可能是因为它没有家，没有主人照顾它，才这个样子。你不但没有去帮助它，反而还去欺负它，你不觉得惭愧吗？维尼芙蕾特，你也有错，你那样去打一只瘦弱的小狗，它就是咬你也不会奇怪。你自己想想，要是有人欺负你，你自己不会反抗吗？"

两个孩子听完我的话之后，都一言不发，惭愧地低下了头。

第二天，我专门为女儿买了一只特别可爱的小白猫。这只小猫除了脑门上有一小块黑色之外，全身雪白，非常漂亮。维尼芙蕾特对这只小猫简直是爱不释手，常常抱着小猫咪走来走去。很明显，我送女儿这只漂亮的小猫咪，并不是简单地让女儿有一个宠物玩儿，我主要是想用它来培养女儿的爱心。

有一次小猫咪不小心意外地把腿摔伤了。小维尼芙蕾特着急得哭了起来，急忙叫我去帮她把医生找来。等医生来我家给小猫看伤势的时候，小维尼芙蕾特像我平时看见她生病一样，一个劲儿地向医生描述小猫的伤势，一副十分关切的样子。医生对我说："很多小孩子都喜欢欺负小动物，可你的女儿却这么关心和爱护小动物，真的很少见，我自己从来就没有见过像你女儿这么有爱心的孩子，真是难得。"

其实，女儿在不久之前，还像其他小孩子那样会去欺负小动物。可是自从那次打小狗的事件之后，维尼芙蕾特就再也没有欺负过小动物。在平常的生活中，一花一草她都不会随意践踏，她常常说："小花小草都是有生命力的美好事物，需要我们大家一起来爱护。"女儿之所以变得这么有爱心，我认为关键就在于怎么去引导她，还有采取什么样的方式去培养女儿的爱心。

第十一章　相信孩子能够做到

自信心可以很好地提升能力，它可以将人的一切潜能都激发出来，把人的各种能力提高到最佳状态。根据我的经验，培养孩子的自信心必须从孩子很小的时候就开始。那么父母就需要随时注意自己对孩子的态度，不要以爱的理由宠溺孩子，不要什么事情都替孩子包办。

教育专家得出过结论：不要替代孩子去做任何他能做的事情。如果父母包办得过多，那么孩子就会失去机会去发展自己的能力，那么孩子就会失去树立自信心的机会。

在我对维尼芙蕾特的教育过程中，我发现了一个道理，如果总是帮助孩子们做他们能做的事情，会对他们的积极性造成很大的打击，因为他们在失去实践的机会。

父母们老是认为替孩子做这做那，自己是多么的无私和伟大，其实不知道这样反而抢走了孩子自身发展的机会，而这些机会就是孩子成长最为关键的因素。所以，我想奉劝所有的父母，孩子自己能够完成的事情，就让孩子自己去做，千万不要替孩子干一切事情。这个原则非常重要，值得我在这里反复的强调。

每一个孩子都需要不断地鼓励，就像植物总是需要阳光和雨露一样。许多儿童教育家都非常强调鼓励的作用，认为鼓励是最重要的成长因素。在孩子成长的过程中，用鼓励来使孩子产生自信心是非常重要的手段，是父母应该每时每刻都要注意的一个细节。

1. 自信是成功的第一步

自信心可以很好地提升能力，它可以将人的一切潜能都激发出来，把人的各种能力提高到最佳状态。给孩子过多的照顾会使孩子失去锻炼和进步的机会，而且还会使孩子觉得自己缺乏能力，因而对自己失去信心。

据说有一位教育专家做过这样一个试验，把一个优秀班级的学生全部当作差生来教，把一个学习成绩差的班级的全部学生当作优等生来教。这样一段时间之后，原来成绩有巨大差距的两个班的学生，在考试中获得的成绩基本相当。出现这个结果的原因就是因为教课的老师不知道真相，老师以为差的班级是一个优秀班，于是就对差班的学生积极地鼓励，结果差班的学生学习的积极性突飞猛涨；而原来优秀班的学生，很少受到老师的真心鼓励，在老师怀疑下，自信心大大降低，连学习态度都不再像以前那么积极了，学习成绩也跟着退步。

这个试验很好地说明了鼓励和自信心对人的成就的积极作用。所有的父母基本都明白这个道理：不管是在智力、体力还是处事能力上，自信心对人的一生的发展都有着决定性的作用。一个人如果缺少自信，那么发展各种能力的积极性就会跟着减少，进而就会严重影响到各个感官功能和综合能力的发挥，因为积极性起着决定性的作用。

自信心可以很好地提升能力，它可以将人的一切潜能都激发出来，把人的各种能力提高到最佳状态。如果这种高水平的发挥可以不断地得以展现，在这个基础上进一步巩固，那么就会变成人的本能的一部分，进而人的能力也就提升到一个全新的高度上来。

假如一个人的成长能够以这种方式积极地进行，很明显地，将会成长的非常成功。事实上，我们在很多伟人身上都可以看到这种不凡的自信，在这种自信心的激发下，他们能一次次超越自己，取得成功。然后向自己提出更高的要求，如果失败了，他们也能够从失败中看到成功的希望。然后会更加激励自己去努力，直到最后取得成功。在那些有着众多不凡人物的国家里，在那些伟人和知名人士身上，我们可以看到自信心的重要作用。即使是在我们身边的优秀人才的身上，也可以看到自信心所散发出来的不凡气度。

根据我的经验，培养孩子的自信心必须从孩子很小的时候就开始。那么父母就需要随时注意自己对孩子的态度，不要以爱的理由宠溺孩子，不要什么事情都替孩子包办。因为孩子们需要机会去检验自己的能力，需要在实践中学会如何去应付危险。教育专家得出过结论：不要替代孩子去做任何他能做的事情。如果父母包办得过多，那么孩子就会失去机会去发展自己的能力，那么孩子就会失去树立自信心的机会。

一开始时，我和绝大多数父母一样，在这方面出现了严重的失误。如果维尼芙蕾特是个男孩子，我也许不会如此过分地包办替代，但正因为维尼芙蕾特是一个女孩，所以我担心女儿会被别人伤害，担心女儿的安全，总是竭尽全力地去保护女儿，替女儿包办一些她自己完全可以胜任的事情。我完全没有想到自己这是在害她，还想也许这样才算得上是爱孩子。这种状况一直持续到有一次，我在旅途中看到一个女孩子的言行，才明白自己原来一直在犯着很严重的错误。

那一次，我和维尼芙蕾特一起去加勒比海度假旅游。我们一起登上了豪华游轮，等一切安排妥当之后，我们就站在船上的甲板上向前来送行的朋友们挥手告别。旅游的乘客们一个接一个地上船，他们的肩上都背着旅行的背包，每一个人看起来都是那么的神采奕奕，在佛罗里达美丽的阳光下显得格外的健康和有活力。

这时，有一家人吸引了我的目光。这一家人有一对夫妇和 4 个孩子，孩子们看起来都是中学生的样子，里面有一个女孩让我忍不住多看了几眼。女孩子的腿是瘸的，而且很严重。但是我惊讶的不仅仅是女孩子的残疾，让我更加震惊的是女孩身上那个巨大的旅行包，包里面应该都装着她的旅行用品。如果女孩只是一个人独自旅行，这样的情况还情有可原，但是现在她的家人都在她的身边，却没有一个人帮她分担。我看看女孩子的父母，他们一路有说有笑，完全没有打算照顾女儿。女孩子身后的 3 个兄弟个个长得都很高大，他们各自很轻松地背着自己的旅行包，跟着女孩的后面走上船来，完全看不出什么异样。

当时我忍不住为这个女孩感到委屈了，我想这一家人是不是太残忍太冷漠了，怎么都不能这样对待一个身体有如此残疾的家人啊！我甚至会怀疑，这个女孩平时在家里，一定会被家人嫌弃。我的同情心一下子飙升，差一点就跑过去直接帮忙了，只是碍于女孩子的父母在她身旁。维尼芙蕾特当时只有两三岁，她拉着我的衣角，满脸同情地哀求我："妈妈，我们一起去帮帮那位姐姐好吗？她好可怜啊！"

我当时差一点就走上前去帮忙了，但是我在准备上去的一瞬间停了下来。不是因为担心女孩子的家人会不快，而是因为我看到了女孩脸上自信的神情。女孩子尽管脚瘸得厉害，肩上还背着一个硕大的旅行包，走起路来摇摇晃晃很是吃力，但她的脸上看起来一点埋怨与沮丧灰心的表情都没有，正好相反，她的脸上满是愉悦的微笑。她满脸自信地走在最前面，偶尔还会回过头去喊身后 3 个正在玩闹的兄弟："嗨，你们快点跟上来，不要走丢了，听到没有，尼基？你又调皮了，等到走丢了我还得回去把你找回来。"看起来颇有大姐的风范和英姿，充满威信。

我回过头来对维尼芙蕾特说道："你是一个富有同情心的孩子，作为一个好孩子，是应该这样的。但是你看，那位姐姐现在并不需要我们帮忙。"

从这件事情我明白了很多道理。我发现一个家庭的可贵之处在于注重培养孩子独立生活的能力，而不是过分地呵护孩子。因为过多地照顾孩子只会使孩子缺少锻炼和成长的机会，还会使孩子觉得自己缺乏能力，然后对自己失去信心。

对于一个有残疾的孩子来说，自信心更是脆弱。如果这个家庭对女儿总是给予特别的照顾，衣食住行上全部都有人打点，使她在生活上完全无忧无虑，那么这样虽然满足了父母和兄弟姐妹对她的不幸进行弥补的心愿，但是对于这个女孩子，在她以后的长期生活中，究竟是帮助还是伤害？如果她真的什么都不做，什么都没有尝试的话，那位女孩子还会有像今天这样自信而又坚强明媚的笑容吗？再后来，一个星期的海上旅游中，我总是非常注意观察那一家人，我发现他们在这一方面做得确实很好。虽然女孩子行动的确有些不方便，但是所有的事情都是她自己在做，而且，她还会负责照管好3个活泼好动的兄弟。每次有乘客想帮助女孩时，她的父母都会很有礼貌地委婉拒绝："非常感谢您的好意，但是我想我们的女儿自己能够做得很好。"如果父母不在女孩子身边，女孩自己也会很有礼貌地谢绝别人的好意帮助。

我发现那个女孩子是整座船上最有生命力的孩子，她在船上走来走去，为自己和家里人打点一切事情。我可以在船上到处都看见她的身影，她完全没有把自己当成残疾人，她的言行也完全是一个正常的孩子。

我专门和女孩子的父母交谈，他们的谈话给了我很大的启发。他们说："如果一个孩子身体上有了残疾，那么她会很容易地产生自卑心理，而且会很容易对未来的生活感到悲观和恐惧。如果这时家人再对她进行专门的特别照顾，只会使她的这种感觉更加强烈，对自己也更加失望。她会觉得自己非常的可怜和可悲，因为自己连生活都不能自理。如果孩子长久地带着这种心态生活，那么长大之后不仅身体上有残疾，连心理上也会有残疾。心理残疾更糟糕，而且同样难以治愈。因为我们懂得这个道理，所以我们才会放弃对女儿一开始会有的特殊照顾，而是让女儿自己来打点自己的一切。不管是我们，还是女儿的兄弟都不可能一生都在她身边，我们不想等将来女儿独自一个人面对生活时却发现自己完全不能自立。令人高兴的是现在，那个一开始最让我们担忧的孩子变成了最能干的孩子，我们都感到很欣慰，我们为自己的女儿感到自豪。"

他们的话让我突然明白了一个道理，如果父母过于关心孩子，反而会很大地危害到孩子的成长。明智的父母会松开对孩子的过于约束，让孩子有更多的机会去探索。我们应该鼓励孩子的自信心，让孩子能够认清楚自己的条件，尽量地开发自己的潜力，培养自己的能力。使自信心和能力相互发展，共同提高。

在那之后，我不再像以前那样小心翼翼地照顾女儿，而是放开让女儿自己去做自己能够做的事情。除此之外，只要女儿能够胜任的，我都会让女儿帮助我打点各种家务，甚至去帮忙外面的事务。

刚开始的时候，维尼芙蕾特一下子习惯不了没有父母的帮助，所以遇到比较多的困难。早上的时候，维尼芙蕾特还是一如既往地睡在床上，等我来给她穿衣服。我对她说，你自己穿，不然的话就一直躺在床上不要起来吃早饭就行了。她开始系鞋带时，怎么系都系不好，于是又向我求助，她向我撒起娇来："我不会，妈妈，还是你来帮我系吧！"

我没有去帮她系鞋带，而是很认真地对她说：你不穿好鞋子，就不要出去玩了。那段时间维尼芙蕾特过得很不顺，很多事情都做得不好，她也因此对自己失去了信心。我感到很自责，因为是我教育上的失误，导致的后果却要女儿来承担。但是我并不气馁，我更加坚定了决心：一定要培养维尼芙蕾特独立生活能力。

以后每次维尼芙蕾特因为缺少自信而哭闹着不愿意做事情时，我就和她讲那个残疾女孩的事情，我想鼓励她向她学习："维尼芙蕾特，你想想，我们以前在船上遇到的那位残疾人小姐姐那么能干，什么事情都可以自己完成，而且还可以做得很好。你没有想过自己也可以像她那样厉害，把自己的事情都做好，别人都来夸奖你能干吗？"

维尼芙蕾特哭着回答说："我当然想，可是妈妈，我太笨了，什么都做不好。""不是这样的，维尼芙蕾特，你怎么会笨呢？那位在船上的姐姐身体不方便，还把事情完成得这么好。你身体很健全，还怕比不上一个有残疾的孩子吗？只要你有积极的信心，愿意花费努力和辛苦，那么你一定会比那个小姐姐更加厉害，把事情完成得更加出色。"我鼓励女儿。

"真的吗？我真的可以做到吗？"女儿将信将疑。

"是的，妈妈相信你，你也要自己相信自己啊！不要随便就哭，要坚强、要乐观、要相信你自己的能力，你看小姐姐从来都没有哭，对吧？"

"是啊，她总是满脸笑容。"

"是的，你也可以做到像她那样。"

维尼芙蕾特擦干眼泪，不再哭了，她抬起头来看着我说："妈妈，你说的真对，那位小姐姐脚瘸了还那么自信和开心，那么厉害，我一定会向她学习，变得比她还要能干。"

自从那次谈话之后，维尼芙蕾特就开始新的方式做事，只要是自己的事情，就一定要自己亲自动手。她很少随便叫别人帮忙，后来她发现原来自己的能力真的比自己预料的要强很多，所以她变得越来越自信，有时会主动要求帮我做家务事。如此一来，她又感到很自豪，因为自己为家里也开始作小小的贡献了。

等到维尼芙蕾特五六岁的时候，她不仅能照顾自己了，还会在聚会时主动去照顾其他的小孩子。我也如愿以偿地体会到了女儿可以如此能干的自豪了，我会像那个残疾女孩的父母那样对大家说："我为我的女儿感到骄傲。"

2. 不要替孩子代劳

孩子自己能做的事情，就让他们自己去做，千万不要事事代劳，而这些机会就是孩子成长最为关键的因素。如果总是帮助孩子们做他们能做的事情，会对他们的积极性造成很大的打击，因为他们在失去实践的机会。

在我对维尼芙蕾特的教育过程中，我发现了一个道理，如果总是帮助孩子们做他们能做的事情，会对他们的积极性造成很大的打击，因为他们在失去实践的机会。结果就是孩子们会慢慢地没有自信与勇气，而且会感到害怕，越来越没有安全感，因为安全感就是建立在能力发展的基础上的。父母们老是认为替孩子做这做那，自己是多么的无私和伟大，其实不知道这样反而抢走了孩子自身发展的机会，而这些机会就是孩子成长最为关键的因素。所以，我想奉劝所有的父母，孩子自己能够完成的事情，就让孩子自己去做，千万不要替孩子干一切事情。这个原则非常重要，值得我在这里反复的强调。

我在这里反反复复地强调这个原则，是因为这是很多父母们最爱犯的错误。父母都是深爱着孩子的，所以常常会控制不住情感，变得不那么理智，总是想着照顾孩子。我的老同学哈里森太太，丈夫因为意外事故离开了他们。因为他们离我住的地方很远，在东海岸那边，所以当我听到这个消息时，我感到很惭愧，所以马上出发去看望她。

我见到哈里森太太的时候，她失去老公的悲痛似乎已经没有了，但仔细观察就会发现，远非如此。她只不过把这份感情转移到了儿子身上，在我的眼中，她对大卫的疼爱确实太过火了。大卫已经是一个 4 岁的孩子了，还整天缠着她给他喂饭送水，为他穿衣服穿鞋子。这位妈妈对儿子简直是寸步不离，到哪里都要把儿子带上。因为害怕儿子也会出意外，她从来不允许儿子到院子外面去玩。因为她的规定，孩子们都不敢来她家找大卫出去玩。大卫在这样的教育下慢慢变成了一个无能、孤僻的孩子。我刚到老同学家里的时候，大卫几乎连话都不敢和我说。

哈里森太太照顾孩子的方式让我实在看不下去了，我花费了好几天的时间来劝说她把大卫送到幼儿园去。我想，如果大卫可以离开妈妈的照顾，去到一个正常的环境中成长，应该会有好的变化的，幸亏哈里森太太最终答应了。但是没过两天，我们就被幼儿园的老师给叫了过去谈话，老师向我们抱怨，大卫什么都不会，穿衣、吃饭、穿鞋、扣扣子，这些他都不会，但是其他和他同龄的小孩子都已经能够把这件事情做得很好了。

但是大卫却什么都不会，他老是手忙脚乱地做着这一切，可怜的要命。大卫的老师向哈里森太太提出了一个最基本的请求：大卫自己必须学会自己穿衣服穿鞋子，等等，因为 4 岁的孩子应该学会做这些事情了。当幼儿园的老师开始教大卫怎么做时，大卫却好像没有听见，就是要妈妈。

所以老师们请求大卫的妈妈以后不要再为大卫干这些事情了，不然的话，他们的努力就会没有效果。没想到哈里森太太竟然一口回绝了老师："大卫就是我的一切，我愿意为我的大卫做更多的牺牲。"大卫吵闹着要回家，要离开幼儿园，我怎么劝她都没有用，哈里森太太把儿子接回了家，继续像以前一样过日子。

我在这里讲的并不是一个极端的例子，事实上，这样的母亲在我们的生活中到处都是。这些母亲还会被人们当作自我牺牲的伟大榜样来歌颂。但是，我们在颂扬这些母亲的伟大无私的精神之后，有没有认真地分析过，这样做，对孩子真的好吗？这些母亲替孩子包办了一切，如果她们不在了，离开了孩子或是不在孩子身边，孩子的生活该怎么办？

事实上，在生活中，如果孩子是在这种环境下成长，也真的很难有什么成就。为什么会这样？因为母亲对孩子的过分宠爱就是在告诉孩子，孩子自己没有能力去完成某件事情，而事实上，孩子真的是没有机会去学习和照顾自己的生活，所以对自己会很缺乏自信，认为自己真的什么都做不了，所以只会去依赖妈妈。如果一个孩子从小开始就没有自信心，那么将来就不敢去探索。母亲的关怀自然会让大卫觉得自己在妈妈心中的重要性和不可替代，这会让大卫觉得满足和很有安全感。但是，如果哈里森太太不再这样对待儿子，儿子一定会感到失落，那么就会去怨恨母亲。事实上是，这一天迟早会到来。

我认为，哈里森太太的做法很自私。她为了自己的情感有地方可以得到满足，没有很好地克制自己，从而阻挡了孩子的发展，成为了大卫健康成长的羁绊。一个母亲倘若能够真的懂得如何去爱孩子，那么关心的就应该是孩子将来是否能够独立地应付外面的世界。如果一个青年在百般呵护下长大，一点生存能力都没有，那么把他推进社会真的是十分残忍的事情，也是作为母亲最不忍心看到的事情。要想让孩子们能成功地面对外面的社会，必须从小开始就培养孩子的自立与自信。如果大人帮孩子做了这一切，那么就不能锻炼和培养孩子。还有，在这样的情况下长大的青年，内心会畏手畏脚，缺乏闯荡和拼搏的勇气。

我努力地向哈里森太太讲这些道理，为了让她能够更深刻更直接地认识到这些，我还邀请她带大卫和我们家人一起去我姐姐的别墅度假。

　　哈里森太太看到维尼芙蕾特什么都会做，非常惊奇，因为女儿和大卫同龄。一开始，她看到维尼芙蕾特自己一人在厨房里热牛奶喝，就会惊叫着跑进厨房，看着女儿，生怕出什么乱子。然后还会责备我："你怎么可以让这么小的孩子去热牛奶，万一烫伤了孩子怎么办？"但是到了后来，她把维尼芙蕾特的自信独立与大卫的畏缩无能对比一下，慢慢知道了哪一种教育方法更适合孩子。

　　一天下午，我们几家带着一群孩子去海边游泳，这可是孩子们最喜欢的活动。孩子们有大卫、维尼芙蕾特，还有姐姐的孩子们，大卫胆小地坐在沙滩上，完全不敢下水；这个时候，维尼芙蕾特和6岁的阿丽森已经手脚麻利地穿上了泳衣，而3岁的小艾伦还嘟着嘴巴站在岸上一声不响地生气。

　　"快点，艾伦，换上游泳裤。"姐姐催促道。

　　艾伦的父亲和其他孩子都下水了，艾伦还是站在岸边无动于衷。艾伦的妈妈见艾伦过了很久还没有下来，就上岸去找他，只看见儿子还是在原地没有动过。

　　"你站在那儿干什么，大家都已经下水了，你快穿上游泳裤。"

　　"我不会穿。"艾伦很有道理的样子。

　　"你过来吧！宝贝，我来给你穿。"我姐姐只好回答。

　　这时，阿丽森对维尼芙蕾特笑着说："你看，我弟弟多么笨！"

　　我赶紧走上前去拦，叫我姐姐不要为艾伦穿游泳裤。艾伦是家里最小的孩子，他凭借以前的经验，知道自己如果要获得妈妈的关注，只要自己不穿泳裤就可以做到了。阿丽森也十分想妈妈这样做，因为那样的话，她就可以在父母面前证明自己比弟弟能干。我姐姐很明显没有觉察出她的言行对自己的两个孩子还会有这样的意义。她只会将艾伦照顾好，将他本来能够做的一切全部代劳了，她这样如此周全地照顾，让艾伦完全失去了机会去学习独立发展和独立生活的能力。

　　因为我很早就和姐姐聊到过这个问题，我告诉她艾伦需要的是她的鼓励而不是包办，艾伦需要找到自己的新位置。所以姐姐当时很快地反应过来，不能老是替孩子包办一切，艾伦是可以自己穿上泳裤的。现在她应该做的就是让出艾伦尝试和锻炼的机会，只要她愿意，艾伦可能就会有一个小小的成长，小小的突破和进步。

艾伦过来后，我姐姐并没有为他穿泳裤，而是在一旁指导示范，让他自己动手尝试。她没有再催促艾伦应该怎样怎样，而是镇定地说："你自己能穿上的，慢慢来。不要忘了，你已经是一个长大的孩子了。"

一开始，艾伦还是一个劲儿地说自己穿不上，我姐姐好像没听见一样，只是接着鼓励他："你自己肯定能穿上的，来，妈妈闭上双眼数十个数，看你能不能穿好。"

艾伦还是想着要妈妈来帮他穿，因为他没有信心，加上看到爸爸带着别的孩子在海里面玩儿得正高兴，而他自己却在这里连泳裤都没人为他穿上，一下子哭了起来，不愿意再做任何的努力。

如果是以往，艾伦这一招应该是最管用的，可是今天就无效了，结果他反而不能和大家一起游泳玩耍。我早就把姐姐拉到海滩上去晒太阳了，所以艾伦的妈妈也不会回来为他穿泳裤。艾伦死撑到最后才发现，他自己不能和大家一起玩儿，而且没有人会来拯救他的不幸后，不得不改变了想法，决定尝试着靠自己来解决这个看似很难的问题。才过了一会儿，艾伦就穿上了泳裤，跑了过来和大家一起开心地玩耍。

哈里森太太看着这一切的发生经过，她知道了该怎样来对待教育大卫了，于是决定开始改正自己的错误教育方式。这天晚上，玩了一天的孩子们都早早地上床睡觉去了，我们几个大人还留在花园里，一边喝着咖啡一边聊天，只有大卫还在桌边晃来晃去。趁着我们谈话的空当，大卫立刻用很小的声音哀求妈妈："妈妈，我想要你和我一起去睡觉。"

如果还是在以往，哈里森太太一定会二话不说，立即满足儿子的需求和他一起去睡觉。但是今天，她只是轻轻地对大卫说道："你自己先去睡吧！妈妈还要和叔叔阿姨们一起聊会儿天。"

"可是，我害怕。"大卫不肯答应。

"不用害怕，妈妈就在你身边。"

"妈妈，我就要你和我一起去睡觉嘛。妈妈，好不好？我不能一个人睡，我怕黑的，妖怪会来抓人的，我怕他们会把我抓走。"大卫开始撒起娇来。

我们看着他们，目光充满鼓励。哈里森太太非常有耐心地用一种很柔和的语调对大卫说："根本没有什么妖怪，大卫，你已经长成一个大孩子了，从现在开始，你以后都要一个人睡觉了。去睡觉吧！不用害怕，上帝会保佑你的，因为你是一个好孩子。"

大卫开始耍出了撒手锏，他开始大声哭闹，还跺起脚来，最后开始在地上打起滚来，哈里森太太看着大卫一直闹着，就是不说话。大卫接着哭闹了一会儿，见没有人理他，自己也很困了，只好从地上爬起来独自一个人去睡觉。

由于学会了培养孩子的正确方式，哈里森太太改变了对儿子的教育态度。因为大卫从小就失去了父亲，所以作为妈妈，哈里森太太特别疼爱儿子。以往只要是大卫的要求，妈妈都会无条件地答应和履行。现在哈里森太太开始改变自己的态度和行为，尽量让大卫学会独立和尝试。短短几天，大卫就发现妈妈变了，他以前一用就奏效的发火方式现在完全失去了效果，妈妈不再听他的话了，就好像那天晚上他又哭又闹一样，一点作用都没有。

妈妈不再听从大卫的要求，大卫又开始发脾气，想用这一招迫使妈妈就范，但是妈妈很温柔地再一次拒绝了他，态度很坚决。最终，大卫做出了妥协，开始独立地做各种事情，跨出了成功的第一步。哈里森太太用正确的教育方式，培养了儿子独立的能力。

几年后我再一次遇见大卫的时候，他已经长成一个大孩子了，坚强又独立。他现在完全可以照顾自己，还可以照顾他的妈妈。我可以想象得到，将来的大卫将会是一个怎样独立和有成就的年轻人。

3. 鼓励成就自信心

　　作为父母，我们要时刻去鼓励孩子自己把握着自己的幸福，相信自己获得的成功是自己努力争取的，让孩子有机会可以自己去选择，去闯荡，去清楚地看到自己努力的结果，这样才是培养孩子自信心的最好方式。

　　每一位孩子都需要不断地鼓励，就像植物总是需要阳光和雨露一样。许多儿童教育家都非常强调鼓励的作用，认为鼓励是最重要的成长因素。在孩子成长的过程中，用鼓励来使孩子产生自信心是非常重要的手段，是父母应该每时每刻都要注意的一个细节。有一位著名的教育家常说："孩子离开了鼓励就无法生存。"由此可见，鼓励对孩子形成自信心是多么至关重要。

　　刚刚出生后，孩子还在婴幼儿时期，面对复杂纷繁的世界孩子常常会感到不知所措。但是，孩子们还是会鼓起勇气进行各种各样的尝试，努力学习各种方式来让自己适应和融入社会。但是，孩子们的父母却往往在这时因为爱，有意无意地给他们设置了很多绊脚石，而不是夸奖孩子们令人佩服的勇气和努力。

　　之所以会有这样的结果，最根本的原因就是：我们身为父母，不相信孩子的能力。在大人们的头脑中，已经有了很多"一定的东西"，比如说，认为孩子只有到了某一个年龄才能去做某一件事情。具体来说个例子：一个2岁的孩子如果主动要帮我们收拾桌子，当他拿起一个盘子或是碟子的时候，妈妈就会对他说："不要动盘子，你会打碎的。"这样，盘子在你的保护下是可以完整无缺，没有打碎的危险，但是同时，你可能毁掉了一个小天才的诞生。因为你的言语和行为已经在孩子的心里留下了负面的影响，而且推迟了孩子某种能力的发展。

大人们自己总是爱无意间在孩子面前炫耀自己的能力、魅力，还有力量，他们总是喜欢在孩子们面前说："你怎么把衣服穿反了"、"房间怎么又被你弄得乱七八糟"诸如此类的话，每一句都是在告诉孩子，你是多么的没有能力，多么的愚蠢。这样子下去，会让孩子们对自己逐渐失去信心，不想再去探索，不想再去锻炼自己，主动性逐渐丧失，直到他们已经忘记了只有自己敢于有信心，大胆地去尝试，去探索，自己才可能成为一个有用之才。

父母常常有一种自以为是的观念，认为孩子只有到了一定的年龄，才会去干一定的事情。如果不这样，那么孩子就会因为缺乏能力，不可能把某件事情完成好。但是大人完全没有想到，自己错就错在没有想到孩子在那个年龄，已经完全有把那件事情做好的能力，所以我们这样做的结果就是不仅推迟了孩子学习本领的时间，更严重的是可能打击了孩子的自信心，使孩子老是怀疑自己的自信心，对自己的能力会不肯定，那么也不会有很强的进取心。这样一来，可能会对孩子的一生都产生消极的影响。

作为父母，我们首先自己要对孩子充满信心，不能老是对孩子怀疑和犹犹豫豫，我们应该去发自真心地鼓励孩子，相信孩子，帮助孩子们建立起自己的自信。孩子们和大人们一样，有犯错误的权利。我们应该鼓励孩子敢于犯错误，敢于面对失败，而且同时还要想方设法地维护孩子们的自尊心和自信心。

如果想抓住鼓励孩子的时机，这并不是一件简单的事情，作为父母，我们有责任也有必要仔细地研究和思考应该怎样鼓励孩子，经常去反思自己。从一个孩子的行为可以观察出这个孩子的自信程度，如果孩子对自己的能力没有自信，那么他表现出来的就是缺乏做事情的积极性，做事的效率低，更不用说积极地参与活动和奉献自己来获得大家对自己的认同，寻找自己的归属感了。

维尼芙蕾特有一段时间一直在自己学习系鞋带，但是很明显她学得有点吃力。每一次鞋带松开之后，她怎么系都系不好，就只好等在那里让我过去帮忙。到了后来，她干脆自己都不动手了，每次只要鞋带松开，她就直接大声地叫喊妈妈。这时，如果我很有耐心地一次又一次为女儿系鞋带，或者被女儿弄得很烦，干脆就不耐烦地训斥女儿，说她笨，那么维尼芙蕾特会有什么样的想法呢？她会觉得自己也许真的太笨了，可是妈妈真的很厉害，她一下子就把鞋带系好了。这样下去，维尼芙蕾特就会有更消极的想法了，她会认为，妈妈那么厉害，我怎么和她比？还是算了吧！我也不用努力系鞋带了，还是让妈妈来搞定就行了，衣服也不用学习穿了，交给妈妈来搞定吧！这样我更加省事。

所幸的是上面两种方法我一个都不认可，所以都没有采用，我一次又一次地鼓励维尼芙蕾特自己去系鞋带。每次只要她稍微有一点进步，我就会大声地表扬她："这次系得很好，我们再来一次吧，维尼芙蕾特，妈妈相信你可以比上次干得更好。"就是一次次采用这种鼓励的方法，我终于教会了 3 岁的女儿学会系鞋带。

每一位孩子都有自己独特的特点，所以每一位父母教育和培养孩子所采取的方式也要各不相同，这就需要我们做父母的专门花费一定的时间去寻找这种差异。因为，要找到鼓励孩子的最佳方式，关键是要深入地了解自己的孩子。只有这样，才能更有效地鼓励孩子，帮孩子树立自己的自信心，使孩子对自己有正确的认识，而不是经常怀疑自己的能力和价值。自信的孩子是不会太在意别人对自己的评价是好是坏。作为父母，我们要时刻去鼓励孩子：自己是把握着自己幸福的人，相信自己获得的成功是自己努力争取的，让孩子有机会可以自己去选择，去闯荡，去清楚地看到自己努力的结果，这样才是培养孩子自信心的最好方式。

有一年复活节，那一天我家里来了很多客人。所有人都在为举办好这次的晚宴忙前忙后，当然也包括维尼芙蕾特。她跟在别人后面在厨房和客厅里来回穿梭，总是想凑上前去帮点什么忙，但是所有的人都嫌她碍事。因为总是有人对她喊："放下，你干不了这个的，自己到一边去玩吧！""让开，小朋友！"维尼芙蕾特感到自己好像是多余的，什么忙都帮不了大家，所以她就闷闷不乐地回到楼梯上，呆坐在那里失神。

看见她这个样子，我想，在这种情况下，孩子的自尊心可能是最容易受到伤害的，如果能够让维尼芙蕾特积极有效地参加到这次活动中来，效果也许会好很多。于是我把维尼芙蕾特带到厨房里，让她帮忙干些活儿。因为维尼芙蕾特很喜欢吃蛋糕，所以我给她安排了看火这一个很小但是却很细心的工作。她需要做的就是把厨师调好的原料推进烤炉里面，然后守在一旁，等到时间一到，维尼芙蕾特就去告诉忙得晕头转向的厨师去将蛋糕取出来。因为维尼芙蕾特很想证明自己的能力和存在的价值，于是就很努力地做这件事，成了一个令人满意的小帮手。

接着我又把维尼芙蕾特叫到餐厅，让她在我的指导下，把鲜花摆放在各自适当的位置。维尼芙蕾特还会向我提出建议，她认为摆放在哪里比较好一点，而我全部都同意了。我告诉维尼芙蕾特，因为你干得很好，所以现在我把摆放餐具的工作也交给你了。看了我的示范之后，维尼芙蕾特把餐具整齐地放在了餐桌上。整个过程，我只发现很小的两三个错误，告诉她之后她立即就改正了。说实话，维尼芙蕾特完成得真的很不错。

晚宴开始的时候，我在餐桌上向客人们介绍维尼芙蕾特一天辛苦的工作和结果。维尼芙蕾特亲自动手烤了点心，布置了餐厅，你看那些漂亮的鲜花，还有她摆放整齐的餐具。当客人们都赞叹维尼芙蕾特的工作成果，并且鼓掌向女儿说谢谢的时候，维尼芙蕾特的脸红了起来，她开心地笑了，显得十分害羞。

维尼芙蕾特在这样的尝试当中，很明显地感觉到自己的价值所在，她知道了自己是有能力参与工作的，也能够做出自己的一份努力，她可以很好地和别人合作，可以帮助别人更加顺利地完成事情。

在我看来，如果要很有效地去鼓励孩子，有一个重点就是，人生的真正乐趣在于让我们身边的人能够感觉到我们的存在还有我们的价值；鼓励孩子去尝试自己想干的事情，挑战自己，不用要求自己每件事情都做得完美无缺，只要自己愿意去尝试，敢于去挑战，那么就会成长，还可以从中找到意想不到的乐趣。

4. 从小就会萌生的自信心

　　孩子做事的主动性是天生的，总是爱学习，爱摸索，他们很小的时候就认为自己有能力可以做事情了。但是在孩子去尝试和发现时，父母却老是怀疑和限制孩子的发展，他们总是有意无意地让孩子发现自己是多么的无能。

　　在我们的日常生活中，很多父母都不会太重视鼓励的重要性，总是会忘了去鼓励孩子。很多父母总是会认为孩子需要的是教育，而教育的全部就是训话还有惩罚。

　　有一次我看见两岁的维尼芙蕾特在专心地看着奶奶给花草浇水。等过了一会儿，她走到奶奶身边，小心翼翼地拿起水壶，想要帮奶奶浇花。奶奶连忙拿过水壶，说："不要动，维尼芙蕾特，你还小，现在这些事情你还不能做，要等到你长大一些才可以。你看看，水都洒到你身上了。"

　　奶奶不知道自己的话在无意之间对维尼芙蕾特产生了消极的影响。她的话使还没有那么有判断能力的维尼芙蕾特感觉到自己的无能，从而使维尼芙蕾特对自己的能力的自信度大大降低，以后也不会那么勇于地去尝试了。

　　其实，两岁的孩子完全是可以自己浇花的。即使她被水洒湿了又有多大关系呢？孩子如果能够通过浇花认识花卉，并且还能看见这么美丽的花草，通过自己浇水变得更加娇艳和水嫩，她会对自己充满自豪和自信，她会很欣赏自己的能力，而且对这个世界也会更加充满兴趣。我们应该给予孩子这样的机会，而不是剥夺。

　　我在姐姐家度假的时候，有一次我们要出去看演出，所以大家都很赶时间。维尼芙蕾特坐在大门口的凳子上穿鞋，因为那时她只有 3 岁，所以不太熟练，弄了好半天还没有把鞋子穿好。我姐姐看到后非常着急，一把抱过女儿，说道："维尼芙蕾特，就让姨妈帮你穿鞋吧！你这样下去，实在太慢了。"边说边手脚利索地帮女儿系好了鞋带，维尼芙蕾特看到我姐姐的速度如此之快，动作之麻利惊人，脸上出现了沮丧的神情，干脆把另一只脚也伸出来交给姨妈，自己完全放弃了。

很多父母在碰到上面的这种情况时，都会像我姐姐那样，不愿意去采用更好的正确的方式来解决问题，与此恰恰相反，他们还会用自己的行为向孩子们表明，他们没有能力，缺少经验，和大人完全没办法相比。就像上文中我的女儿，第一次女儿可能穿不好鞋子，但是多尝试几次后，孩子总会穿得又快又好。等到孩子学会之后，再赞美一下孩子，那么孩子对自己的认可度会大大提高，不仅会觉得自己又多学会了一项技能，而且会更加认为自己有能力，对自己更加自信。

作为父母，都非常希望自己的孩子成为最出色最有能力的人才，但老是有意无意地阻止孩子尝试不同的方式去开发自己的能力，他们总是怀疑孩子的能力，进而限制孩子的发展。很常见的例子，是孩子准备帮妈妈收拾桌子，妈妈却夺过盘子说："亲爱的，你去干别的吧！这个你现在还不能做，盘子会很容易被你打碎的，这个还是让妈妈来。"因为担心一个盘子会碎掉，这样的父母不惜孩子的自信心被打碎。

孩子们总是爱学习，爱摸索，他们天性就是喜欢在一次次的摸索和尝试中努力地去发现自己的长处和能力。他们天生都拥有强烈的好奇心，什么都想尝试，这些驱使着他们一次又一次地去挑战自己。所以孩子们总是变成了大人的跟屁虫，他们会老是待在大人的身边，一点一点地学习大人们做事情。但不好的事实是大人们的对待态度，当孩子们吃饭时，我们会说"看看你把衣服弄得多脏"，然后一把夺过孩子们的勺子，自己来喂孩子；当孩子自己学穿衣穿鞋时，我们会对他们叫喊"穿错了，穿反了"诸如此类。结果是，我们好像不经意却很成功地就做到了：让孩子们发现自己是多么的无能。

如果孩子不肯合作，不愿意张着嘴等我们来喂，坚持要自己动手来吃饭，我们还会向孩子们发火。我们没有想到这样做会打击孩子的积极性。

很多孩子不愿意好好吃饭，他们在喂饭的时候会紧闭着自己的嘴巴，有时还会把父母刚刚喂进去的食物全部都吐出来，一边吐一边咯咯地笑，好像很好玩一样。很多父母会觉得既无奈又生气，但是却没有仔细反省自己，之前是不是做过什么事情打击过孩子的自信心。

孩子天生就会主动去干这干那，他们在很小的时候就会认为自己有能力去做各种各样的事情了，所以总想着跟在大人的旁边去帮忙。所以孩子们总是会跟在大人身后说"我要打鸡蛋"、"我要洗盘子"、"我要浇花"，如果这个时候，大人们总是对小孩子这样说："乖，亲爱的，你还这么小，这些事情你现在还干不了，先玩去吧！"那么，孩子还能够学会什么呢？

如果我也这样来教育自己的女儿，那么等到她 10 岁的时候，我对她说："维尼芙蕾特，过来帮妈妈打扫房间，好吗？"女儿的回答可能只是："哦，妈妈，我不会，而且，我还没玩够呢！"那样的话，我一定会很生气，心想女儿怎么会是一个如此懒惰的孩子。但是我却没有意识到，正是因为我对女儿从小到大不合理的教育和培养，才会有今日今时这样的女儿。

除此之外，还有很多父母都常常喜欢采用的一种激励手段，那样也会很严重地打击孩子的自信心。这种手段就是喜欢把孩子与别人做比较。很多父母都认为，总是在孩子面前提醒别人的孩子有多么的能干，多么的出色，就可以很有效地激发孩子的上进心，却不知道这种方法的危害性之大，它可能不仅不会达到预期的效果，反而还会打击孩子的自信心，有时候孩子的自尊心都会被伤害。

每一年的圣诞节我都会带维尼芙蕾特去我姐姐家玩几天，因为维尼芙蕾特很愿意陪我姐姐聊天，所以我姐姐很喜欢维尼芙蕾特。一天，维尼芙蕾特又在厨房里和我姐姐一起聊天，她很开心地告诉姨妈自己这学期的优异成绩。她除了有一门科学学科是 B 外，剩下的所有科目都获得了 A 的好成绩。

"维尼芙蕾特，你真棒，成绩总是这么优异，真不愧为一个好孩子。"我姐姐一边夸奖我的女儿，一边好像突然记起了什么，对着厨房门外大声叫道："呀，我还没有见过女儿阿丽森的成绩单呢！阿丽森，你过来，妈妈有事和你说。"这时阿丽森已经在楼梯上听到了厨房里妈妈和表妹的谈话，心里非常忐忑，不想下去。直到妈妈大声喊了好几次，才一副非常不情愿的样子走了出来。

我姐姐问阿丽森："阿丽森，你这次考试考得怎么样？你的成绩单在哪儿？去把它拿来给我看看。"

阿丽森犹犹豫豫地回答："在我房间里。"

看到阿丽森灰心沮丧的模样，我姐姐开始有点生气了。她的声音提高了好多："你是不是又要告诉我坏消息？去，把你的成绩单拿来让我看看。"

阿丽森慢腾腾地走进房间里把成绩单拿了出来，我姐姐拿过来一看，上面大部分的科目都是 C。

我姐姐忍不住开始大声地训斥阿丽森："我真是为你感到害羞，阿丽森。你的成绩为什么老是这么差？你能告诉我原因吗？你看看你的表妹维尼芙蕾特，她的成绩总是这么好，为什么你就不能和她一样？你的学习条件难道比她差吗？你就是懒惰，总是不专心听讲，不全心全意地去学习。你真是这个家里的耻辱，我不想见到你，你给我回到你的房间，好好反省反省，再来和我谈。去！你听见了没有？我不想看到你现在这个样子……"

尽管阿丽森已经不是第一次在表妹的面前这样被母亲大声地训斥和责骂了，但是这次阿丽森显然很伤心很惭愧，她的脸红一阵白一阵，满眼的泪花，脸上满是羞愧、屈辱、无地自容，还有委屈和灰心。她什么都没有说，默默地转身回到了自己的房间。

阿丽森比维尼芙蕾特要大两岁，因为维尼芙蕾特的表现和成绩一直都很出色和理想，阿丽森总是感觉自己像一只黯然失色的丑小鸭，她总是渴望得到大家的谅解、鼓励与赞扬。但是从小时候开始，她就看到了表妹很多的优点和能力，因为维尼芙蕾特给她的压力太大，以至于她老是觉得自己事事不如表妹。这个时候，阿丽森的妈妈却总是夸奖维尼芙蕾特，批评自己的女儿。作为母亲不但不积极地鼓励女儿，反而使得女儿更加泄气、失落和缺乏自信心。

在这件事情上，阿丽森的妈妈有几个很严重的错误，严重地影响到对阿丽森的教育。第一，在她还没有看到女儿的成绩单的时候，就一口认为女儿的成绩一定很差，证明她对女儿一点信心都没有。第二，她很大声地告诉自己的女儿，为阿丽森感到羞愧，不想再见到她，她是自己家的耻辱，会使阿丽森认为自己真的就是一个毫无价值的孩子，在母亲心中一文不值，没有一点空间；第三，姐姐还把阿丽森和维尼芙蕾特拿出来公开比较，更加直接地打击阿丽森，使她怀疑自己的能力，打击她的自信心。

在我姐姐看来，也许这样责备阿丽森可以刺激到她，使她不甘示弱奋发图强起来。她以为把她和维尼芙蕾特相比较可以使阿丽森把表妹当作竞争对手，来努力和表妹竞争，从而可以提高阿丽森的学习成绩。但是，姐姐没有考虑到的一点就是，这种打击孩子和刺激孩子的方法，对于一个从小就缺乏鼓励和自信的孩子而言，只会使她更加认定自己的无能，进而变得更没有信心和畏手畏脚。

对待本来就缺乏自信的孩子，比如阿丽森，唯一有效的方法就是不要再拿阿丽森和维尼芙蕾特作比较，而是仔细关注阿丽森每一点小小的进步。让阿丽森有这样的感觉，不管她的学习成绩怎么样，只要她愿意努力，就是大家喜欢的好孩子。在我看来，随便拿自己的孩子与其他孩子比较是有害的，每一个孩子都是独一无二的，都拥有自己的特有能力。如果要培养孩子，应该在孩子的真实基础上发展，而不是完全学习别人和照搬别人的培养方式。孩子不是别人的复制品，这样才能培养孩子的独立性和自信心，使孩子拥有足够的自信心去面对生活，成就自己。

第十二章　真正的鼓励

在我看来，鼓励是培养孩子自信心的一种方式，它能够为孩子提供自我实现的机会。鼓励能够让孩子明白，自己有能力对自己感兴趣的东西做出有价值的事情，有能力对自己身边的人和事情还有自己的生活产生影响。鼓励能够让孩子对自己感兴趣的事情作出积极的反应，也能够使孩子学会最基本的各种生活技能。拥有了以上种种尝试、锻炼，还有能力，孩子才能在个人生活与社会交流中取得成功。

要培养和鼓励孩子的自信心，一定要注意时机和方法。有些方式看起来好像是鼓励，但事实上如果使用不当就会起到相反的作用。

鼓励孩子进步的方式数不胜数，但在这里面最有效的就是，能够做到对孩子的每一点努力都作出反应，就好像小孩子在刚开始学步一样。虽然事情很小，也很简单，但是效果往往却非常好。因为这种及时的鼓励很明显地表现出父母对孩子成长的关注。

在教育孩子的时候，如果要把约束和惩罚区分开来，并不是一件很容易的事，因为有时候约束和惩罚之间的关系是很微妙的，父母一定要把握好分寸。在我看来，惩罚针对的主要是孩子本身；而约束主要着重于纠正孩子的行为。

1. 掌握好鼓励孩子的时机

当孩子正在痛苦的做内心挣扎或是已经缺乏信心的时候，如果去严厉地指责孩子是最愚蠢的方法。此时父母应该给予脆弱的孩子足够的温暖和柔情，帮孩子分析事情的原委，而且把握好时机鼓励孩子，那么孩子们就会重拾热情和自信，把事情做好。

我和很多年轻的父母相处时，常常发现他们往往不明白鼓励的真正内涵，有的甚至认为鼓励就是说一些好听的话，表扬一下孩子。在我看来，这完全没有理解鼓励的真正含义，这种认识是完全错误的，也没有意识到鼓励对于孩子成长的至关重要性。

在我看来，鼓励是培养孩子自信心的一种方式，它能够为孩子提供自我实现的机会。鼓励能够让孩子明白，自己有能力对自己感兴趣的东西做出有价值的事情，有能力对自己身边的人和事情还有自己的生活产生影响。鼓励能够让孩子对自己感兴趣的事情作出积极的反应，也能够使孩子学会最基本的各种生活技能。拥有了以上种种尝试、锻炼，还有能力，孩子才能在个人生活与社会交流中取得成功。

有的父母认为，要使孩子改正自己的错误，只有惩罚才会有用，但如此一来，孩子完全得不到父母的鼓励。父母固执和不合理的教育方式，常常会造成教育的失败。在我看来，鼓励并不是像有的父母想得那么复杂。其实可以以非常简单的形式来完成。有时候一个简单的拥抱，一个微笑，一个问候，都会给孩子一些安慰。孩子们常常会哭闹，或者不高兴地不停抱怨，或者忧心忡忡，好像没有什么事情可以让他开心起来。很多父母在面对这种情况时，很多时候会感到很生气，甚至还会去揍孩子，认为这样惩罚孩子就可以使孩子有所收敛。实际上，这种做法非常的愚蠢，对孩子的教育和成长完全没有好处。

维尼芙蕾特小的时候和绝大多数孩子一样，爱哭爱闹，但是我从来不会责骂她，用这种惩罚的方式来使她有所收敛，我会仔细观察她的言行，适当地给她一些温暖。我会把女儿抱在我的怀抱里，温柔地告诉她，妈妈是多么地喜欢她，她是一个多么可爱的孩子。每当这个时候，维尼芙蕾特就会慢慢停止哭闹，直到一切恢复正常。我认为，最重要的是搞清楚女儿真正需要的是什么，她哭闹的真正原因。事实上，女儿的哭闹也许只是因为她想在此刻得到我的关心，引起我的注意，所以在我柔情地呵护女儿时，正好满足了她的需求，她才会那么快的安静下来。

对于父母而言，学会掌握鼓励孩子的时机是非常重要的。比如对于维尼芙蕾特，对她最有效的鼓励时机就是在她冷静之后，特别是在她的目的就是想表明自己的权利或是报复时。所以，在每一次发生矛盾时，能够做到冷静处理是非常好和有用的方式。即使当时真的没有办法让孩子平静下来或者不能走开，至少也要态度和善地对孩子表明自己的感情与目的，千万不要图一时的痛快说出气话，伤害到孩子。

我在培养维尼芙蕾特的过程中，总是会尽量避免伤害到她的自尊心，一直把鼓励她和充分肯定她非常认可她的优点放在第一位。

维尼芙蕾特3岁的时候，有一段时间不想再画画了。我对维尼芙蕾特的突然变化感到很奇怪，因为女儿平时只要一提到画画，就会显出很高的热情和兴致来。我想帮助女儿重拾绘画的热情，所以专门找她谈了一次话。

"维尼芙蕾特，妈妈看你好几天没有画画了，怎么了?"我问女儿。

听到我的询问后，维尼芙蕾特没有立即回答，而是低下头开始一个人小声地自言自语。

"告诉妈妈，你现在是不是不再像以前一样，对画画不感兴趣了? 没关系，如果你真的不喜欢画画了，妈妈是不会强迫你去做自己不喜欢做的事的。"

"不是的，妈妈，我喜欢画画。"

"那么为什么妈妈现在很少见到你画画呢?"

"因为……因为，妈妈，因为我总是画得不好。"

"没有呀！妈妈看你一直画得很好。"

"不是的，我画得就是不好。"

"那么，你把你的画拿给妈妈仔细看看，好吗？"

"不要，那些画画得一点都不好。"

"没关系的，拿给妈妈看又不是给别人看，说不定妈妈看完之后，还能给你一些有用的建议呢。"

于是女儿把她的作品全部都拿出来了，一副很难为情的样子。

"哦，很美啊！画得这么好的画，怎么说画得不好呢？"看完女儿的画之后，我感到很满意，不停地赞叹。

"可是，那个太阳画得一点都不圆。我也不知道什么原因，我画圆的东西总是画不好，像小球、苹果这一类的东西，我总是画不好。"

"可是，这些东西完全没有必要画得那么圆啊！"

"可是卡特总是可以画得很圆，他还老是因为这个取笑我！"

"维尼芙蕾特，妈妈以前不是带你去参加过画展吗？你记得里面有哪一位画家会把太阳、苹果这一类的东西画成圆的吗？"

"还真没有呢，妈妈。"

"是啊，那些艺术家都不会把苹果、太阳这些东西画成圆的，你为什么要钻牛角尖呢？更何况，一幅好的画应该是生动的，充满感情的，而不是在那里追究线画得够不够直，苹果画得圆不圆。只有绘图员才会那样子去画画，你又不是绘图员。"

维尼芙蕾特好像没有听懂我的话，满脸奇怪地看着我。

我见女儿这个样子，就耐心地给她讲解画家和绘图员的区别。我慢慢分析，让她明白卡特的评价是如何的不合理，是错误的，然后，我从女儿的每一幅画中仔细地找出了优点。女儿一直好奇地睁大眼睛听着我的解释，脸上的疑惑渐渐地消失了，而且开始有了开心的神情。在那次我和女儿的谈话之后，维尼芙蕾特又恢复了对绘画的兴趣。因为有了自信，心理上的障碍也消除了，维尼芙蕾特开始热情洋溢，而又充满自信地绘画，画技也突飞猛进。

在我看来，对于维尼芙蕾特这样的小孩子而言，能不能将画画好完全不重要，关键是她有信心这么一直画下去。当然，在鼓励孩子的时候，再向孩子传授一些正确的知识和经验，效果会变得更好。

根据我的经验，当孩子正在痛苦地做内心挣扎或是已经缺乏信心的时候，如果去严厉地指责孩子是最愚蠢的方法。此时父母应该给予脆弱的孩子足够的温暖和柔情，帮孩子分析事情的原委，而且把握好时机鼓励孩子，那么孩子们就会在父母的引导和鼓励之下，重拾热情和自信，把本以为不能做好的事情做好，把能够做得好的事情完成得更好。

2. 赞扬孩子的好方法

要培养和鼓励孩子的自信心，必须注意方法与时机。有些方式看似鼓励，却会因为使用不当而起到反作用。有时候夸奖反而会打击孩子的自信心。

如果一个孩子只有在引起了别人的注意时才会开心，那么这个孩子就不可能获得真正的幸福。真正的幸福是不需要依靠别人的注意也会产生的，它存在于每一个人独立的活动当中。

维尼芙蕾特从很小开始就有很强烈的参与欲望，她总是盼望着能够参与到别人的活动当中，像别人一样能够完成很多事情。在我看来，这基本上是所有孩子的天性，而且这种欲望恰恰就是学习的动力，对孩子而言，这是一种很可贵的探索精神。

有一次，我正在收拾房间，整理着刚刚从外面买回来的漂亮鲜花，准备把它们插到一个精美的花瓶里。我在玻璃花瓶的底部铺上了一层小石子作为装饰。

"妈妈，让我来帮你吧!"维尼芙蕾特一边说一边抓起了一把小石子。

"不用，你会把花瓶打碎的。宝贝，你就乖乖地站在一旁看妈妈来铺，好不好？"

"不，妈妈你放心，我不会打碎花瓶的。"维尼芙蕾特还是坚持要帮我的忙。

我一急，就一把抓住维尼芙蕾特的手制止她："乖，去别的房间里玩，否则妈妈要生气了。"维尼芙蕾特闷闷不乐地离开了客厅，回到了自己的房间。看着女儿不开心的样子，我突然感到自己的做法很不合理，这样做，无疑会打击女儿的好奇心和探索的勇气。于是，我走到女儿的房间，把维尼芙蕾特叫了回来。

"妈妈刚才仔细地想了想，认为你能帮妈妈干活是一件好事，这样子吧，让妈妈来教你干。"

维尼芙蕾特一下子精神焕发，兴奋起来，跑出去抓了一把小石子。

"不对，维尼芙蕾特。不要这样子，一次拿那么多的石子，应该一个一个地放进去，不要用力气往瓶子里扔石子，你要轻轻地放进去，只有这样，瓶子才不会碎掉。"

在我的悉心指导下，维尼芙蕾特终于把石子放得非常漂亮。

看到女儿把事情完成得如此之好，我心里非常感触。和女儿的自信心比起来，那个玻璃花瓶又算得了什么呢？但是，为什么一开始我会那么在乎那只花瓶呢？维尼芙蕾特受到鼓励后非常开心，如果每次她在尝试之后都能得到如此宝贵的经验，那么，她的自信心一定会越来越强。

我很明白，每一个人成长的基础都是自己的擅长之处，而不是弱点。连成年人都会犯错误，那么为什么要那样苛责地去要求孩子呢？在我看来，自己所做的一切都是为了改进自己教育孩子的方式，并不是为了一下子就达到完美，而且我非常明白，完美的境界是不可能达到的。

在平常的生活里，我每时每刻都在注意女儿很小的进步和变化，每次看到女儿的进步，即使是很小很细微的进步，我都会觉得十分欣慰。维尼芙蕾特的每一点点进步，都会让我的信心跟着增强，我始终相信自己能够帮助女儿成长得更好。

在我看来，要培养和鼓励孩子的自信心，一定要注意时机和方法。有些方式看起来好像是鼓励，但事实上如果使用不当就会起到相反的作用。的确，有时夸奖孩子反而会打击他们的自信心。也许会有人认为这是无稽之谈，在他们看来，这是不可能的事情，夸奖孩子，怎么会打击孩子的自信心？但这的确不是我的无理妄言，这确实是事实。我曾经听说过这样一件事。

有一位母亲，名叫爱伊娜，她有一个 11 岁左右的女儿。有一天，她走进女儿的房间，发现女儿竟然已经把房间打扫得一尘不染，而且还端端正正地坐在书桌边专心地做功课。这位母亲非常开心，她忍不住夸奖自己的女儿："你真是个好孩子！妈妈没有叫你这样做，你自己却做了。你真是个乖孩子。妈妈真是太喜欢了！妈妈好开心！"

可是在接下来的几天，这位母亲没有接着每天都表扬女儿这个好的习惯，这时女儿并不是像她想象的那么乖和勤快，因为女儿没有再接着主动去打扫房间了。

原因是什么呢？能够怪女儿吗？不能，责任完全在母亲爱伊娜身上。在我看来，爱伊娜教育女儿的方式就有问题。即使爱伊娜是在表扬女儿，但是女儿的感觉可不是那么好，她可能会想："妈妈之所以会喜欢我，是不是因为我打扫了房间，假如我没有这样做的话，她还会像这样喜欢我吗？"

我认为，这样不合时机地夸奖会使孩子产生认识上的错误，孩子们会产生这样的感觉和结论，就是自己的价值在于自己是否能够满足妈妈或其他什么人的要求。如果夸奖了孩子，他们就会觉得自己更加具有个人价值了；但是，如果他们的房间很乱，或者是不小心犯了其他什么错误，就会被妈妈责备，同时也会使自己的个人价值贬值，也会降低他们本人在妈妈心目中的地位。如果总是这样发展，孩子长大之后走进社会，他会怎么去表现自己呢？这个时候，孩子能否适应外面的社会，能不能开心，总是在很大的程度上在于别人对自己的评价上。

假使别人对他表现出认可，认为他做得不错，赞扬他，他的自我感觉自然不会差，工作也会更加努力；但是，如果其他人不那么认可他，认为他的某件事情做错了，或是完全忽略了他的成绩，而没有赞扬他，那么他的自我感觉就会遭到极大地破坏，自信心也会大幅度地下降。

从以上分析来看，如果要赞扬孩子，必须要慎重，掌握好时机和方法。在维尼芙蕾特成长的过程中，每次当她突破自己取得很大的进步时，我都会直接地夸奖女儿。但是，对于女儿一直都能够完成，并且做得很不错的事情，我都只会把赞扬埋在心底：亲爱的，你真棒，做得真不错，妈妈为你感到自豪。

3. 给孩子尝试和表现的机会

因为父母无意之间低估和贬低了孩子的能力，夸大了孩子的无能，这就使孩子本来已经具有的勇气在打击之下越变越少，直到最后全部丧失。在我看来，多给孩子尝试的机会，使孩子相信自己的能力，同时不失时机地有效地鼓励孩子，对孩子潜力的发展是非常有效的。这样会很顺利地开发和培养出孩子取得成功的自信心。

很多时候，在我们的生活中，很多父母对年龄还小的孩子总是不放心，什么都不敢让孩子去做，所以一天到晚，为孩子忙个不停。因为孩子们还太小，所以父母们认为自己帮助孩子是一种不可以逃避的责任，特别是在孩子有困难时。但是，在我看来，父母们应该控制帮助孩子的这种冲动，因为父母喜欢帮助孩子只是一种习惯，却从来没有想过其实这种帮助是完全没有必要的，也许孩子们早就已经完全学会了那些技能。实际上，在很多时候，父母要为孩子做这做那的时候，孩子们经常会不乐意。孩子们会对父母说："让我自己来。"每一个孩子一开始都有表现自己能力的欲望。如果他们能够表现自己，比如自己照顾自己，帮助父母完成一些事情，他们就会为自己的能力感到自豪和满足。如果孩子经常这样，那么等他长大后，他就会很乐意为自己做事情，也很乐意去帮助别人。

从维尼芙蕾特很小时开始，我就会教她自己的事情自己亲手去做。要她自己学会吃饭、穿衣、洗脸、上卫生间，等等，维尼芙蕾特为自己能够很好地完成这些事情而高兴。她很清楚自己能够照顾好自己，自己能够把自己的一切打点好，而且还能够每天去学习掌握新的技能。

维尼芙蕾特从幼儿期开始，就表现出自己亲自动手做事情的强烈欲望。她会在吃饭的时候自己去抓勺子，想自己喂自己饭吃。我从来不会像别的父母那样，因为害怕她把食物掉在桌子上或弄脏衣服，就不允许她去尝试。如果不让女儿亲身体验尝试，就会打击她的积极性，甚至使她对自己的能力产生怀疑，这样的损失是没有办法挽回的。很显然，比起帮孩子重新唤出他已经丧失的勇气，只是把孩子一身的汤水洗干净，要容易很多。所以，一般只要发现维尼芙蕾特想自己做点什么、尝试点什么的时候，我通常都会放手让女儿自己亲手去做和体验。

直到现在，我还老是会不经意地想起维尼芙蕾特小时候的很多事情。当她看到父亲在写字时，她也会找来一支笔学爸爸涂涂抹抹；看到我浇花，她会把自己的玩具桶提过来帮忙。这是一种想参加的愿望，也是一种想表现自己能力的愿望。可是，在实际生活中，我看到在绝大多数家庭中，孩子的这种愿望一般都会被父母的满心担忧、细心呵护、还有全部包办所吞噬。父母们因为担心孩子可能会出现意外受伤，或是能力不及损坏东西，或是担心孩子太吃力，于是就不管不顾，直接制止孩子去实现自己想尝试的事情。这样下来，孩子们就会有一种受到打击的感觉，他们会怀疑自己的能力，自信心就会在这种怀疑中渐渐消退，越变越弱。

因为父母无意之间低估和贬低了孩子的能力，夸大了孩子的无能，这就使孩子本来已经具有的勇气在打击之下越变越少，直到最后全部丧失。在我看来，多给孩子尝试的机会，使孩子相信自己的能力，同时不失时机地有效地鼓励孩子，对孩子潜力的发展是非常有效的。这样会很顺利地开发和培养出孩子去取得成功的自信心。

维尼芙蕾特3岁大的时候，有一天，我有一位朋友告诉我一个消息：

在我们所在的城市，即将举办一场儿童朗读比赛。听到这个消息后，我就和维尼芙蕾特开始商量，看看她的想法。

"维尼芙蕾特，市里即将举行一场很大的儿童朗读比赛，你想去参加吗？"

"当然很想，妈妈，可是……"

"有什么顾虑吗？告诉妈妈，你要真想去的话，妈妈明天就去给你报名。"

"可是妈妈，我有点担心和害怕。"

"你担心和害怕什么呢？要知道，你的朗读一直都是很厉害的。大家都这样说。"

"妈妈，我想到时候一定会有很多人，而他们一定都会看着我。"

"别人看着你，又有什么关系呢？你是害怕自己会输吗？"看着女儿犹犹疑疑，我决定鼓励女儿让她拥有勇气去参加朗读比赛，我不想女儿仅仅因为害怕，就放弃一个能够表现自己，锻炼自己和让自己成长的机会。

"以妈妈的观点来看，你应该去参加这次朗读比赛。因为你的朗读水平真的很棒，即使不能拿到第一，这至少也是一个很好的锻炼自己和磨炼自己的难得机会。假如你是在害怕别人会看你，你就不要去看他们了，把注意力全部都放到比赛当中就可以了。更何况，即使别人一直看着你也没有关系，这可能还是一件好事呢！你想想，所有的人都只喜欢注意自己喜欢的人，要是没有人去看你，只能说明大家都不喜欢你。但是，妈妈认为，大家一定都会喜欢你的。而且，你如果能够通过这次朗读比赛，将自己的朗读水平展现给那些喜欢你、在乎你的人看，是一件多么快乐的、值得高兴的事情呀！不过，最终这件事情还是需要你自己来作出决定，妈妈只是把自己的想法和看法告诉你，好让你更好地思考和作出决定。"

维尼芙蕾特想了好一会儿，最终答应了我，让我明天去给她报名参加朗读比赛。第二天，我去给女儿报完名后回来，当我把报名表拿给女儿时，我看到她的眼中并没有我期望的高兴激动的神采，她满脸都是一副心事重重的样子。

"怎么了，维尼芙蕾特，后悔了吗？"我关切地问女儿。

"不是的，妈妈，我只是担心自己不能获胜。"女儿小声地回答。

听到女儿这样的回答，我想自己应该多给她讲讲朗读比赛的目的和意义，让她理解，从而打消自己的顾虑。

"在我看来，举办朗读比赛的目的，是为了让小朋友们一起参与一个有意义的活动，让你们互相认识，互相了解和沟通，并且在沟通中学到更多的知识。参加朗读比赛的目的并不是为了拿到一个名次，而是为了锻炼你的勇气，培养你的能力。妈妈认为，如果你能够获得成功，拿到冠军当然好，但是如果你没有得到任何名次，也没有多大关系，我和你爸爸对这个都不在意。因为在爸爸妈妈眼中，你一直是一个有能力的好孩子，你并不需要单单凭借一次比赛来证明你自己。"

听完我的话，维尼芙蕾特一下子豁然开朗。我很清楚女儿其实非常聪明，就是缺少胆量和勇气。她不敢站在台上面对那么多观众大声朗读，她没办法去想象这是一种什么样的感觉。但是作为母亲，我想让自己的女儿更加去开阔自己的视野，能够更有能力和勇气去面对生活。我希望她能很好地利用这次锻炼来说明和增强自己的能力，使自己更有勇气。

朗读比赛那天，在举办的学校来了很多观看比赛的人。除了参加比赛的孩子们之外，大多的是他们的家长，还有一些是当地的教育人士。到了维尼芙蕾特上台朗读时，她从座位上站了起来，回头看了我一眼，看样子好像想和我说点什么。我温柔地捏了捏女儿的小手，轻声地对女儿说："你是最厉害的，妈妈相信你！你应该表现你自己，你把自己的水平正常发挥出来了就会很好了。"女儿变得很镇定，然后走向朗读比赛的讲台上。

和我所预期的一样，比赛的结果是维尼芙蕾特取得了冠军。那一天公布比赛结果后，维尼芙蕾特非常高兴，兴奋雀跃。她一个劲儿地拥抱我，亲吻我。在那以后，维尼芙蕾特不再像以前那样没有胆量了，她变得越来越有勇气。她已经敢在任何场合下发表自己的意见和建议，并且淋漓尽致地去表现自己。这一次在讲台上的表演，为她在以后人生中争取各种机会奠定了稳固的基础。维尼芙蕾特在 5 岁时就能够非常熟练地运用世界语，并且到世界各地去宣传演讲，表演世界语。在我看来，和维尼芙蕾特在很小时候的朗读比赛有着密切的关系。通过那次朗读比赛，她变得敢于尝试，敢于锻炼自己，敢于去证明自己的价值和能力，最重要的是，她在那次比赛中获得了自信。

4. 美才是真正的价值

假如一个孩子没有责任感，就不会理解和看清楚真正的价值是什么，也没有办法认识到自己在社会上的地位和重要性，那么他必然会感到迷茫和失望，那么创造的动力和激情也会逐渐褪去。如果是这样，孩子就会很容易被一些表面的、没有内涵的物质所迷惑，然后沉迷于其中，甚至再也走不出来。

我有一位邻居叫安斯特利太太，她很疼爱自己的儿子。有一天，她兴奋地满怀激动地对我说："斯托夫人，今天我采用你的教育方式，去鼓励了我的儿子。"我回答说："真的吗？那太好了，你能仔细地说给我听听吗？"

于是安斯特利太太很有兴致地、眉飞色舞地给我讲述那天她鼓励儿子的全部过程。

那一天，安斯特利太太从外面回到家，一进门就惊奇地发现，9 岁的儿子吉姆把家里打扫得干干净净，房间里的东西全部都收拾得整整齐齐，地板全都被擦得一尘不染。她感到非常意外，但是特别欣慰，因为她事先没有叫儿子这样去做。一直以来，她都以为儿子吉姆是一个不讲卫生的孩子，却没有想到他会这么干净利落地去打扫卫生，这可是儿子生平第一次做家务做得这么到位和令人满意。

安斯特利太太非常激动地抱着儿子吻了又吻，接着说道："宝贝，你太乖了，这么好！妈妈真是想不到，你会干这么多活。哥哥有没有帮你忙来做这些呢？"

吉姆回答妈妈："这些全部都是我一个人做的，只有我一个人在家，哥哥到外面去了。"

"啊，真是太好了。妈妈以前一直说你太懒了，真是胡说八道，是妈妈错怪你了。妈妈多么地喜欢你呀！要是你哥哥能够和你一样，是一个勤快的孩子该是多好！吉姆你可真棒，你现在已经长大了，成为一个懂事听话的好孩子了。"

儿子吉姆被妈妈安斯特利夸得有点不好意思了，他谦虚地说着："妈妈，这不算什么，反正我今天正好也没有什么事。"

安斯特利夫人意犹未尽，还想表扬一下儿子，就接着说："这样吧！吉姆，鉴于你今天的表现很好，妈妈很开心也很满意，妈妈奖励给你两块钱。"安斯特利夫人的话让我哭笑不得，显然她自己很开心也很兴奋，认为自己对孩子进行了很有效很正确的教育，却全然不知自己已经犯了一个彻彻底底很严重的错误。她虽然已经好多次听说过我对维尼芙蕾特的教育，但是她显然不理解教育的真正内涵，因此也不能真正地有效地正确地教育儿子。

我之所以会这样说，主要是以下各方面的原因。吉姆主动自觉地完成了本不该是自己做的家务，完全是因为他自愿，并且他没有需要其他人的一点帮助。作为母亲，当然会因此表扬他。妈妈会夸奖他是一个好孩子，并且表示自己的高兴和对他的喜爱，还会希望其他孩子也和勤快的吉姆一样懂事，这些都是理所当然，无可厚非的。但问题就在于，安斯特利夫人把赞美之词用过了火，她把所有能用的都套用到自己的儿子身上了，过犹不及。她把吉姆本人的好坏，仅仅凭借他所做的一件家务就来作判断；她对吉姆的爱，也和一件简单的家务联系起来。这就是这一番夸奖的关键点和微妙所在，因为这几句话，会让还是孩子的吉姆产生怀疑：他没有办法确定妈妈爱他是因为他干了这件事才去爱他，还是即使他什么也不做，妈妈也会仍然爱他。

　　除此之外，吉姆在做完这件事情之后，被母亲大大表扬了一番。他会对自己感到非常自豪和满意，而且变得自信心膨胀，他会理所当然地认为，自己所做的每一点努力都应该被别人认可和交口称赞。但在实际生活中，很多时候我们要面对的却是，没有人会总是注意你、认可你、赞扬你。如果吉姆面对着这样冷冰冰的对他而言很残酷的现实之后，他会怎样呢？他也许会想：生活真不公平，我真够不走运的。我辛辛苦苦地干了那么多事情，可是却没有人看得见；我的努力和成果全都白白浪费掉了，没有一个人会去注意和欣赏它们。如此一来，吉姆很容易被现实打击得灰心丧气、闷闷不乐，甚至会沮丧地连自己应该去完成的事情，都不想去完成了。

　　另外，在吉姆做完了好事之后，安斯特利夫人给了他两块钱，这也是很不明智的做法。因为这种鼓励方式会使儿子吉姆认为，如果自己去做了本不属于自己的工作时，一定会得到额外的报酬。这样的话，吉姆会认为做好事的目的就是为了拿到报酬和奖赏。如此一来，在以后他每完成一件事情，尤其是在帮助别人时，他总是有意无意地希望别人会给他物质上的报酬，并且认为那是应该的。但是在实际生活中，这种想法就是错误的而且不现实的。而且，孩子是不可能在做完每一件事情之后，都可能得到物质上的奖励或是报酬的。试想一下，如果安斯特利太太因为太忙，因而没有注意到吉姆所做的好事，或者忘了给吉姆奖励，那么吉姆的反应又会是什么呢？这时候，吉姆的积极性很可能会受到挫败，说不定还会因此失去做好事的动力和兴趣。

　　在我看来，不管是鼓励孩子还是赞扬孩子，都应该只是针对孩子的行为，而不应该把孩子所做的事情联系到孩子本身的好坏，尤其不应该把对孩子的爱与他所做的事情联系起来。如果要表扬孩子，那么请只去针对孩子所做的具体的事情，才会使孩子拥有良好的成就感，不会去怀疑自己和你对他的爱，才会因此感到真正的开心和满足。

　　维尼芙蕾特也常常会帮我干一些家务活儿，有时还会做一些其他的事情，所以我在教育维尼芙蕾特的过程中，也常常会遇到类似的事情发生。

每当这个时候，我都会表扬和鼓励女儿，但我一定会采取和安斯特利夫人完全不同的说法和方式。

又是一个周日，我从外面回到家里看到花园被收拾得非常干净，又整洁又漂亮，心里特别开心。因为我知道只有维尼芙蕾特一个人在家，所以我敢肯定是女儿自己动手的杰作。她不仅亲自动手把花园里的杂草全部都清除了，还把从树上掉到地上的枯黄色的落叶清扫得干干净净，把所有的花花草草都浇了水。院子里看起来精致盎然，生机勃勃。

我故意装作不知道的样子询问女儿："维尼芙蕾特，有人把花园打扫得这么干净，你知道是谁吗？"

"哦，妈妈，你猜猜看。"维尼芙蕾特调皮地向我眨眨眼。

"嗯，让妈妈想想，如果不是仙女下凡来到我家干的，那么一定是你了，是吗？"

"说对了，妈妈。当然是我了。"

"做的真不错，你是怎么做到的呢？"

于是，维尼芙蕾特兴致勃勃地给我讲她怎么扫地，怎么打扫落叶，怎么除掉杂草，怎么提着小水桶出去给花草浇水。我牵着维尼芙蕾特的小手，和她一起来到我家的花园里。

"天啦，真是太美了。妈妈从没有见到过我家的花园这么漂亮！"

"真的吗？妈妈。"女儿满脸兴奋和激动地问我。

"当然是真的，妈妈一直以为我们家的花园太凌乱了，不美观。前不久还一直和你爸爸商量要把花园拆了，看是不是重建一个。但是今天看到它变得这么漂亮，妈妈觉得非常开心和惊奇，已经决定改变以前那个想法了。"

"是吗？妈妈。"维尼芙蕾特听完我的话，更加开心了。她手舞足蹈地宣布："我们家的花园是最美丽的花园，我不允许任何人来破坏它。"

我拍了拍女儿的小脑袋，鼓励她说："是的，妈妈也不会让人来破坏它，这些都是女儿你的劳动成果。妈妈想告诉你，你今天的行为真是棒极了，妈妈为你感到高兴。"

"那么，妈妈，我能得到什么奖励吗？"女儿眨着眼睛问我。

"奖励？"

"是的，吉姆做了好事情都是有奖励的，他的妈妈会奖励给他钱的。"

"奖励，维尼芙蕾特，你看看你的眼前这漂亮的花园。妈妈问你，你仔细想想，还有什么比我们现在拥有这么漂亮的花园更美好，有什么奖励能够超过它呢？"维尼芙蕾特真的是一个非常聪明的孩子，她听完我的话之后立刻就明白了奖励的真正含义。她一边高兴地跳了起来，一边对我说："妈妈，我明白了。美丽就是给予我的最好的奖励，也是最有价值和意义的。"

虽然我们总是不断地去教育孩子，要做一个对社会和人类的有用之才。但是事实上，在社会上很少会有具体的事情来鼓励和激发孩子们去实现和锻炼，所以目标常常会显得大而空洞，没有实际意义。

在我看来，家庭里面是会有很多这样的机会的，因为在孩子小的时候，会有很多日常生活中的事情可以拿来教育和鼓励孩子。家庭一开始就是教育孩子的最好的场所，所以作为父母，一定要注意通过日常生活中的一件件具体的小事情，让孩子们认识到优良品德的重要性，去树立正确的人生观。

假如一个孩子没有责任感，就不会理解和看清楚真正的价值是什么，也没有办法认识到自己在社会上的地位和重要性，那么他必然会感到迷茫和失望，那么创造的动力和激情也会逐渐褪去。如果是这样，孩子就会很容易被一些表面的、没有内涵的物质所迷惑，然后沉迷于其中，甚至再也走不出来。

5. 学会正确的比较

有些父母喜欢把自己的孩子和其他孩子作比较。这还不算什么，关键是在于他们比较的方法，总是把自己孩子的短处拿去和其他孩子的长处作比较，结果可想而知，当然是只能证明自己孩子的无能，这样不仅不能让孩子进步，良好健康地去发展自己的能力，很有可能还会导致反效果。

在我看来，鼓励孩子进步的方式数不胜数，但在这里面最有效的就是，能够做到对孩子的每一点努力都作出反应，就好像小孩子在刚开始学步一样。虽然事情很小，也很简单，但是效果往往却非常好。因为这种及时的鼓励很明显地表现出父母对孩子成长的关注。

在孩子迈出第一步的时候，我想每一位母亲都不会忘记自己在那一瞬间的激动心情，这个激动人心的场面会被她永远刻在自己的记忆中。在孩子的成长过程中，如果父母能够仔细地观察孩子每一步的发展，那么他们就会发现，会有很多这样的时刻和场面，自己会为孩子的成长和进步感到激动和骄傲。

在孩子刚刚学习走路时，孩子一步一步地走向母亲，母亲每每退后一步，孩子就会向前走一步。母亲总是会竭尽全力鼓励孩子一直向前迈开步子，母亲喜欢给孩子足够的空间去尝试。孩子在母亲的悉心引导下，尽自己所能一步一步向前走，直到自己满怀着激动和兴奋的心情扑进母亲温暖柔软的怀抱。在孩子学步的过程中，每次向前迈开一小步，都会得到父母的鼓励，赞赏还有呵护。

但是令人遗憾的是，在实际生活中，当孩子逐渐长大时，父母却渐渐忘记了这一点。他们往往会对孩子有过高的期待，却不会留给他们一步一步发展和进步的空间。有些父母常常会苦恼和抱怨自己的孩子进步太慢太小，他们还喜欢把自己的孩子和其他孩子作比较。这还不算什么，关键是在于他们比较的方法，总是把自己孩子的短处拿去和其他孩子的长处作比较，结果可想而知，当然是只能证明自己孩子的无能。导致的直接后果就是，不仅不能让孩子进步，良好健康地去发展自己的能力，很有可能还会导致反效果。孩子的自信心一次次受到打击，不愿意再去努力和尝试，结果能力越来越差，自己不仅不会进步，甚至还会退步。

威利布尔的爸爸是一位大学的教授，这个小男孩一出生就老是被周围的人不停地赞扬。大家会夸他聪明，漂亮。但是现在，这个 8 岁的小男孩儿却变得忧心忡忡，总是一副十分不安的样子，好像在害怕什么不好的事情会发生。

威利布尔认识很多聪明又十分有才华的学生，因此他总是喜欢把威利布尔和那些大学生在各个方面作没完没了的比较。

"威利布尔，你可真差劲。"一天，威利布尔的父亲刚从外面回来就对儿子大声说道。

"怎么啦？"威利布尔满是疑惑地问父亲。

"我有一个 14 岁的学生，你知不知道，这个 14 岁的孩子已经开始念大学了，而且他的成绩非常好……"

威利布尔明白做教授的父亲又要开始责备自己了，自己辩解也没有什么用。于是他低下了头。

"你怎么不说话了，你不是一直很有本事吗？不是说自己会这会那吗？我看你就会自吹自擂。"威利布尔的学习成绩虽然一直不是很好，但是他总是很想做一个优秀的孩子，所以他总是向父亲保证，自己一定会努力地学习。但是今天他听见父亲又说出这样的话，感到非常反感。终于忍不住大声地对父亲喊道：

"够了，你老是对我这么不满意。我就是这么差劲怎么了？"

"什么？你还敢顶嘴？我从来没有见过像你这样没用无能的孩子，明明自己没用，却还老是装出一副自以为是、很有本事的样子。"威利布尔的父亲讽刺他。

"我就是这样子，你不喜欢就算了，怎么样？你不要管我就好了，反正我就讨厌你管我，真是很烦。"威利布尔终于爆发了。

"你不要我管你，我不管你谁来管你，我可是你爸爸。"教授已经被气得火冒三丈了。

"哼，我爸爸，我可不需要这样的爸爸。"威利布尔反驳道。

父子俩的争吵声越来越大，越来越激烈，简直没有办法收场。到最后，父亲给了儿子一巴掌，争吵才停了下来。

可是好景不长，威利布尔开始在外面游荡和闲逛，慢慢地开始和外面的坏孩子厮混在一起。经常会有人看见，威利布尔和那些无赖、小混混儿们一起吸烟、打架，骚扰来来往往的路人。

威利布尔天生就是一个愚蠢的孩子吗？天生就是一个自以为是的孩子吗？天生就是叛逆不听话的坏孩子吗？当然不是。在我看来，真正极其愚蠢的人是他的父亲。即使他是一位大学教授，还是不能改变我的看法。这是一位完全不合格的父亲，他没有用正确的方式去对待孩子的缺点，没有用正确的方式去教育孩子，他不给孩子改正缺点的机会和时间，也不给孩子向前一步一步进步的空间。当儿子本来就处在失落和迷惘的时候，他不仅没有感觉到孩子的伤心和不安，用自己的爱心和温情去鼓励孩子，相反，还非常残酷和苛刻地把儿子的短处和其他孩子的长处作比较，一个劲儿地打击孩子，说话伤害孩子，致使孩子的自尊心受到伤害，自信心也趋于崩溃，最后自暴自弃，对自己没有了希望，终于踏上了令人痛惜的不归路。

在我看来，作为父母，最基本的应该是一位智慧与修养并重的人，更何况威利布尔的父亲还是一位从事教育事业的大学教授。但是，他不仅没有采用更好更有效的教育方式，还完全不懂得最基本的合理的教育方式，进而采取了完全恶劣的极端的教育方式来教育自己的孩子，把一个好好的孩子的大好前途给毁掉了。这样的人，根本就没有资格去做教授，他不仅不能尽到一位老师的职责，反而还会伤害其他孩子，误人子弟。

身为父母，我们不仅应该凭借自己的爱心去培养孩子，更应有责任和义务帮助孩子从迷茫中解脱出来，从低落的状态中振作起来，而其中帮助孩子成长的最好办法就是鼓励孩子。鼓励孩子，让他能够拥有足够的勇气去独自面对失败，承担后果，获得成长。

有一天，我看见维尼芙蕾特一个人坐在房间里，一动不动地发着呆。我顿时感到很奇怪，维尼芙蕾特一直是一个阳光乐观的孩子，今天怎么这样沉默，和以往完全不同？我猜想，维尼芙蕾特一定遇到了什么不如人意的事情，于是走到女儿身边，充满关切地问她："怎么啦？维尼芙蕾特。"

"妈妈，我觉得自己太笨了，我实在太不能干了。"小维尼芙蕾特满脸的沮丧。

"你为什么这样说呢？"

"今天我和小伙伴儿们一起玩儿游戏，后来大家提议比赛跑步，可是我发现，他们全都跑得比我快。"

"那你和谁一起比赛跑步啊？"

"卡特、米娜、吉姆，对了，还有科斯特……"女儿一个一个地数着。

"这样啊！妈妈还以为发生了什么大事情呢，原来是这样啊！"听完女儿列举完小伙伴儿的名字，我忍不住笑出声来。

"你笑什么呀？妈妈。他们所有人都跑得比我快，特别是科斯特，总是跑在最前面，可是看看我，老是像一条尾巴一样，跟在他们所有人的最后面。"女儿有些生气了，又很失落。

"可是，维尼芙蕾特，你有没有想过，他们为什么跑得比你快呢？你有没有仔细想过原因？"我没有再笑了，停下来温柔地望着女儿问她。

维尼芙蕾特有些疑惑地看着我，不知道我想表达什么意思。

"还没有想明白吗？维尼芙蕾特，他们当然都会跑得比你快啦！因为相对于你而言，他们都是大孩子啦！你现在只有4岁，还是个小姑娘。但是就妈妈知道的，跑在最前面的科斯特已经7岁了，其他孩子，像卡特是6岁、吉姆5岁、米娜也差不多快到6岁了。你想想，如果他们跑的连你这个刚满4岁的小女孩都跑不过，那不是太差劲了，估计他们会比你还要伤心。"我耐心地给女儿分析和解释。

"哦，原来是这样啊！"维尼芙蕾特恍然大悟。

"当然是这样，你想想，如果你这么小，就跑得比他们都要快，那其他孩子得多受打击呀！估计会一点自信心都没有了。所以，妈妈看，你也不用难过了，好歹也要给其他人一点信心，对不对呀？"

听完我的话，维尼芙蕾特脸上的疑惑基本上已经全部消散，一副豁然开朗的样子。她很明显不再悲观，小小的可爱的脸上又是阳光灿烂，笑容可掬。

6. 说服而不是惩罚

孩子们的成长需要的是更具有说服力的道理，而不是父母老是以权威姿态对孩子实施压制和惩罚，强制孩子去接受自己不喜欢的事情。对于父母而言，应该做的是不断地去学习各种各样的有效方式来鼓励孩子们，让孩子们心悦诚服地接受父母的教导。

绝大多数父母都把惩罚和奖赏当成管教孩子的撒手锏。有些父母的观点是，如果要把孩子教育好，就要懂得如何充分地运用奖赏和惩罚。在他们看来，孩子有好的行为就去奖赏他们，有不好的行为就要去惩罚。以为能够做到这样，孩子们就会变得越来越听话，而不会再调皮。

对于孩子不听话该怎么办的问题，很多父母都会回答：揍他。似乎通过给孩子一顿好揍，就能打出一个既听话又令人满意的好孩子来。但是事实上，这种办法真的像这些父母们以为的一样，真的那么有用吗？

有一天，哈里斯夫人非常烦恼地和我倾诉："我的儿子莱恩真的太烦人了，一点都不听话，打了他几次都没有用，还是老犯错误，不肯改。我的头都大了，却还是拿他没办法。你教教我，到底该怎么办呢？"

"什么，你打孩子啦？"我十分吃惊。

"当然，如果不打他的话，他不闹得惊天动地是不会罢休的。"

原来，4岁的莱恩在和大家一起吃饭的时候，有一个很不好的行为，就是经常喜欢把饭菜撒到桌子上，有时候还故意在桌子上到处都抹上汤汤水水。有好几次，他正在这样子恶作剧的时候正好被妈妈哈里斯夫人逮了个正着。哈里斯夫人当然很生气，总是会打他的屁股以示惩罚。

哈里斯夫人总是高声的训斥儿子："莱恩，我已经警告过你很多次了。不许再这样，不许再这样，你为什么就是不肯听我的话？打了你这么多次，你还是这样不肯改，你想让妈妈更加生气，更加使劲地揍你吗？"

可是到了第二天吃饭的时候，莱恩还是会把饭菜倒在桌子上。

听完哈里斯夫人的话，我真是不知道该怎么回答她才好。为什么她的儿子莱恩挨了那么多次打，还是不肯改正错误呢？难道是因为莱恩年龄太小，不知道妈妈为什么气成这样子，以至于非得打他才能平息怒气？肯定不是。在我看来，莱恩完全清楚自己在干什么，以及自己为什么要这样干，而且他还是专门故意这样子做的。他在用自己的行为告诉母亲，反抗母亲："我就是要这么干，我偏偏要这样，看你能把我怎么样？"莱恩这样做的原因很简单，他对妈妈过分地使用自己做家长的权利感到非常不满，他自己要反抗，嘴上不能说，只有通过行为来说话，进行无声的抗议。在我看来，那些使用惩罚方式来昭显自己的权利，把自己的想法和观点强制地附加给孩子的人，只会使孩子稚嫩的心灵萌生厌恶、不耐烦和鄙视，进而孩子就会采取反抗的态度。

在我看来，教育孩子应该用相互尊重与合作，而不是惩罚，所以我从来不会为了让维尼芙蕾特改正错误或是学习某件事情，或是听我的话，而施行过多的惩罚，我一般都会仔细地考虑，尽量采用合理的方式来管教女儿。孩子毕竟还很小，不成熟，也没有什么经验，需要父母的指导才能更加健康地成长和面对生活中的很多问题。如果孩子能够意识到父母尊重他们，他们是会乐意接受父母的教育和引导的。孩子们虽然年龄很小，但是心里其实是很敏感的，很多事情他们都会懂。随着孩子的年龄一天天变大，也会越来越明白事理，他们的成长需要的是更具有说服力的道理，而不是父母老是以权威姿态对自己实施压制和惩罚，强制自己去接受自己不喜欢的事情。对于父母而言，应该做的是不断地去学习各种各样的有效方式来鼓励孩子们，让孩子们心悦诚服地接受父母的教导，这样，孩子们才会向着健康的方向发展。父母一定不要对孩子滥施惩罚。

在教育孩子的时候，如何把约束和惩罚区分开来，并不是一件很容易的事，因为有时候约束和惩罚之间的关系是很微妙的，父母一定要把握好分寸。在我看来，惩罚针对的主要是孩子本身；而约束主要着重于纠正孩子的行为。

约束孩子就是对孩子讲清道理，制定并实施行为规范来教育孩子。不管是谁，都不能完全不顾别人的利益，任意妄为，每个人的行为都要受到一定的行为规范的限制。如果给孩子讲清这种道理，孩子一般都能够理解，就会变得懂事起来，那样他们往往会乐于接受大人们合理的约束，而这种好的效果是惩罚达不到的。

有一次我和丈夫正在谈话商量事情的时候，5岁的维尼芙蕾特来到我们身边，大声地对我喊道："妈妈，我要你讲故事给我听。"

我转过头来，认真地对维尼芙蕾特说："对不起，维尼芙蕾特，妈妈正在和你爸爸讨论重要的事情，麻烦你先等一下，好吗?"

但是维尼芙蕾特好像没有听到我的意见，依旧站在我们旁边大声地吵闹，还时不时地插嘴打断我和丈夫的谈话。

"维尼芙蕾特，妈妈刚才已经说了，我和你爸爸正在商量事情，你要等我们谈完之后再来找我，妈妈再给你讲故事。如果你愿意的话，可以站在一旁听我和你爸爸说话，但是你要安静一点，不然的话，我要让你离开这里，去其他房间。"我很认真地警告女儿。

但是维尼芙蕾特好像没有听见我的话，还是在一旁大声嚷嚷。这时我停下来，没有再和女儿说话，而是没有声色地把女儿带到其他房间。

等我和丈夫商量完事情之后，我赶紧到女儿的房间，找到她说："好了，妈妈现在和爸爸商量完事情了，现在妈妈可以给你讲故事了。"

"太棒了! 妈妈，你讲，快点讲。"女儿高兴地喊道。

我开始给女儿讲："妈妈认识一个和你差不多大的小朋友，他和你一样，既聪明又活泼可爱。有一天，他的爸爸妈妈正在一起商量怎么度过圣诞节，还在计划给这个小男孩一个惊喜，为他买一棵很大的圣诞树作为节日礼物。这个时候，小男孩走了过来，打断爸爸妈妈的谈话，缠着他们要他们带自己去公园玩。妈妈和他说了好几次叫他等一会儿，等爸爸妈妈把事情商量完之后再带他去公园里玩儿。可是小男孩就是很任性很固执地不听话，而且还大哭大闹。妈妈被男孩子吵得很没有办法，只好停下和爸爸正在商量的正事带男孩去公园里玩。可是，到了第二天圣诞节，妈妈才发现自己忘了给孩子买圣诞树当节日礼物。结果就是小孩子在那一年没有收到父母的圣诞节礼物。你说，这个结果应该怪谁呢？

"当然应该怪那个孩子，谁让他在爸爸妈妈商量事情的时候打断他们呢……"维尼芙蕾特话还没有说完，一下子用手捂住了嘴，满脸不好意思地笑了。

有一次在家门口，维尼芙蕾特遇见了哈里斯夫人，于是很有礼貌地向她问好。哈里斯夫人一直都听大家夸奖维尼芙蕾特是一个很懂事很听话的好孩子，就很有兴趣地和她谈起话来。

"维尼芙蕾特，你可真是个懂礼貌的好孩子，这么讲礼貌。你有没有调皮不听话的时候，被妈妈打？"哈里斯夫人有点逗她似的问维尼芙蕾特。

维尼芙蕾特奇怪地回答："为什么会打我呢？我妈妈从来都不会打我。"

第十三章　孩子的内心世界

在我看来，在教育孩子的过程中，对待孩子，父母应该有一颗宽容的心。只有这样，孩子才能感觉到父母的信任。孩子只有在认为父母信任他时，才会毫无保留地告诉父母自己所思所想。这样，父母才有可能顺利地和孩子交流，了解孩子的真实感受和想法。有了相互信任的基础，假如孩子真的有什么不良的习惯，父母也能够更容易走进孩子的内心，帮助孩子改正自己的不良习惯和错误，也会相对容易很多。

即使是对于大人之间，也是在足够的相互信任的前提下，才会建立起友谊和良好的合作关系，更不用说对于孩子了。在我看来，要想把孩子培养成一个优秀的人才，有一点非常重要，也是教育的前提条件，就是一定要给孩子足够的信任。作为孩子们最亲密的人，作为孩子们的父母，我们一定要相信孩子的能力，相信孩子的品质，相信孩子的才华，相信孩子的勇气，相信孩子的信心，只有这样，孩子才会有勇气有信心去尝试去锻炼，才能走好他们人生道路上的第一步。

孩子们的不同性格，也往往决定了对他们采取的教育方式应该有所不同。作为父母，不应该只是听别人怎么说，而是应该自己对孩子有充分的了解，来帮助自己对孩子进行恰当的教育。如果能够合理地运用各种教育方式，有效地及时地纠正孩子的错误是非常重要的，但是这必须首先要对孩子有一个全面的正确的认识，理解孩子们的内心世界，这种教育方式和效果才有可能会实现。

1. 给孩子足够的信任

要想把孩子培养成一个优秀的人才，有一点非常重要，也是教育的前提条件，就是一定要给孩子足够的信任。作为孩子们最亲密的人，我们一定要相信孩子的能力，相信孩子的品质，相信孩子的才华，相信孩子的勇气，相信孩子的信心。

我有一个好友叫伊莉贝莎，她有一个 11 岁的儿子。有一天，她在儿子的房间里发现了一个烟斗，因此她很担心自己 11 岁的儿子会染上不好的习惯。

"这是什么？我从你的房间里发现的。"伊莉贝莎拿着那只烟斗到儿子面前，口气非常严厉，看样子似乎不打算听儿子的解释就要进一步责问和训斥儿子。

"这是一个烟斗。"儿子满不在乎地说。

"你从哪儿得到的？"

"我从外面捡回来的。"

"在哪儿捡的？"

"就在门外的路上，今天早上我一出家门就看见了它。"

这时，伊莉贝莎用极其怀疑的语气质问道："你不要跟我耍花招，告诉我到底是怎么回事？你是不是跟着外面的孩子学坏了？是不是和他们混在一起开始学抽烟了？"

"不是，我才不会去抽烟呢！"

"是吗？你以为你这样说我就会相信。"伊莉贝莎反问道。

儿子看起来生气了，大声地对伊莉贝莎喊道："信不信随便你！我就是没有抽烟，我懒得理你信不信，我不在乎！"儿子把话说完之后就走进了自己的房间，门砰地一声被关上了。

伊莉贝莎火冒三丈，她心想自己这样还不是为了儿子好，可是儿子却完全不理解她的苦心，她感到又气恼又伤心。

在我看来，之所以事情会发展成现在这个样子，完全是因为伊莉贝莎对儿子的说话方式和说话的语气出了问题，从她的话里丝毫听不出她对儿子的关心，儿子只能感觉到她对自己的愤怒和不信任。

事后，伊莉贝莎仔细认真地想了想这件事情，对自己的态度和话语进行了反思，才发现是自己自以为是的观点和责问审查的态度使得儿子对自己如此反感，对自己的想法产生了误解。于是，她决定找儿子好好谈一谈，消除儿子对自己的误解。第二天，一等到儿子从外面回来，伊莉贝莎就对儿子说："我们坐下来好好谈一谈，好吗？"

"你想谈什么？"儿子一副满不在乎的样子，态度显得很冷漠。

因为一开始就做好了准备，所以伊丽贝莎还能保持冷静。

"妈妈仔细想了想，昨天我因为怀疑你偷偷学坏，跑去抽烟所以冲你发火。你一定会认为妈妈是怀疑你，挑剔你的毛病，却一点都不关心你，是吗？"

伊莉贝莎的话正好触及了儿子的伤心事，他一下子委屈得哭了起来，满眼泪水地说道："是的，妈妈，我感觉在你的眼中，我只是你的一个负担，你并不关心我，你会烦我，只有我的朋友才是真正地关心我。"

"妈妈听你这么说，觉得你说的很有道理。昨天妈妈真的感觉很不安，当我第一眼看到那个烟斗时，被吓坏了，我感到非常愤怒，我好像看到你和一些坏朋友在一起混，好像还看到了你在抽烟。妈妈声音一大，就说错了话，那样你当然就感觉不到我爱你。"伊莉贝莎温柔地和儿子解释。

慢慢地，儿子的委屈和冷漠情绪终于有点缓和。

伊莉贝莎继续对儿子说道："妈妈真的很抱歉，对不起，妈妈昨天不该向你发那么大的火。"

"没关系的，妈妈，那只烟斗的确是我在门外面的马路上捡回来的，你应该相信我的。"

儿子向妈妈平静地解释道。

"好吧，儿子，妈妈相信你。其实妈妈一直都很相信你，妈妈只是太担心你会做对自己不利的事情。所以这种担心就干扰到妈妈正确地合理地思考事情，想法有些偏激，你能不能给妈妈一个机会？让我们再次开始，一起来解决这些问题好吗？"

谈话的结果让伊莉贝莎非常开心，因为这次谈话是建立在信任与爱的基础上的，这种氛围使母子间的关系有了根本的好转，这次谈话的最大成果是终于让儿子明白了母亲对他的询问并不是怀疑他挑剔他，而是出于对他的关心。伊莉贝莎也认识到对于孩子而言，信任是多么的重要。在教育孩子的过程中，只有母子之间相互信任，才会有一个良好的开端。

因为父母对孩子的期望总是很高，所以无意之中对孩子的态度就会变得很偏激，而这种态度无疑会给孩子一种冷漠的感觉。尤其是父母生气的时候，孩子会误以为父母的敌意完全是针对自己的，因而感觉不到一点点父母的爱意和温暖。这种感觉只会使孩子对父母产生反感甚至会抵抗父母，他们会觉得父母对自己不关心，也不信任。如此一来，父母和孩子之间的矛盾就会在双方都浑然不知的情况下被激化，结果恶化。

在我看来，在教育孩子的过程中，对待孩子，父母应该有一颗宽容的心。只有这样，孩子才能感觉到父母的信任。孩子只有在认为父母信任他时，才会毫无保留地告诉父母自己所思所想。这样，父母才有可能顺利地和孩子交流，了解孩子的真实感受和想法。有了相互信任的基础，假如孩子真的有什么不良的习惯，父母也能够更容易走进孩子的内心，帮助孩子改正自己的坏习惯和错误，也会相对容易很多。

即使是对于大人之间，也只有在足够的相互信任的前提下，才会建立起友谊和良好的合作关系，更不用说对于孩子了。在我看来，要想把孩子培养成一个优秀的人才，有一点非常重要，也是教育的前提条件，就是一定要给孩子足够的信任。作为孩子们最亲密的人，作为孩子们的父母，我们一定要相信孩子的能力，相信孩子的品质，相信孩子的才华，相信孩子的勇气，相信孩子的信心，只有这样，孩子才会有勇气有信心去尝试去锻炼，才能走好他们人生道路上的第一步。

2. 充分了解孩子的内心世界

孩子们的不同性格，也往往决定了对他们采取的教育方式应该有所不同。作为父母，不应该只是听别人怎么说，而是应该自己对孩子有充分的了解，来帮助自己对孩子进行恰当的教育。如果能够合理地运用各种教育方式，有效地及时地纠正孩子的错误是非常重要的，但是这必须首先要对孩子有一个全面的正确的认识，理解孩子们的内心世界。

在孩子还没出生时，父母们就好像等待自己亲手创造的珍品一样，带着不安甚至有些焦急的心情盼望着孩子的出生。即将成为人母的女人，在漫长的怀孕期间，经历了不安、疑惑、肯定、高兴、轻松等一系列不同的心理路程，才终于等到孩子从天堂降落凡间的喜悦。之后，妈妈们亲眼见证小孩一天一天地长大，这或许是每一位母亲一生中最幸福的感受了。在成为了爸爸妈妈之后，年轻的家长们也开始慢慢成熟起来。因为有了孩子，他们从此多了一份难能可贵的却又义不容辞的责任和义务：帮助孩子、照顾孩子、抚养孩子长大成人。

作为父母，为了教育好孩子，家长们每天都在仔细地观察，体验和不断地探索，一步一步地去了解孩子的生活与想法，一点一滴地去熟悉孩子的一切，一刻也不会放松，直到孩子长大成人。可是，真正到了孩子长大明白事理的时候，又有多少父母真正地全面地了解和懂得自己的孩子呢？

对于父母而言，要想真正地了解孩子，其实真的不是一件很容易的事情。每一个孩子都是独特的，都有自己独一无二的性格。有的孩子天性活泼，有的生来内向；有的生性胆小，有的则天生勇气过人；有的孩子热爱运动，整天不知疲惫地蹦蹦跳跳，有的则温顺可人，一直安静地待在一旁。在我看来，年轻的家长们不仅要在各方面给予孩子舒心的关心和照顾，还应该学会从生活中细节上观察自己的孩子，探索孩子的内心世界，然后用有效的各种各样的方式对孩子加以引导，这样才能更好地更有效地培养和教育自己的孩子。

在不同的家庭环境中，孩子受到的教育也是各不相同。尽管每一位年轻的父母都在竭尽全力地教育自己的孩子要从小懂事听话、热爱学习和劳动，但是不同的教育方式，也会有不同的教育结果。有的父母对孩子的肯定和赞扬极其吝啬，那么这样教育下的孩子会非常缺乏自信心；有的父母对待孩子就像是呵护手掌心的宝贝，过于溺爱的庇护让孩子的能力不能得到充分的锻炼，这样的孩子总是处在大人的保护伞下。这种过分的照顾，使孩子从小就得不到必要的基本的锻炼，长大后常常会变得既保守又懦弱不堪。

孩子们的不同性格，也往往决定了对他们采取的教育方式应该有所不同。作为父母，不应该只是听别人怎么说，而是应该自己对孩子有充分的了解，来帮助自己对孩子进行恰当的教育。有些父母对孩子的了解不够充分和全面，就会导致孩子不能正确而全面地理解父母的教导。这样就会产生很多完全没有必要的矛盾。特别是在孩子犯了错误的时候，到底应该怎样合理而且有效地教育孩子，常常成为父母头疼的问题。如果能够合理地运用各种教育方式，有效地及时地纠正孩子的错误是非常重要的，但是这必须首先要对孩子有一个全面的正确的认识，理解孩子们的内心世界，这种教育方式和效果才有可能会实现。

许多父母都自以为是地认为自己非常地了解孩子，其实事实远非如此，他们一点都不理解自己孩子的内心世界。因为他们不愿意在这一方面多花一点时间和精力，总是想当然地理解孩子的行为。他们会花费大把的时间向朋友倾诉自己的苦楚，抱怨自己的孩子是多么的不诚实、不听话，却不愿意自己一个人静下心来反思反思，或是坐下来耐心地和孩子谈一谈，多了解一下孩子真实的内心的想法。我想他们的做法是极其不明智的，这种父母是最没有责任心的父母。

在维尼芙蕾特4岁的时候，有一段时间她非常调皮和不听话。她总是会时不时地就发脾气，每天好像都会故意地把房间里的各种东西都扔到地上。有一天，我看见维尼芙蕾特又开始捣乱了，就走到她身边问她："维尼芙蕾特，你在干什么？最近为什么老是把房间搞得这么乱？"

维尼芙蕾特听完我的话，并没有立即停下来胡闹的意思，反而当着我的面，用手一把把桌子上的一本书扫到了地上。

"你这是要干什么？快把书捡起来。"我指着地上的书对维尼芙蕾特说。

"就是不捡。"

"你怎么这么不听话呢？"

"我就是要不听话。"

我听女儿这么说，不想再和她争论下去，因为她的脾气很不好，不知道接下去会怎样。于是我没有再多说些什么，扭头就走了。我刚走没一会儿，就听见维尼芙蕾特在房间里的尖叫声。她好像更加放肆，还不时地乱扔东西，从她房间里不断地传出来东西被扔到地上的"砰砰"声。

我强忍住自己的怒火，一个劲儿地劝自己不要生气。再等了一会儿，我听见维尼芙蕾特的吵闹声慢慢停了下来，紧接着是女儿伤心难过的大声哭泣。

这时，我再次走进维尼芙蕾特的房间，轻声柔和地对她说："维尼芙蕾特，你到底怎么啦？有什么不开心的事情吗？"

维尼芙蕾特没有回答我，自己一个人伤心地坐在那里哭泣。看着女儿伤心难过，楚楚可怜的模样，我的心一下子疼惜起来，我弯下身去，把女儿从地上抱了起来。

"妈妈一直认为你是一个懂事听话的好孩子，所以刚刚妈妈看到你乱扔东西时并没有责怪你。妈妈想你一定是遇到了什么难过的事情，告诉妈妈好吗？也许妈妈能够帮你呢！"

听完我这些话，维尼芙蕾特的心情好像舒缓了不少，但是还是在哭泣。

"好了，宝贝，不要哭了。有什么事情不能解决呢？你一直都是一个聪明的孩子，现在还有妈妈会帮你，妈妈想应该什么问题都能解决了。"

维尼芙蕾特猛地一下子扑进我的怀里，伤心地大哭起来："妈妈，我觉得自己真的好孤单啊！"

"怎么会呢？妈妈不是天天和你在一起，陪着你吗？"

"可是，你一天到晚都只是在你的书房里写字、看书、工作，你老是不理我，我想，你一定不在乎我了……"

原来是这样，我这才恍然大悟，同时也为自己的粗心大意和一时疏忽感到深深的抱歉和自责。那一段时间，我工作的确很忙，有很多稿子要写，所以就没有像平时那样去陪女儿，我完全没有想到女儿会这么痛苦和难过。那一瞬间，我突然明白女儿的心是多么的敏感和脆弱，孩子的内心世界是多么的复杂和丰富。这些都是我以前从来都没有想到的。然后，我就对女儿具体讲解我的工作是干什么，为什么要做这个工作，我想让女儿理解我。

"维尼芙蕾特，你可不要这样想，妈妈不在乎你不理你，这是完全错误的想法。你要知道，妈妈一直最在乎、最深爱的人就是你，我的宝贝。妈妈这一段时间的确太忙了，等妈妈把这些工作忙完，过完这一段时间，妈妈一定陪你去好好地玩。但是，你也要理解妈妈啊！妈妈相信你是一个懂事又善解人意的好孩子，妈妈是一定要工作的，你一定能够理解妈妈的，对吗？"

在女儿知道我没有不理她而是还深深地爱着她的时候，她就再也没有随便地乱发脾气或是捣乱、摔东西了。有时候，我会在工作的空当里到女儿的房间里去看一看她。女儿就会懂事体贴地对我说："妈妈，你去忙你自己的事情吧！没关系的，我很好，我自己一个人也知道怎么玩。"

3. 真诚、平等地和孩子交流

如果父母想顺利地与孩子进行思想交流，就必须而且只有先从内心去改变自己，以平等的、对待朋友的方式去对待孩子，父母们总是不肯放过任何一个机会向孩子灌输自己的道理，却不知道孩子压根就反感父母这种生硬的教育方式。

孩子应该受到父母的尊重，大人们应该与孩子们交流，很多人都会这样认为。但是在实际生活中，很少有人能够做到与孩子真正地交流，因为他们不能用平等的态度来对待孩子。父母们总是习惯用教训的语气、哄骗的口吻、引诱的口气来和孩子说话，这样如何和孩子平等地交谈？即使孩子们自己表示愿意交流沟通配合，也极有可能不是出自真心的。父母这种不尊重的态度和方式，不可能使孩子完全信任父母，也不可能会让孩子把自己的心里话全部说出来。

在与孩子谈话时，当孩子询问父母"你不开心吗？"或是"你生气了吗？"，很多父母都会板着脸生硬地回答"没有"。当孩子满是关心地问母亲："妈妈，你怎么啦？"有的妈妈会一句话冷冷地甩过去："不关你的事，和你没有关系。"神情和语调都在告诉孩子，自己现在正在生气。孩子们都是聪明而且敏感的，他们很容易就能分辨出大人们在说话时，脸上的表情和说话的语调里面所能够表现的真正含义。但是，年轻的父母相对孩子而言，却要迟钝得多，完全没有觉察到自己在和孩子说话时语气和声调的变化。

在我看来，如果父母想顺利地与孩子进行思想交流，就必须而且只有先从内心去改变自己，以平等的、对待朋友的方式去对待孩子，父母们总是不肯放过任何一个机会向孩子灌输自己的道理，却不知道孩子压根就反感父母这种生硬的教育方式。孩子们是不会接受这种对他们而言的讨厌方式，它甚至会引起孩子的厌恶和反抗。父母们总是希望孩子什么事情都能听自己的，对孩子提出各种各样的要求，却从来不肯告诉孩子为什么要这样做。导致的直接后果就是，孩子不仅不会听从这些要求，还会产生反叛的心理，进而抵制和反抗父母的各种要求。

父母和孩子交谈，一定要注意采用合理的方式。事实上，好的交流和沟通在某种程度来说是一门艺术。要想做到这一点，就必须理解孩子，尊重孩子，真诚地倾听和观察孩子的想法和认识。

维尼芙蕾特6岁的时候，我计划着为女儿举办一个生日晚会。在准备发生日请柬的时候，我和维尼芙蕾特发生了一次小小的争论。

"你知道伊莎贝尔的家庭地址吗？维尼芙蕾特。"我问女儿。

"我不想让她参加。"女儿回答。

"为什么呢？她不是一直是你最好的朋友吗？"我有些奇怪。

"不，她才不是。"

"你怎么可以这样说呢？这样可不太好。"

"我不管啦，反正我就是不想请她就是了。"维尼芙蕾特有些不耐烦了。

看见女儿这样烦躁的态度，我也有点生气了，我对她说："如果你不高兴的话，我们干脆就不要举办生日晚会了。"

没想到女儿竟然回答："不举办就不举办。"丢下一句话，就转过身跑回了自己的房间。

我一下子想到了自己的大意和错误。伊莎贝尔一直是女儿最要好的朋友，女儿今天这么不友好的态度一定是因为发生了什么事。我说话的语气和态度也很差，这样一来，一定气着了女儿。

等过了一会儿，我等自己的情绪平静下来之后，就去了女儿的房间，走到女儿旁边。

"维尼芙蕾特，你们是不是吵架了？"

"是的，她老是爱乱翻我的东西。上次来我家，还乱动乱翻乱玩的，最后把我的小提琴弦都给弄断了。"

"她的行为让你很生气，对吗？"

"是的，我都已经和她说过好多次了。可她还是老样子，一点都没有要改的意思，我很讨厌她老是这个样子。她每次跑过来，都要去摆弄我的小提琴，真的很讨厌。"

"这样的话，你能不能想个办法，让她再也不能动你的小提琴呢？"

"我想我可以把琴盒锁起来拿到你的卧室去，那样谁都动不了我的小提琴了。"

"嗯，这个主意听起来真不错，如果这样做的话，你还要不要请伊莎贝尔？"

"我想可以请。"

因为我改变了说话的语气和态度，和女儿说话时把女儿完全当作朋友，所以才会使女儿愿意对我说出自己的真心话和想法，她把自己的不愉快一五一十全部都告诉了我，我才可以帮助她分析找到处理问题的好办法，也保住了差一点就会被取消的生日晚会。

所以，如果父母想要让孩子完全说出自己的真实想法和感受，就必须先学会要以真诚的、平等的态度去和孩子交流，要学会去理解孩子。只有和孩子有良好的交流和沟通之后，父母才能真正地了解孩子，知道孩子们缺少的和想要的，才能想办法向孩子们提供及时的帮助。

4. 如何让孩子敞开心扉

父母要是想教育好孩子，就必须先真正地了解孩子。父母如果要想和孩子进行无障碍的沟通，让孩子了解父母对他的爱就是最重要的前提。孩子们需要很清楚地知道，父母是爱他们的；他们需要父母对爱作出保证。只有这样，他们才会有足够的安全感，完全向父母敞开自己心灵的大门。

在培养女儿的过程中，我有很深的感触，只要我自己愿意花费精力和时间与女儿交流，她就会感到自己在亲情的温暖方面很满足和开心，十分愿意向我聊她的事情。女儿的真诚和坦白，让我能够相对轻松很多地真正地了解她。女儿之所以愿意让我完全地了解她，是因为她很明白，我是最爱她的人。我们大家都清楚，谁会愿意让一个完全陌生的人或者是一个完全不相干的人来了解自己呢？谁又会去和一个对自己一点都不重要的人讲自己的真心话呢？

很多母亲总是为家务忙个不停，却不能抽出时间陪伴孩子玩耍或者与孩子交谈。父亲们则更多地为工作的事情忙碌烦恼，哪里会有闲心坐下来和孩子们交谈？更不用说那些事业有成的人了。这些父母们总是能找出各种各样的理由，用来表明自己不能和孩子们在一起。

有一天，米尔斯特丽太太向我讲述她和儿子之间的一件事情。

"那天夜里我因为有事情，一直忙到很晚才回家。我刚刚走进家门，儿子卡夫特就笑嘻嘻地凑了过来，满脸笑意兴奋地对我说："妈妈，告诉你一个好消息。我写了一篇文章，关于小动物生活习性的，在报纸上登出来啦！"

这个时候，我发现儿子把喂猫的碗打翻了，食物撒得满地都是。我当时正累得要命，一看到这个样子，立马就火了。

"知道了。"我瞪了儿子一眼："什么小动物的生活习性，你看看，喂猫的碗都被你打翻了……你一直就是这个样子……老是这么浮躁，你去看看你的房间，简直像个狗窝。我都说过你多少次了，还是这个样子，你什么时候能改……"

儿子的笑容顿时消失不见了，脸色也变了，他一副识趣的样子去收拾那只打翻的碗，闷闷不乐地回到自己的房间，开始整理我口中的狗窝。

看见儿子既失望又难过的样子，我才想到自己刚才对儿子的态度实在太冷淡了，而且也不好。但是我一下子又不想拉下脸来，直到现在儿子还不想理我。

对于米尔斯特丽太太自己而言，她的行为和所说的话并没有什么错，这当然是事实。但是她不知道她的冷漠态度会让孩子感到多么的沮丧。卡夫特原本很开心地想和母亲分享自己的劳动成果，或是和妈妈聊聊自己文章的内容，或是向妈妈讲述一下自己的想法，或是想和妈妈分享自己的那份快乐，或是可以很高兴地和妈妈聊聊天，但是母亲的态度就好像硬邦邦的石头一样扔过来，他感到自己很好的心情一下子被砸得粉碎。

米尔斯特丽太太说儿子从那件事情发生之后就不怎么爱搭理她，这当然是很正常的事情。儿子肯定会想：我自己有那么开心的事，你却这样来对待我，那在平时，你肯定就更不愿意和我说话了。这样一来，卡夫特就会自然而然地认为母亲不愿意和自己谈话交流了。既然这样，自己何必还要硬凑过去，自讨没趣呢？

我在上文已经有提到过，父母要是想教育好孩子，就必须先真正地了解孩子。父母如果要想和孩子进行无障碍的沟通，让孩子了解父母对他的爱就是最重要的前提。孩子们需要很清楚地知道，父母是爱他们的；他们需要父母对爱作出保证。只有这样，他们才会有足够的安全感，完全向父母敞开自己心灵的大门。

有很多时候，好像并没有什么理由，孩子就会去缠着大人，既不说什么话，也不会做什么事。但是他会睁着一双天真的眼睛，充满期望地看着正在忙忙碌碌的妈妈，非常认真地问妈妈："妈妈，你爱我吗？"有些母亲会对孩子突如其来的问题搞得很奇怪，她们会应付孩子似的非常简单地回答一句："妈妈当然爱你，你到别处去玩吧！"如果母亲这样回答，只会让孩子产生这样的想法：你要是真的爱我的话，怎么会让我一个人走开到一边去呢？

大家心里都很清楚，父母不可能总是把时间花费在和孩子们在一起上，孩子也并不需要父母这个样子。孩子们完全可以自己干自己喜欢的事情，并不需要父母整天整天地陪着自己。但是，孩子们总是在留心想着一件事情，那就是父母此时此刻有没有想着我，他们是不是真的像他们所说的那样爱我。作为父母，每一天都会有很多事情忙着处理，但是又要照顾孩子，尤其要注意孩子们的感受，给予孩子们足够的爱，这的确是一个不好处理的很棘手的问题。

在维尼芙蕾特很小的时候，我总是非常注意倾听她和我所说的每一句话。只要是女儿乐意表达的东西，不管是她在学习上的事情还是生活上的事情，以及玩耍游戏时的事情，我都会认真地去听，而且我会给予女儿适当的反应，以鼓励她说下去。我会用自己对待大人的态度来认真地对待女儿，从来不会去应付女儿的问题和敷衍女儿说的事情。

女儿有很强的表达欲望，总是喜欢同我和父亲讲她自己的各种事情。女儿总是会和我们一起聊天。她会把她在一天里碰到、遇到、见到、听到，甚至想到的各种事情都告诉我们。

这样一来，女儿的表达能力发展得特别快，和同龄的孩子相比，语言能力也要强很多。至于我和丈夫，通过经常和女儿的沟通，我们不仅对女儿有了更深的了解，而且也能享受到有孩子的幸福和温馨的家庭时光。何乐而不为呢？

每一天晚饭之后，我们全家都会出去散步，这是我们一家最快乐的时光。在静谧幽美的林荫道上，我和丈夫牵着女儿的小手静静地走着，尽情地欣赏黄昏的美景，还有享受可爱的女儿给我们带来的每一丝欢乐。

有时候丈夫会询问维尼芙蕾特的学习情况，看看女儿到底已经学会了多少知识。这时，女儿就会充满兴奋地向父亲谈论她每一天的学习，还有成长进步，告诉我们她在学习知识的过程中感受到的那种快乐。

每逢节假日，我和丈夫就会带着女儿一起去野外游玩，让女儿在大自然的美好中享受世界的美丽。有时候丈夫会太忙或者我太忙抽不出时间，但是我们俩之中总会有一个人会带女儿去。在大自然的美丽和清新中，维尼芙蕾特不仅开阔了眼界，而且野外的新鲜空气总是能让女儿精神焕发，神采飞扬。女儿变得比平时更爱说话了，表达也更加流畅、生动和准确。

有一天，我和维尼芙蕾特正在美丽的野外，女儿看见蓝色的天空上有一只漂亮的小鸟，正舞动着翅膀飞向远方，于是她用手指着那只小鸟问我："妈妈，如果有一天我也像那只美丽的小鸟一样，独自一人飞向很远的地方，那你还会爱我吗？"

"一定会的，妈妈一直从来就希望，我的女儿能够像一只快乐的小鸟，自由地在天空中飞翔，追求自己的理想。"我温柔地回答女儿。

"为什么呢？"维尼芙蕾特接着问我。

"因为在这个世界上，妈妈最爱的人是你，而妈妈也是最了解你的人。"

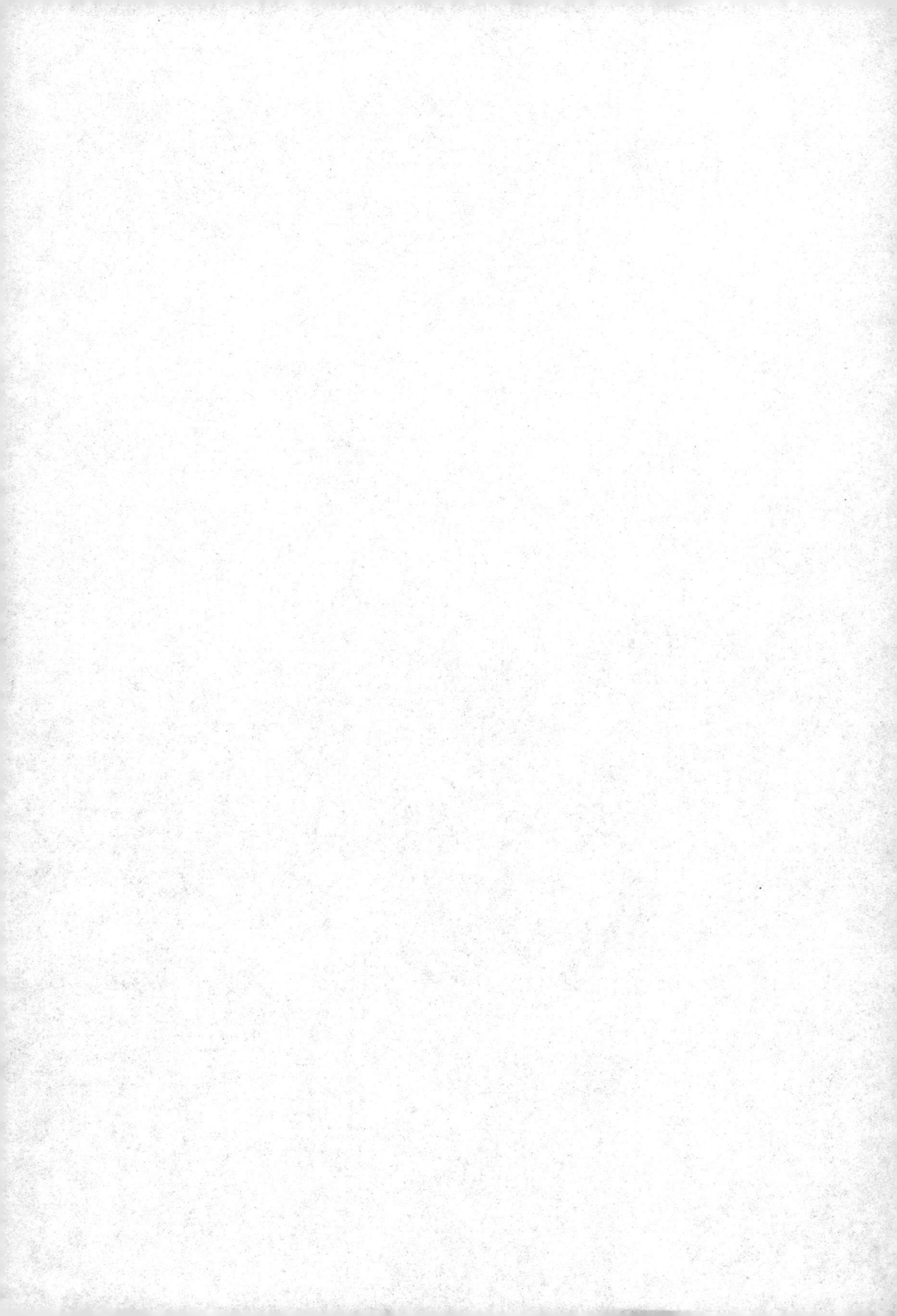